요절 묵상
말씀 기도
신약

한치호 목사의 다른 책들

요절묵상 말씀기도 구약5, 2024
요절묵상 말씀기도 구약4, 2023
요절묵상 말씀기도 구약3, 2023
요절묵상 말씀기도 구약2, 2023
요절묵상 말씀기도 구약1, 2023
주기도문으로 기도합니다. 2022
십자가의 길 70일, 2022
심령의 부흥, 읽는기도 91일, 2022
교회를 위한 읽는기도 91일, 2021
교회정착, 새신자 100일 기도문, 2020
헌신·절기·행사 대표기도문 77, 2019
기도, 처음인데 어떻게 하나요, 2019
잠언으로 자녀를 축복하는 읽는기도1, 2016
대심방 능력기도문, 2016
추모·장례 설교와 기도문, 2015
가족을 축복하는 읽는기도 100일, 2015
정시기도 – 읽는기도, 2014
능력기도 예배 대표기도문, 2013

요절묵상 말씀기도 신약

1판 인쇄일_ 2024년 2월 13일
1쇄 발행일_ 2024년 2월 20일

지은이_ 한치호
펴낸이_ 한치호
펴낸곳_ 종려가지
등록_ 제311 - 2014000013호(2014.3.21.)
주소_ 서울특별시 은평구 은평로14길 9 - 5
전화_ 02)359.9657
디자인 내지_구본일
디자인 표지_이순옥
제작대행_세줄기획(02.2265.3749)
영업대행_두돌비(02.964.6993)

ⓒ2024, 한치호

값 15,000원

ISBN 979-11-90968-78-2

문서사역에 대한 질문은 모바일 010. 3738. 5307로 해주십시오.

요절 묵상
말씀 기도
신약

마-계

한치호 목사 기도

문서사역
종려가지

차례

007　헌사

008　마태복음
036　마가복음
052　누가복음
076　요한복음
097　사도행전
125　로마서
141　고린도전서
157　고린도후서
170　갈라디아서
176　에베소서
182　빌립보서
186　골로새서
190　데살로니가전서
195　데살로니가후서
198　디모데전서

204	디모데후서
208	디도서
211	빌레몬서
212	히브리서
225	야고보서
230	베드로전서
235	베드로후서
238	요한일서
243	요한이서
244	요한삼서
245	유다서
246	요한계시록
268	요절묵상 말씀기도 체험소감

나의 사랑, 그리고 조국 땅
한국 교회 안에서 자라게 하시고,
여기에서 만나게 하신 이들,
그들에게 진 빚,
무엇으로 갚는다고 할런지요.
저에게 빚을 준 선배들이 참으로 많습니다.
그 빚으로 세워 주신 하나님께
종 된 심정에, 무릎을 드립니다.

마 1:22 이 모든 일이 된 것은 주께서 선지자로 하신 말씀을 이루려 하심이니 이르시되

하나님 아버지,
"이 모든 일이 된 것은"이라고 하시니 감사합니다. "선지자로 하신 말씀을 이루려 하심이니이라."고 하셨습니다. 하나님의 말씀은 반드시 이루어진다고 확신합니다.
예수님의 오심은 마리아의 처녀 수태에 관련된 모든 과정들과 멀리는 창세기에서부터 시작된 메시야에 대한 예언으로 말미암음이라고 깨닫습니다. 복음서가 시작되는 부분에서 이렇게 언급된 것은 신약이 구약의 성취라는 것을 확인시켜 주는 의미라고 여깁니다.
주님께서는 어느 날, 하늘 보좌를 버리시고 이 땅에 오신 것이 아니라, 구약의 역사 속에서 긴 세월 동안 예언되었던 사실의 성취라고 확인합니다. 구약의 역사는 메시야에 대한 예언이었다는 것이지요.
오늘, 이와 같이 하나님의 하늘의 세상에 오심이 하나님의 영원한 경륜 속에서 진행되었다는 것이 감격스럽습니다. 하나님은 자기 백성에게 즉흥적인 아버지가 아니고, 오직 인생을 위하여 계획하시고, 오랫동안 준비하시며 성취하시는 아버지이심을 것을 깨닫습니다.
오늘 이후로 성경을 읽을 때, 계획하시는 하나님, 준비하시는 하나님, 성취하시는 하나님께 주목하게 하시옵소서. 저 개인이 삶에도 하나님의 계획이 있음을 깨닫고 지내게 하시옵소서.

예수님의 이름으로 기도합니다. 아멘

2:14 요셉이 일어나서 밤에 아기와
그의 어머니를 데리고 애굽으로 떠나가

하나님 아버지,
요셉이 밤에 "아기와 그의 어머니를 데리고"라고 하시니 감사합니다. 주의 사자의 말을 듣고 애굽으로 떠나갔다고 하였습니다. 하나님의 말씀을 자신에 대한 지시라고 받아야 한다고 확신합니다.
천사가 요셉에게 마리아와 아기를 데리고 애굽으로 피신하라고 하였는데, 오래 전 옛날에 모세에게 하셨던 말씀(출 4:22, 23)과 호세아에게 하셨던 말씀(호 11:1)을 이루게 하셨다고 깨닫습니다.
예수님의 탄생부터 주님의 삶에 나타난 사건들은 선지자들의 예언을 성취함이었다고 생각합니다. 이로써 요셉과 마리아의 아기로 나신 예수님이 하나님의 아들이셨음을 확인합니다. 주님은 예언의 성취였다는 사실에 감격스럽습니다.
오늘, 하나님은 세상을 지으신 후에 침묵해 계시지 않고, 세상에 자기의 뜻을 나타내신다고 여깁니다. 구약의 시대에서는 선지자들의 입을 빌려서 예언을 하시고, 신약의 시대에 와서는 옛 선지자들의 예언을 성취하시는 줄로 믿습니다.
하나님의 성취는 지금도 이루어지고 있음을 믿습니다. 하나님의 뜻이 성취됨을 바라보면서 지내게 하시옵소서.

예수님의 이름으로 기도합니다. 아멘

마 3:15(상) 예수께서 대답하여 이르시되 이제 허락하라 우리가 이와 같이 하여 모든 의를 이루는 것이 합당하니라 하시니

하나님 아버지,
주님께서 요한에게 세례를 허락하라 하시니 감사합니다. "모든 의를 이루는 것이 합당하니라."고 하셨습니다. 천국 백성은 하나님의 의를 이룸에 가치를 두어야 한다고 확신합니다.
예수님께서 '이제'라는 표현을 쓰시면서 요한에게 세례를 요청하신 것은 주님께서 그에게 세례를 베풀어야 하는 시간에 다다랐다는 것을 깨닫게 합니다. 주님은 '때'를 주목하셨다는 것이지요. 때는 곧 하나님의 시간을 의미한다고 확인합니다.
주님께서는 세례를 받으심으로써 자신이 종의 역할을 감당하겠다는 의지를 세상에 나타내 보여 주심이었다고 생각할 때 감격스럽습니다. 그리고 주님의 세례를 받으심은 스스로 백성들과 같이 되었다는 사실을 나타내 보여 주심이 되어주셨지요.
"우리가 이와 같이 하여 모든 의를 이루는 것이." 주님께서는 세례를 받으시는 것으로 하나님을 구하셨다고 깨닫습니다.
하나님의 아들이 사람에게 세례를 받으심으로써 모든 의를 이루시려 하셨다는 데서 교훈을 받습니다. 저에게도 살아가는 순간, 순간에 하나님의 뜻을 구하게 하시옵소서.

예수님의 이름으로 기도합니다. 아멘

4:17 이때부터 예수께서 비로소 전파하여 이르시되 회개하라 천국이 가까이 왔느니라 하시더라

하나님 아버지,
주님께서 비로소 전파하여 "회개하라." 하신 말씀에 감사합니다. 하나님께서 인생을 죄로부터 구원하시려는 경륜에 따른 시간이 되었기 때문에서지요. 주님의 오심으로 선지자들에 의해서 선포해 오셨던 구원의 약속들이 성취된 것인 줄로 믿습니다.

"천국이 가까이 왔느니라," 예수님의 이 땅에 오심으로 하나님의 왕 되심이 실현되었다고 깨닫습니다. 예수님을 구주로 믿는 자들에게 하나님은 왕이 되어 다스리실 줄로 믿습니다. 그러나 아직은 완성된 하나님의 나라가 아니지요. 주님께서 종말의 날에 하나님을 반대하는 자들을 물리치시고 영원히 왕이 되실 것입니다.

하나님의 나라 앞에서 회개하고 복음(예수님)을 믿으라고 하셨습니다. 여기에서 복음은 주님을 가리키는 줄로 확신합니다. 주님을 믿어야 해서 회개하라고 하셨지요. 구원에 이르는 진리를 배웁니다. 예수님을 구주로 믿으려면 회개를 해야 한다고 깨닫습니다.

하나님을 섬기지 않고 지냈던 지난날의 삶을 슬퍼하고, '변하여 새 사람이 될 것'을 결단하여 그렇게 지내게 하시옵소서. 그때 회개가 이루어지며, 예수님을 받아들이게 된다고 확신합니다. 오늘, 진심으로 회개하기를 원합니다. 그래서 새 사람이 되게 하시옵소서.

예수님의 이름으로 기도합니다. 아멘

마 5:20 내가 너희에게 이르노니 너희 의가 서기관과 바리새인보다 더 낫지 못하면 결코 천국에 들어가지 못하리라

하나님 아버지,
의로움에 대하여 말씀해 주시니 감사합니다. 크리스천의 의가 서기관과 바리새인보다 낫지 못하면 천국에 들어가지 못한다고 하셨습니다. 천국 백성은 의를 구하는 심령이 되어야 한다고 확신합니다.
당시에는 사람의 행실을 율법을 충족시키는 것에 가치를 두었는데, 주님께서는 온전하게 될 것을 요구하셨다고 깨닫습니다. 서기관이나 바리새인은 율법의 조항을 들어서 사람의 행실을 재었지만 주님께서 강조하신 것은 율법을 초월한 의였다고 생각합니다.
당시에, 율법은 사람을 올바르게 살도록 이끌어 주는 것이 아니라 법률조항으로서 단죄하는데 사용이 되었지요. 율법의 조문들은 사람을 거룩하게 하지 못할 뿐이라는데 동의합니다. 율법보다 더 나은 의, 곧 예수님을 따름이라고 깨닫습니다.
오늘, 율법이 아니라 예수님을 주목하게 하시옵소서. 율법으로도 크리스천적 삶을 살아갈 수 있겠지만 구원에는 이르지 못할 거라고 여깁니다. 율법에는 의, 곧 주님이 계시지 않기 때문에서지요.
율법과 의는 의미하는 것이 전혀 다르다고 깨닫습니다. 주님께서는 의로 우리를 자유하게 하셨는데, 오직, 주님으로 말미암아 의에 이르게 하시옵소서.

예수님의 이름으로 기도합니다. 아멘

6:1 사람에게 보이려고 그들 앞에서
너희 의를 행하지 않도록 주의하라

하나님 아버지,

사람에게 보이려고 의를 행하지 말라고 하시니 감사합니다. 사람 앞에서 의를 행하게 될까 주의하라고 하셨습니다. 하나님께는 외식이 없어야 한다고 확신합니다.

사람에게 보이려고 의를 행하지 않으신 분이 계시지요. 예수님이신 줄로 믿습니다. 예수님의 눈은 언제나 하나님께 고정이 되어 계셨다고 깨닫습니다. 하나님의 뜻에 자신을 집중시키셨던 줄로 믿습니다.

그런데 주님의 제자들도 물론, 당시의 사람들은 남들에게 자신을 나타내는 것에 관심이 많았다고 여깁니다. 그러니 자연스럽게 위선적이었겠지요. 그것은 그만큼 진실하지 못했다는 것이고요.

오늘, "주의하라."는 표현을 마음에 담습니다. 복음서가 기록된 당시의 문화에서는 이 말이 항상성을 가진 단어였다는 것에 주목합니다. '언제나', '끊어짐이 없이' 곧 집중된 상태를 가리켰지요.

사람이 의를 구한다는 것은 주님을 따르는 삶을 살아가려 한다는 것인 줄로 믿습니다. 성령님께서 자신의 마음을 의에 고정시켜 주실 때, 하나님께서 요구하신대로 행하게 된다고 여깁니다. 그러니, 하나님 앞에서 의롭기를 구하게 하시옵소서.

예수님의 이름으로 기도합니다. 아멘

마 7:11(하) 하늘에 계신 너희 아버지께서 구하는 자에게 좋은 것으로 주시지 않겠느냐

하나님 아버지,
"하늘에 계신 아버지"라고 하시니 감사합니다. "구하는 자에게 좋은 것으로" 주신다고 하셨습니다. 하나님은 아버지로서 사람 신자에게보다는 하나님의 편에서 좋은 것을 주신다고 확신합니다.

하나님을 신앙의 대상적인 칭호나 이미지로 여기지 말고, 아버지와 아들의 관계에서 아버지로 여겨야 한다는 것을 깨닫습니다. 자녀에게 있어서 아버지는 누구입니까? 아버지는 자신의 생명에 대한 원인이며, 자신과 가장 가까운 관계에 있는 존재이지요.

하나님을 그런 아버지로 여기라는 말씀에 감격스럽습니다. 죄인인 이생의 세상에서도 아버지는 자녀의 요청을 들어줌으로써 자식을 사랑한다는 것을 증명하는데, 하나님이 그러하시다는 것이지요.

오늘, 하나님을 아버지로 경험하기를 원합니다. 신앙의 대상적인 이름으로 하나님이라 하지 않고, '하늘 아버지'로 여기게 하시옵소서. 만일, 하나님을 아버지로 경험하지 못한다면 그는 비참할 것입니다.

- 좋은 것으로 주시는 아버지를 모르기 때문입니다.
- 무엇이든지 필요한 것을 요구하지 못하기 때문입니다.

공생애의 주님께서도 하나님을 아버지라고 고백하셨습니다. 저에게도 하나님을 아버지로 부르게 하시옵소서.

예수님의 이름으로 기도합니다. 아멘

8:3 예수께서 손을 내밀어 그에게 대시며 이르시되 내가 원하노니 깨끗함을 받으라 하시니 즉시 그의 나병이 깨끗하여진지라

하나님 아버지,
주님께서 나병환자에게 손을 내밀어 대시니 감사합니다. "내가 원하노니 깨끗함을 받으라."고 하셨습니다. 주님은 자기에게 오는 자를 결코 내어쫓지 않으신다고 확신합니다.
하나님의 은혜가 나병환자에게 임하여 그는 예수님께서 고쳐 주실 수 있음을 확신하게 하셨다고 깨닫습니다. 이스라엘 사람들에게 나병은 고침을 받을 길이 없는 인간의 죄를 상징해 주었지요. 그의 신세가 얼마나 비참했겠습니까?
그에게 하나님의 은총이 임했다고 확신합니다. 자신의 비참으로 인생을 낙심하지 않고, 주님께서 고쳐주기를 요청했지요. 그는 주님 앞에서 겸손히 구했습니다. "원하시면 저를 깨끗케 할 수 있나이다." 간절하게 구하는 그의 요청은 주님께의 신앙고백이라고 여깁니다.
오늘, 나병환자의 믿음과 겸손에 주목합니다. 주님께서 자신의 병을 낫게 해주실 수 있으시다는 확신, 그럼에도 자신의 나음이 주님께서 원하셔야 하심을 고백하는 겸손에 감동을 받습니다.
주님께로 나아갈 때마다 나병환자의 간구를 저의 것으로 삼게 하시옵소서. 주님께 응답을 받아야겠다는 간절함의 확신으로 기도하게 하시옵소서.

예수님의 이름으로 기도합니다. 아멘

마 9:20 열두 해 동안이나 혈루증으로 앓는 여자가 예수의 뒤로 와서 그 겉옷 가를 만지니

하나님 아버지,
혈루증을 앓던 여인이 주님의 겉옷 가를 만지니 감사합니다. 겉옷만 만져도 구원을 받겠다는 마음을 가졌다고 하였습니다. 응답을 원한다면 "마음으로 믿어 의에 이르러야" 한다고 확신합니다.
열두 해 동안이나 혈루증을 앓던 여인에게 예수님의 병을 고쳐주심에 대한 소원은 그녀의 마음을 간절하게 했다고 깨닫습니다. 당시에, 얼마나 많은 사람들이 주님의 병 고침을 보았는지요!
"겉옷만 만져도 구원을 받겠다," 아멘! 그래서 그녀는 주님을 보지 않아도, 주님께로부터 말씀을 듣지 못해도, 주님의 겉옷만 만져도 구원을 받겠다는 마음이었지요.
오늘, 그 여인에게 임한 하나님의 은혜를 느낍니다. 누가 그 여인에게 고침에 대한 확신을 주었습니까? 열 두해 동안이나 괴로움을 겪었는데, 나음에 대한 확신은 하나님께서 주신 은혜라고 여깁니다.
당시에, 웬만한 사람들이라면 주님께서, 병을 고쳐주신다는 것을 알았을 겁니다. 그러나 그 여인은 고침을 확신하며 주님께로 갔지요.
지금 저에게 그 은혜가 있어야 합니다! 주님에 대한 믿음의 확실성을 갖게 하시옵소서. 주님을 신뢰하여 행동하게 하시옵소서.

예수님의 이름으로 기도합니다. 아멘

10:18 또 너희가 나로 말미암아 총독들과 임금들 앞에 끌려가리니 이는 그들과 이방인들에게 증거가 되게 하심이라

하나님 아버지,
"총독들과 임금들 앞에 끌려가리니" 각오하라 하시니 감사합니다. "그들과 이방인들에게 증거가 되게" 하신다고 하셨습니다. 성도는 고난으로 자신이 예수의 사람임을 증거해야 한다고 확신합니다.
공생애의 주님께 세상은 고난을 당하시는 현장이었다고 깨닫습니다. 주님의 고난은 아기로 세상에 오실 때부터 시작이 되었지요. 아기 예수를 위하여 빈 방 한 칸이 준비되지 않았으니까요.
세상은 주님을 환영하지 않았지만 주님은 세상을 사랑하신 줄로 믿습니다. 제자들은 주님께 속하였다는 이유만으로 세상에서 고난을 당해야 하였다고 깨닫습니다. 까닭도 없이, 이유도 모르고 고난을 겪는다면 분통이 터질 텐데, 바로 그 때에 증거가 된다고 하셨습니다.
오늘, 세상에서 지낼 때, 고난을 겪게 될 것을 각오하게 하시옵소서.
그리고 그 시간에 자신이 크리스천임을 증거하는 기회로 삼게 하시옵소서. 주님을 핍박하려고 저를 대상으로 삼을 것입니다. 제가 세상에서 살아야 하는 의미는 크리스천을 증거함이라고 여깁니다. 주님께서는 저를 사용하여 세상을 구원하려 하시는 줄로 믿게 하시옵소서. 그러니, 주님의 사랑을 보이게 하시옵소서.

예수님의 이름으로 기도합니다. 아멘

마 11:29 나는 마음이 온유하고 겸손하니 나의 멍에를 메고 내게 배우라 그리하면 너희 마음이 쉼을 얻으리니

하나님 아버지,
주님의 마음은 온유하고 겸손하다고 하시니 감사합니다. "나의 멍에를 메고 내게 배우라."고 하셨습니다. 그렇게 될 때, 인생이 쉼을 누리게 된다고 확신합니다.
주님의 온유하고 겸손한 마음을 인생이 자신의 마음에 간직하면 마음이 쉼을 얻게 된다고 하신 줄로 깨닫습니다. 인생의 참 안식은 먼저 마음에서 이루어져야 한다고 믿습니다.
사람의 마음에 천국이 이루어질 때 쉼(안식)을 누릴 수 있음을 확인합니다. 주님께서는 이러한 안식을 누릴 수 있는 비결을 가르쳐 주셨는데, 주님이 멍에를 메고 주님께 배우라 하신 줄로 믿습니다.
오늘, 어떻게 해야 마음이 쉼을 누리겠습니까? 주님의 멍에를 메게 하시옵소서. 그 멍에는 주님의 온유하심과 겸손이라고 깨닫습니다. 하나님의 아들이면서 스스로 죄인이 되신 온유와 겸손, 그 멍에를 메게 하시옵소서. 주님처럼 온유하고, 자기를 낮추게 하시옵소서.
전에는 율법과 죄의 멍에를 지고서 지냈지요. 그것은 참으로 무거웠습니다. 그런데 주님께서 이 멍에를 대신 주셨고, 온유하고, 겸손하라고 하셨습니다. 이제, 저에게 사랑의 멍에를 지게 하시옵소서. 그리고 주님을 배우게 하시옵소서. 주님은 저에게 쉼이 되어 주십니다.

　　　　　　　　　　　예수님의 이름으로 기도합니다. 아멘

12:39(상) 예수께서 대답하여 이르시되 악하고 음란한 세대가 표적을 구하나

하나님 아버지,
어찌하여 이 세대가 표적을 구하느냐고 나무라신 주님의 말씀에 감사합니다. 바리새인들은 예수님을 믿으려 하지 않아서 표적을 거절하셨지요. 표적은 하늘로부터 주시는데, 사람에게 예수님을 믿게 하시려고 그리 하시는 줄로 믿습니다.
"이 세대에 표적을 주지 아니하리라," 그렇습니다. 바리새인들은 예수님을 시험하려고, 자기들의 호기심을 충족하려는 의도에서 표적을 구하였다고 깨닫습니다. 표적은 하나님의 것이라고 여깁니다.
사람이 자기를 위해서 하늘의 표적을 구하는 것은 불신앙적인 태도라고 여깁니다. 그 요구는 하나님을 대적하는 것이 되지요. 예수님을 구주로 믿기를 원할 때, 표적을 주시니 감격스럽습니다. 그러나 표적이 없이도 예수님을 영접한다면 구원에 있으리라고 확신합니다.
오늘, 하나님께 구해야 할 것은 주님이라고 여깁니다. 그리고 주님만을 신뢰하겠다는 믿음이라고 여깁니다. 오, 저에게 주님을 주님으로 믿도록 하시려고 하늘로부터 표적을 보내주시기도 하시겠지요.
제가 만일, 표적에 의존해서 예수님을 믿는다면 아마도 저는 주님보다도 표적을 의지할 것입니다. 표적을 구하지 않게 하시옵소서. 주님이 표적입니다!

예수님의 이름으로 기도합니다. 아멘

13:11 대답하여 이르시되 천국의 비밀을 아는 것이 너희에게는 허락되었으나 그들에게는 아니되었나니

하나님 아버지,

천국의 비밀에 대한 말씀을 주시니 감사합니다. "너희에게는 허락되었으나"라고 하셨습니다. 천국 백성에게는 영안이 열려져 천국의 비밀을 알아야 한다고 믿습니다. 주님께서 지적하신 "보기는 보아도 알지 못하고", "저희가 보아도 보지 못하며"라는 것은 영적인 맹인의 상태를 말씀하신 것이라고 깨닫습니다. 바리새인들이 영적 맹인이라는 것을 알려 주시기 위해서였다고 봅니다.

사람은 죄로 타락했을 때 신령한 것을 통찰할 수 있는 능력을 상실했지요. 아담과 하와가 자신들의 벌거벗었음을 부끄러워했다는 것이 그 증거라고 봅니다. 영적이었던 눈을 가졌었는데 죄를 짓자, 영적인 기능이 마비되어 육신에 속한 것만을 보게 되었다고 생각합니다.

오늘, 눈은 뜨여지고, 귀가 열려지기를 원합니다. "그러나 너희 눈은 봄으로, 너희 귀는 들음으로 복이 있도다."는 말씀에 주목합니다. 신령한 것을 바라보며, 듣기도 하기를 원합니다.

하나님의 말씀이 믿음으로 들려지게 하시고, 하나님의 일하심을 그대로 보게 하시옵소서. 보이지 않는 소망을 보게 하시옵소서. 천국의 비밀을 알고, 그 신비를 누리게 하시옵소서.

예수님의 이름으로 기도합니다. 아멘

14:16 예수께서 이르시되 갈 것 없다 너희가 먹을 것을 주라

하나님 아버지,
너희가 먹을 것을 주라 하신 주님의 말씀에 감사합니다. 천국 복음을 듣다가 굶주리게 된 사람들에게 먹을 것을 주시는, 곧 기적의 시간이 다가왔다는 것이었지요. 제자들은 때가 저물어가도록 말씀을 듣고 있었던 무리들 때문에 염려에 빠졌는데, 주님께서는 그들을 먹이실 것을 준비하신 줄로 믿습니다.
제자들은 주님과 함께 지냈지만 아직까지도 주님을 몰라, 이백 데나리온의 돈을 생각해 내었고, 그 돈이 있어도 단번에 그 많은 떡을 어떻게 구할 것인가에 골몰했다고 여깁니다.
그들은 주님께서 베풀어 주실 식탁에 대하여 전혀 기대조차 하지 않았지요. 주님께서 나타내신 기적을 많이 보았을 텐데도 어디에서 떡을 구할 것인가에 대한 염려만 하였다고 깨닫습니다.
"너희가 먹을 것을 주라." 그들의 양식을 제자들에게 책임을 지라는 말씀은 아니었을 것입니다. 그렇다면 제자들은 무리에게 떡을 주실 주님을 기대해야 했지요.
하나님의 말씀에 대한 저의 태도를 돌아보게 하시니 감격스럽습니다. 성경에서 지금 저에게 하시는 말씀으로 받게 하시옵소서. 지금, 들려주시는 주님의 음성으로 확신하게 하시옵소서.

예수님의 이름으로 기도합니다. 아멘

마 15:10 무리를 불러 이르시되 듣고 깨달으라

하나님 아버지,
주님께로부터 말씀을 듣고 깨달으라 하시니 감사합니다. 하나님을 믿는다는 것은 자신의 생명에 대한 것이라서 말씀을 들음에 대한 응답으로 믿고, 순종해야 되기 때문에서지요. 말씀을 들었다는 것은 깨달았다는 의미이며, 거기에서 구원의 약속들이 성취된다고 믿습니다.
"듣고 깨달으라." 주님의 말씀을 듣고, 진리를 배울 때는 깨달음이 있어야 하는 줄로 믿습니다. 주님의 말씀을 듣는 자에게 생명을 주시려는 것이며, 그 말씀을 깨달아 믿는 자는 영생에 이른다고 확신합니다. 만일, 깨닫지 못하면 주님과는 무관하다고 여깁니다.
나아가 깨달음에서 발견된 진리에 순종할 때, 생명의 풍성함에 이르는 줄로 믿습니다. 그래서 생명을 주시려고 오신 주님께서 깨달으라고 하시니 감사합니다.
사실, 사람이 살아가는 동안에 깨달은 말씀만 내 것이 된다고 여깁니다. 깨닫지 못한다면 다 지나가는 소리에 불과하지요.
종교의 가르침은 윤리나 덕목을 담고 있는 관념이지만 기독교의 진리는 삶이라고 생각합니다. 말씀은 곧 생명의 삶인 줄로 믿습니다. 그러므로 말씀을 들었다면 바르게 깨달아야 한다고 여깁니다. 말씀을 들을 때, 깨닫게 하시옵소서.

예수님의 이름으로 기도합니다. 아멘

6:25 누구든지 제 목숨을 구원하고자 하면 잃을 것이요
누구든지 나를 위하여 제 목숨을 잃으면 찾으리라

하나님 아버지,
주님과 복음을 위해서 자기 목숨을 잃으라 하신 주님의 말씀에 감사합니다. 인생을 구원에 이르게 하는 것은 자신을 구원하고자 하는 것이 아니기 때문에서지요. 나를 살게 하는 것은 주님과 복음을 위해서 자기 목숨을 잃어야 한다는 진리를 깨우칩니다.
제가 사랑해야 될 대상은 저 자신이 아니라 하나님이신 줄로 믿습니다. "제 목숨을 잃으면 찾으리라," 천국 백성이 주님께 친구가 되어 지내기를 방해하는 것들이 있다고 깨닫습니다. 그것은,
- 자기 자신을 사랑하여 자기를 아끼고, 자기에게 집착이 되면 주님께 자신을 드리지 못하지요.
- 자기 자신을 먼저 챙기는 자기에의 이기심이 있다면 주님과 다른 사람에게 마음을 쓰지 못하지요.
- 자신이 소중해서 자기를 높이고, 자신의 관심에 집중한다면 주님과 다른 사람은 관심이 되지 못하지요.

"제 목숨을 구원하고자 하면 잃을 것이요." 주님께서는 하나님과 복음을 위해서 자기 목숨을 잃으셨습니다. 오오, 저에게도 그리하게 하시옵소서. 오늘, 다시 깨닫습니다. 자기를 구원하려는 것이 도리어 멸망으로 인도한다는 것을 깨닫게 하셨으니 잊지 않게 하시옵소서.

                   예수님의 이름으로 기도합니다. 아멘

마 17:18 이에 예수께서 꾸짖으시니 귀신이 나가고 아이가 그 때부터 나으니라

하나님 아버지,
"예수께서 꾸짖으시니 귀신이 나가고"라고 하시니 감사합니다. 아이가 그 때부터 나았다고 하셨습니다. 하나님의 자녀는 생활 속에서 훼방하는 귀신을 쫓아내야 한다고 확신합니다. 주님께서 갖고 계시는 권세로 귀신을 쫓아내고, 아이를 낫게 하셨다고 깨닫습니다. 주님의 사역은 귀신의 추방과 병에서 나음이었지요.
어느 아버지가 자신의 아들이 귀신이 들려 간질로 고생을 하는 아들을 데리고 와서 제자들이 기도를 했지만 낫게 하지를 못하였지요. 제자들은 복음을 위해 각 고을로 보내심을 받았을 때 주님으로부터 귀신을 쫓는 권세와 나병환자를 깨끗케 하는 능력을 받았는데요?
오늘, "너희 믿음이 적은 연고니라."는 주님의 말씀에 방점을 둡니다. 제자들은 보냄을 받았을 때, 귀신을 내어 쫓고, 병자도 고쳤지만 지금은 믿음이 적다는 꾸지람을 받았습니다. 제자들은 믿음이 커야 했는데 그러하지 못하였다고 깨닫습니다. 큰 믿음, 그것은
- 귀신을 꾸짖는 것이라고 깨닫습니다.
- 믿음으로 선포할 때, 기적을 볼 것이라는 확신이라고 깨닫습니다.
오, 귀신을 향해서 꾸짖게 하시옵소서.

예수님의 이름으로 기도합니다. 아멘

18:8(하) 장애인이나 다리 저는 자로 영생에 들어가는 것이 두 손과 두 발을 가지고 영원한 불에 던져지는 것보다 나으니라

하나님 아버지,
네 손이나 발이 범죄하게 하거든 찍어버리라 하시니 감사합니다. 장애인으로 영생에 들어가는 것이 지옥에 가는 것보다 낫기 때문에서지요. 두 손을 가지고 지옥에 들어가서는 안 되는 줄로 믿습니다.
"네 손이나 발이," 몸에 있는 어떤 부분 곧 손이나 발, 눈이 죄를 짓도록 해서는 안 된다고 깨닫습니다. 어떤 부분이 온 몸으로 죄를 짓게 한다고 하셨습니다.
사람의 몸은 하나님께로부터 받은 것이라고 하셨습니다. 성령의 전이라고 하신 줄로 믿습니다. 그 몸은 나의 것이 아니므로 하나님께 영광을 돌리라고 하셨지요.
오늘, "찍어버리라."는 말씀을 되읽어봅니다. 무엇을 말씀하시려는 뜻입니까? 죄를 짓도록 하는 원인을 몸에서 떼어내어 영생에 이르도록 하라는 말씀이라고 믿습니나. 자신에게 죄를 짓도록 한 손을 찍어버리는 것 같은 회개를 통해서 영생을 잃지 않도록 하라는 교훈으로 받습니다. 사람의 몸은 단순한 몸이 아니라, 이 몸에서 하나님의 음성을 듣기도 하지요.
성도의 몸은 하나님과 연결되어 있다고 깨닫습니다. 그러니, 이 몸으로 죄를 지어서 영생을 잃지 않도록 이끌어 주시옵소서.

예수님의 이름으로 기도합니다. 아멘

마 19:14 (상) 예수께서 이르시되 어린 아이들을 용납하고 내게 오는 것을 금하지 말라 천국이 이런 사람의 것이니라 하시고

하나님 아버지,
어린아이들이 예수님께로 오는 것을 막은 제자들을 나무라시니 감사합니다. 제자들은 주님의 마음을 몰랐기 때문에서지요. 하나님의 나라에서 어린아이를 주인으로 여기신 줄로 믿습니다.

"어린 아이들이 내게 오는 것을," 당시의 이스라엘 문화에서는 사람의 수를 세는데 어린아이를 넣지 않았던 것을 기억합니다. 성경에 기록된 사람의 수에서도 어린이는 포함되지 않았지요.

예수님의 만져주심을 바라고 자기들의 아이들을 데려 왔을 때, 제자들이 꾸짖었다고 여깁니다. 그렇지만 주님께서는 이를 보시고, 제자들을 나무라셨다고 했습니다.

오늘, 어린이를 보신 주님의 눈을 갖기를 원합니다. 주님께서는 그들도 하나님의 사랑을 받고 있는 인격체라는 것을 강조하셨다고 깨닫습니다. "하나님의 나라가 이런 자의 것"이라고 하셨습니다. 하나님의 나라를 어린아이와 같이 받들라고도 하셨습니다.

제자들에 의해서 제지를 당했지만 예수님께서 맞아 주시고 안수하실 때, 그들의 마음은 어떠했을까요? 어린이를 영접했던 주님의 마음을 저의 것으로 삼게 하시옵소서. 하나님의 나라를 어린이의 심정으로 받들게 하시옵소서. 어린아이들을 안고 축복하게 하시옵소서.

　　　　　　　　　　예수님의 이름으로 기도합니다. 아멘

20:28 인자가 온 것은 섬김을 받으려 함이 아니라 도리어 섬기려 하고 자기 목숨을 많은 사람의 대속물로 주려 함이니라

하나님 아버지,

주님께서 죄인을 섬겨주시니 감사합니다. 죽음의 멸망으로부터 구원해 주시려 하셨기 때문에서지요. 죄인을 섬기시느라 주님은 자신의 몸을 대속물로 내어주셔서 십자가에 달려 죽으신 줄로 믿습니다.

예수님의 공생애는 섬김이셨다고 깨닫습니다. 주님께서 하나님의 뜻을 이루시려고 자상에서 선택하신 방법은 섬김이셨음을 확인합니다.

하나님의 아들이 세상에 오셨으니 섬김을 받으셔야 하셨는데, 도리어 사람을 섬기셨다는 사실이 감격스럽습니다. "자기 목숨을 많은 사람의 대속물로 주시는" 데까지 섬기신 줄로 믿습니다. 주님의 죽으심은 섬김의 절정이셨지요. 그 섬김으로 구원의 길을 열어주셨습니다. 죄인에게 하나님께로 나아가게 해주셨나고 깨닫습니다.

오늘, 하나님을 아버지라고 부름은 주님의 섬김으로 말미암음이라고 감사하게 하시옵소서. 하나님께로 나아갈 생각도 없이, 세상에서의 즐거움과 쾌락을 쫓았는데, 주님의 섬김을 깨닫게 하시옵소서.

주님께서 흘려주신 보혈을 구원의 확인으로 삼게 하시옵소서. 구원을 받아 예수님을 친구로 삼았으니 '섬김'으로 살겠다고 결단하게 하시옵소서. 하나님을 사랑하고, 이웃을 섬기는 길을 가게 하시옵소서.

예수님의 이름으로 기도합니다. 아멘

마 21:22 너희가 기도할 때에 무엇이든지 믿고 구하는 것은 다 받으리라 하시니라

하나님 아버지,
기도하고 구하는 것은 받은 줄로 믿으라 하시니 감사합니다. 하나님을 믿으라 하심이기 때문에서지요. 하늘 아버지께서는 기도하고 구한 것을 그대로 되게 해주시는 줄로 믿습니다. 예수님은 제자들에게 "누구든지 이 산더러 들리어 바다에 던져지리라 하면 그대로 되리라."고 하셨습니다. 하나님을 믿는다는 것을 알게 해주셨다고 여깁니다. 믿음으로 선포한 것을 보게 하십니다. 하늘 아버지의 자기 백성에게의 요구는 하나님을 신뢰하라는 것이라고 깨닫습니다. 하나님의 자녀로서 그의 전능하신 능력과 무한히 선하심을 의심 없이 신뢰하는 것이지요.
오늘, 제자들에게 하셨던 말씀을 다시 듣기를 원합니다. 주님의 말씀을 줄인다면 부정적인 표현으로는 의심이 없이, 긍정적인 표현으로는 신뢰하라는 것이라고 생각합니다. 만일, 저의 기도와 구함이 그렇게 된다면 반드시 성취된다고 확신합니다. 제가 복 되기를 원하니,
- 하나님께 대하여 의심을 하지 않게 하시옵소서.
- 하나님을 신뢰하여 이루어진다고 여기게 하시옵소서.
의심이 '없는', 그리고 '신뢰하는'에 방점을 둡니다. 자녀는 아버지를 의심하거나 불신하지는 않지요! 하나님을 믿기를 원합니다. 저에게도 그대로 되게 하시옵소서. 오, '받은 줄로 믿게' 하시옵소서.

예수님의 이름으로 기도합니다. 아멘

22:21 (하) 이에 이르시되 그런즉 가이사의 것은 가이사에게, 하나님의 것은 하나님께 바치라 하시니

하나님 아버지,
"가이사의 것은 가이사에게, 하나님의 것은 하나님께"라고 하시니 감사합니다. 천국 백성은 지상의 나라와 하나님의 나라에서 의무를 다해야 하기 때문에서지요. 주님께서도 사람의 몸으로 이 땅에 오신 후에, 세상 나라와 하나님의 나라에 충성하신 줄로 믿습니다.

가이사의 것과 하나님의 것을 언급하심은 성도가 지상에서 살아가는 동안에 가져야 될 거룩한 의무에 대한 지침이라고 깨닫습니다. 육신의 몸에서 떠나기 전까지는 세상의 나라에서 국민 된 의무가 있고, 천상의 나라에서 하나님의 백성 된 의무가 있다는 것이지요.

그런데 세상 나라의 주권은 하나님의 허락 아래에서 주어진 것이라 할 때, 세상 나라에서 자신의 의무를 다함으로 하나님을 공경하게 된다고 깨닫습니다.

오늘, 하나님의 자녀로서 세상 나라에 성실할 것을 결단하게 하시옵소서. 세상 나라가 요구하는 것에 대하여 국민의 한 사람이 되게 하시며, 그것으로 하나님을 영화롭게 해드림이 되게 하시옵소서.

아울러, 하나님께 드려야 할 것들에 대하여 세상에서 구별하게 하시옵소서. 하나님께 영광을 드려야 하는 성도의 의무에서 단호하게 세상을 구별하게 하시옵소서. 세상과 하나님을 섞지 않게 하시옵소서.

예수님의 이름으로 기도합니다. 아멘

마 23:12 누구든지 자기를 높이는 자는 낮아지고 누구든지 자기를 낮추는 자는 높아지리라

하나님 아버지,

사람들 앞에서 겸손해야 될 것을 말씀하시니 감사합니다. 자기를 높이는 자가 되지 말고, 자기를 낮추라고 하셨습니다. 하늘보좌를 버리시고 이 땅에, 죄인으로 오신 주님을 따라야 한다고 확신합니다. 주님께서는 자주 서기관들과 바리새인들의 외식에 대하여 책망하셨다고 깨닫습니다. 당시에, 서기관들이나 바리새인들의 잘못은 섬김을 받으려는 자가 되고, 높임을 받으려는 데서 나온 것 행실을 본받거나 미혹 받지 않도록 주의를 주신 줄로 믿습니다. 자기를 낮추는 자가 되고 남을 섬기는 자가 되어야 한다고 하신 것이라고 깨닫습니다.

오늘, 제가 지녀야 될 자세에 대하여 예수님을 롤 모델로 삼게 하시옵소서. 주님께서 공생애의 시간에 사랑하시는 제자들에게 친구가 되어주신 것은 그들이 예수님으로 지내라는 뜻이라고 깨닫습니다. 그렇다면 저도 주님을 저의 모습으로 삼게 하시옵소서.

- 성령님께 감동되어서 주님의 모습으로 지내게 하시옵소서.
- 성령님의 뜻을 저의 소원을 삼아 실천하게 하시옵소서.

사람을 대하는 자리에서 자신을 높이지 않도록 성령님께서 다스려 주시옵소서. 남들이 어떠해도 저보다는 낮게 여기게 하시옵소서.

예수님의 이름으로 기도합니다. 아멘

24:44 이러므로 너희도 준비하고 있으라
생각하지 않은 때에 인자가 오리라

하나님 아버지,
"너희도 준비하고 있으라."하시니 감사합니다. "생각하지 않은 때에 인자가 오리라"라고 하셨습니다. 주님의 재림은 약속되었으나 그 시간은 정해지지 않아서 기다림으로 준비되어야 한다고 확신합니다.
하나님의 심판을 미리 예비했던 노아의 가족은 홍수 심판에서 다 살았지만 그 당시 모든 사람들은 멸망을 받았다고 깨닫습니다. "준비하고 있으라."는 말씀은 주님의 재림을 가다리라는 것이라고 여깁니다. 기도하면서 어린 양의 혼인 잔치에 참여할 단장을 해야겠지요.
노아의 때, 사람들은 노와와 그가 만들고 있는 방주에 관심이 없었다고 생각합니다. 그들은 먹는 일과 마시는 일과 집을 짓는 일과 장가들고 시집가는 세상적인 일에만 몰두했다가 심판을 당했습니다.
오늘, 저의 삶을 보게 하시옵소서. 노아가 되어 방주를 짓는 일을 하고 있습니까? 그에게는 관심이 없고 오직 저 자신을 위하여 즐기는 일에 몰두해 있습니까?
주님의 말씀에 귀를 기울이게 하시옵소서!
목회자의 심정을 돕게 하시옵소서. 설교를 듣는 것으로 만족하지 않고, 그와 함께 주님의 다시 오심을 예비하여 지내게 하시옵소서. 주님을 기다립니다.

예수님의 이름으로 기도합니다. 아멘

마 25:4 슬기 있는 자들은 그릇에
기름을 담아 등과 함께 가져갔더니

하나님 아버지,
"슬기 있는 자들"에 대한 깨달음을 주시니 감사합니다. "그릇에 기름을 담아 등과 함께" 가져갔다고 하셨습니다. 주님의 다시 오심을 기다림에는 기다림에 모자람이 없도록 해야 한다고 확신합니다.

주님의 재림을 기다리는 성도는 신부단장을 해야 주님을 맞을 수 있다고 깨닫습니다. 다시 오시는 그 날과 그 시를 알지 못하기 때문에서지요.

"슬기 있는 자들은 그릇에 기름을 담아 등과 함께 가져갔다"고 하셨는데, "등을 가지되 기름을 가지지 아니한" 미련한 처녀들과는 근본적으로 달랐다는 것을 확인합니다. 그들이 준비한 기름은 성령님께 대한 비유라고 깨닫습니다. 곧 성령님께 충만한 자와 그렇지 못한 자를 의미하지요.

오늘, "슬기 있는 자들은"이라는 표현을 마음에 담습니다. 주님의 재림과 성령님께의 충만함에 대한 교훈이 감격스럽습니다. 재림을 앙망하는 성도는 성령님께 충만해야 한다는 사실에 주목합니다.

주님이 더디 오시더라도 인내하며 기다린다고 깨닫습니다. 환난을 당하여도 너끈히 견딘다고 깨닫습니다. 더디 오실지라도 성령님께 충만하여 깨어 기다리게 하시옵소서.

예수님의 이름으로 기도합니다. 아멘

26:7 한 여자가 매우 귀한 향유 한 옥합을 가지고 나아와서 식사하시는 예수의 머리에 부으니

하나님 아버지,

한 여자가 예수님을 영화롭게 해드리니 감사합니다. "매우 귀한 향유 한 옥합을" 예수님의 머리에 부어드렸다고 하였습니다. 성도는 은혜에 감격해서 주님께 향유를 깨뜨려 드려야 한다고 확신합니다.

이 여자(마리아)는 그 향유의 값이 300 데나리온에 상당했지만 그녀가 주님께 드릴만한 것이라 여겨서 옥합을 깨드렸다고 깨닫습니다. 지극히 비싼 향유를 주님의 머리에 붓고, 발에도 부어드렸지요.

옥합을 깨드려 드려야만 했던 그녀의 주님께의 사랑을 보게 됩니다. 그만큼 자신이 주님께로부터 받은 은혜의 가치를 깨달았고, 자신의 주님을 향한 사랑이 300 데나리온에 상당한 향유를 단 번에 주님의 몸에 부어드릴 만했음을 생각하게 합니다.

오늘, 주님을 향한 저의 사랑을 생각해 봅니다. 베풀어 주신 주님의 은혜를 무엇에 견주어 볼 수 있을까요? 자신이 예수님을 사랑한다는 것을 표현할 시간을 놓치지 않았던 아름다움을 깨닫습니다.

저에게도 주님의 사랑, 주님의 은혜에 표현하도록 하시옵소서. 큰 은혜를 받았음을 나타낼 것을 드리게 하시옵소서. 저의 전부를 드린다고 다 표현이 되겠습니까?

예수님의 이름으로 기도합니다. 아멘

마 27:32 나가다가 시몬이란 구레네 사람을 만나매 그에게 예수의 십자가를 억지로 지워 가게 하였더라

하나님 아버지,

시몬이 예수님을 만나게 하시니 감사합니다. "그에게 예수의 십자가를 억지로 지워 가게" 했다고 하셨습니다. 성도는 길을 가다가 죄인의 십자가를 대신 지는 것을 받아 드려야 한다고 확신합니다.

예수님은 이제 그의 마지막 가실 길, 십자가를 지시고 골고다의 언덕길을 올라가셔야 했지만, 시달림과 채찍에 지쳐 쓰러지고 마셨지요. 구경꾼들 중에 한 사람, 시몬을 불러 십자가를 대신 지게 하셨다고 깨닫습니다.

그는 구레네(리비아) 사람, 예수님의 소식을 듣고, 주님을 보기 위해서 구경꾼의 무리에 있었을 겁니다.

십자가는 청년 시몬에게도 무거웠겠지요. 십자가에 이미 적셔진 주님의 땀 냄새, 채찍으로 터져서 흐르는 주님의 피 냄새가 진동했을 겁니다.

나아가, 주님의 곁에서 골고다 언덕에 이르도록 동행하면서 주님을 느꼈으리라 확신합니다. 이미, 시몬의 옷에도 주님의 피가 범벅이 되었고, 그의 몸에서도 그 피가 흘렀지요. 십자가에서 흘러내린 피.

구레네의 시몬을 생각해 봅니다. 억지로 십자가를 졌다고 했지만 그에게 주님과 동행할 수 있는 기회를 주신 분은 하나님이셨지요! 저에게도 주님과 동행하도록 기회를 주신 줄로 믿습니다. 감사합니다.

       예수님의 이름으로 기도합니다. 아멘

28:19 그러므로 너희는 가서 모든 민족을 제자로 삼아
아버지와 아들과 성령의 이름으로 세례를 베풀고

하나님 아버지,
"그러므로 너희는 가서"라고 하시니 감사합니다. "모든 민족을 제자로 삼아" 세례를 주라고 하셨습니다. 천국 백성은 주님께서 다시 오시는 날까지 주님의 명령을 성취해야 한다고 확신합니다.
구약 시대에 받아야 했던 세례는 결례 의식이었지만 주님께서는 회개한 자에게 믿음의 고백으로 세례를 베풀라고 하셨다고 깨닫습니다. 세례를 받음은 사람 앞에서 예수님을 자신의 주님으로 영접했음을 공포하는 것이라고 여깁니다. 이에, 예수님을 믿는다면 세상을 향해서 자신의 주님을 시인하는 것이 신앙인 줄로 믿습니다.
오늘, 주님께서 오셔서 죄인을 구원하시고, 그를 하나님의 자녀가 되게 하신 일을 제자들에게 명령하셨으니 참으로 감격스럽습니다. 오늘에는 교회가 위임받았으니, 제자를 삼음에 헌신하기 원합니다.
- 가서 제자 삼으라.
그렇습니다. 주님께서 다시 오시는 그때까지 세상으로 나아가 제자를 삼게 하시옵소서. 복음을 전해서 예수님을 구주로 영접하고, 하나님의 이름으로 세례를 받게 하시옵소서. 이로써 새 생명으로 태어나도록 하는 일에 충성하게 하시옵소서. 천국 복음이 땅끝까지로 전해지는 일에 소원을 두게 하시옵소서.

　　　　　　　　　예수님의 이름으로 기도합니다. 아멘

막 1:35 새벽 아직도 밝기 전에 예수께서 일어나 나가 한적한 곳으로 가사 거기서 기도하시더니

하나님 아버지,
새벽에 주님께서 "나가 한적한 곳으로 가사"라고 하시니 감사합니다. 거기에서 기도하셨다고 하였습니다. 하나님의 자녀는 하늘 아버지께 여쭙고, 그분의 말씀을 들어야 한다고 확신합니다.
하나님의 자녀는 아버지(하나님)께로 달려가서 자신에게 원하시는 아버지의 생각을 알아야 한다고 깨닫습니다. 아버지의 생각을 제쳐놓고 자기의 뜻을 구하고서는 그것이 바로 아버지의 생각이라고 할 수 없다고 여깁니다. 먼저 아버지의 생각을 알게 하시옵소서.
하나님께서 그의 백성에게 자녀라고 하심은 아버지에게 속하라는 의미라고 받아들입니다. 오늘, 주님께서 한적한 곳에 가셨듯이 저도 사람들에게 방해를 받지 않도록 한적한 곳으로 가기를 원합니다. 사람들이 저를 알아주는 것에 만족하였고, 사람들과 어울려서 떠들어대는 것을 좋아했습니다. 자신을 아버지의 자녀라 하면서 아버지와 함께 하지 않는다면 그는 아버지에게 불량한 자식이 되고 말겠지요. 회개합니다.
이제라도 아버지께로 가기 위해서 사람들로부터 외롭게 하시옵소서. 하늘 아버지께 여쭘을 통해서 하늘로부터 힘을 받음을 누리게 하시옵소서. 하나님과 저만의 비밀을 갖게 하시옵소서.

예수님의 이름으로 기도합니다. 아멘

2:17(하) 나는 의인을 부르러 온 것이 아니요 죄인을 부르러 왔노라 하시니라

하나님 아버지,
주님께서 세상에 오신 목적을 알려 주시니 감사합니다. "죄인을 부르러 왔노라."라고 하셨습니다. 천국 백성인 우리도 죄인을 불러야 하고, 교회도 죄인을 부르는 공동체여야 한다고 확신합니다.
주님은 "세상 죄를 지고 가는 어린양"으로써 죄인을 회개하도록 하여 구원을 받게 하시려고 세상에 오신 줄로 깨닫습니다. 죄인은 죄라고 하는 병에 든 사람이지요. 그러므로 이 죄로부터 구원을 받으려면 먼저 죄에서 용서를 받아야 하는 줄로 믿습니다. 죄 사함은 죄인을 치료하는 처방이며, 구원에로의 시작이라고 여깁니다.
오늘, 죄 사함을 위하여 구주가 되어주신 주님을 생각해 봅니다. 그런데 안타깝게도 자신을 의인이라고 여긴다면 그는 구주를 받아들이지 않겠지요. 건강한 자에게 의사가 필요 없는 것처럼.
제가 하나님의 자녀가 된 것에는 저를 위한 구원 계획하신 하나님, 하나님의 뜻에 순종하여 제물이 되어주신 예수님 그리고 이 사건을 믿음으로 받아들이게 하신 성령님의 역사가 있으셨음을 확인합니다.
저를 죄에서 용서해 주시고, 하나님의 자녀로 삼아주신 그 은총에 감사로 찬양을 드리게 하시옵소서.

예수님의 이름으로 기도합니다. 아멘

막 3:29 누구든지 성령을 모독하는 자는 영원히 사하심을 얻지 못하고 영원한 죄가 되느니라 하시니

하나님 아버지,
사하심을 얻는 죄, 그렇지 못한 죄를 구별해 주시니 감사합니다. 성령을 모독하면 영원한 죄가 된다고 하셨습니다. 성도는 하나님께 고의적으로 죄를 져서는 안 된다고 확신합니다. 하나님의뜻을 거스르는 것이 바로 성령을 모독하는 것이라고 깨닫습니다.
하나님 앞에서 의롭다고 여겨졌으나, 자신을 이기지 못하여 죄를 짓지요. 욕심에 자기를 내어주어 하나님의 뜻을 거스르고, 또는 하나님의 영광을 가로채기도 하지요. 생각으로는 거룩하겠다고 하면서도 실제의 행위에서는 그러하지 못한 저를 발견합니다.
성령님께서 저를 다스리시면서 하나님의 사람으로 지내라 하시지만 제가 그 뜻을 고의로 어길 때가 얼마나 많았습니까? 그 이유는 오직 하나, 손해를 볼 수 없다는 것 때문이었습니다. 이제라도 뉘우치며 회개합니다.
오늘, 저에게는 하나님의 사람이라는 범위에서만 의미가 있지, 하나님의 사람 밖에서는 의미가 없음을 확인합니다. 하나님을 영화롭게 해드리는 행실이 저를 의미가 있도록 하지 다른 것은 아무것도 아니라는 것에 동의합니다. 하나님께서 제 삶의 초점이 되게 하시옵소서.
성령님께 저를 내어드립니다. 이로써 성령을 모독하지 않음에 이르게 하시옵소서.

예수님의 이름으로 기도합니다. 아멘

하나님 아버지,

들을 귀 있는 자에 대한 주님의 말씀에 감사합니다. 주님께서는 종종 들어야 될 사람에게만 진리를 말씀을 하셨기 때문이셨지요. 그러니까 말씀을 듣고 믿음을 가지도록 경고적인(때로는 기분이 상할 수도 있는) 표현으로 주의를 기울이도록 하셨다고 깨닫습니다.

"들으라 하시니라," 하나님의 백성으로 선택된 사람은 진리를 듣고 확신합니다. 주님께서 비유로 말씀을 주실 때는 거기에서 진리를 발라내어야 했다고 여깁니다.

하나님의 자녀는 주님의 말씀에 들어있는 가르침을 받아야 한다고 깨닫습니다. 만일, 뜻을 오해하여 들으면 아무 것도 아니겠지요.

이제는 제가 주님의 뜻을 바르게 받들어야 할 줄로 믿습니다. 그래서 지금, 저의 귀가 들을 귀인지, 아니면 말씀을 듣지 못하는 귀인지를 확인하게 하시옵소서. 들을 귀를 갖게 하시옵소서.

주님께서 저를 형제로 불러 주셨음은 예수님의 형제, 곧 하늘 아버지께로부터 보냄을 받은 자로 여기라는 것이지요. 그러니, 들을 귀로 말씀을 받고, 세상을 향해서 주님이 되어 복음을 전하게 하시옵소서.

주님의 사랑을 외치게 하시옵소서. 그들 속에서 들을 귀가 있는 자를 발견하여 복음을 전하게 하시옵소서.

예수님의 이름으로 기도합니다. 아멘

막 5:19(하) 집으로 돌아가 주께서 네게 어떻게 큰 일을 행하사 너를 불쌍히 여기신 것을 네 가족에게 알리라 하시니

하나님 아버지,

집으로 돌아가 가족에게 알리라고 하신 주님의 말씀에 감사합니다. 귀신들렸던 사람이 정신이 온전해진 것을 식구들에게 알려야 하기 때문에서지요. 그의 치유는 본인과 가족에게 기쁨이 되었을 것입니다.

귀신에게서 놓여난 사람에게는 그가 해야 될 일이 있게 되었다고 깨닫습니다. 그가 집으로 가서 자신이 구원을 받은 사실을 가족에게 알려야 했고, 가족과 더불어 새 삶을 시작해야 하였다고 여깁니다.

"너를 불쌍히 여기신 것을," 치유를 받은 자가 가족에게로 돌아가는 것처럼 기쁜 소식이 또 어디에 있겠습니까? 귀신에게서 놓여났다는 것은 그 집의 식구들에게 구원의 선포라고 여깁니다. 정상인으로 돌아온 그의 모습은 그들에게 감격이었을 것입니다.

새 사람이 된 자신의 모습이 가족에게 전해지기를 원합니다. 귀신이 들렸던 자처럼, 마음은 병들었고, 가정에서 짐이 되었었지요. 저 또한 구원받았음을 가족에게 알리게 하시옵소서.

예수님으로 말미암은 자신의 변화가 가정에 기쁨이 되게 하시옵소서. 구원을 받아 갖게 된 인격의 변화가 가족의 구성원들에게 새로움이 되게 하시옵소서. 가정에 구원의 소식이 되게 하시옵소서.

예수님의 이름으로 기도합니다. 아멘

6:10 또 이르시되 어디서든지 누구의 집에 들어가거든 그 곳을 떠나기까지 거기 유하라

하나님 아버지,

길을 나선 전도자들에게 "뉘 집에 들어가거든 … 거기 유하라."고 하신 말씀에 감사합니다. 생명을 구원하는 일이 선한 일인 만큼 전도 여행이 선해야 되겠지요. 복음을 전한다고 해서 다른 사람을 불편하게 하고, 손해를 끼치게 해서는 안 되는 줄로 믿습니다.

전도를 위하여 떠난 여행길, 당연히 집을 얻어서 투숙하며 지내야 하는데, "합당한 자를 찾아내어 그곳에 유하라."고 하셨습니다. 복음을 전하는 일에서 지혜로워야 한다는 것으로 깨닫습니다.

머무를 집을 선택했다면 다른 곳으로 옮겨서는 안 된다는 것, 그것은 전도자가 다른 사람에게 피해를 주어서는 안 된다는 교훈으로 받습니다. 주님은 사람들에게 피해를 주지 않으셨습니다.

전도가 유익한 일인 만큼 전도자의 행동도 전도대상자들에게 유익해야 할 줄로 믿습니다. 크리스천 곧 천국 백성은 세상을 향해서 유익함을 끼쳐야 한다고 확신합니다.

자신의 유익을 따지느라 다른 사람에게 손해를 보도록 하지 않기를 원합니다. 세상을 위하여, 사회와 이웃을 위하여 기도하는 사람으로서 이웃에게 무례하지 않게 하시옵소서. 주님께서 그리 하셨지요! 복음을 받아야 하는 불신자들에게 피해를 주지 않게 하시옵소서.

예수님의 이름으로 기도합니다. 아멘

막 7:16 사람 안에서 나오는 것이 사람을 더럽게 하는 것이니라 하시고

하나님 아버지,
"사람 안에서 나오는 것"의 실체를 알게 하시니 감사합니다. "사람을 더럽게 하는 것"이라고 하셨습니다. 하나님의 자녀는 자신의 내면을 청결하게 해야 한다고 확신합니다.

주님 당시에, 사두개인과 바리새인들 그리고 종교지도자들은 외적인 청결만을 강조, 그들에게는 진심은 사라지고, 위선적이었다고 깨닫습니다. 그들은 더 이상 하나님을 경외하는 자라고 볼 수 없지요. 밖에서 사람에게 들어가는 것은 사람을 더럽게 하지 못한다고 생각합니다. 경우에 따라서는 위생과 세균 등의 문제는 있을 것입니다. 주님께서 언급하신 '사람 안에서의' 문제는 탐욕, 거짓, 시기, 미움, 다툼, 분노 등으로 사람의 내면 상태에서 나오는 것들이라고 여깁니다. 자신의 욕망에 따르게 된다면 자기를 더럽게 하고 말 것입니다.

오늘, 내면을 거룩하게 하지 못해서 나타나는 다양한 종류의 감정들 때문에 자신이 더럽혀지지 않도록 하시옵소서. 성령님께서 생각과 마음, 행동을 다스려 주시옵소서. 자신의 내면이 거룩하지 못하면, '들을 귀'를 상실한다고 깨닫습니다. 자신의 기준을 땅에 두지 않고, 하늘에 두게 하시옵소서. 자신의 심령이 하나님 앞에서 깨끗하도록 간직하게 하시옵소서.

예수님의 이름으로 기도합니다. 아멘

8:15 예수께서 경고하여 이르시되 삼가 바리새인들의
누룩과 헤롯의 누룩을 주의하라 하시니

하나님 아버지,
바리새인들의 누룩과 헤롯의 누룩을 주의하라 하신 주님의 말씀에 감사합니다. 누룩은 그들의 교훈에 대하여 비유적으로 하신 말씀이라고 깨닫습니다. 바리새인들의 교훈은 외식이었고, 헤롯의 교훈은 세속적 권력을 추구했기 때문에 주의하라 하셨지요.
"예수께서 경고하여 이르시되," 그렇습니다. 당시에 제자들은 바리새인들과 헤롯을 주의해야 하였다고 여깁니다. 그들의 교훈은 하나님의 뜻에 바르지 않았고, 자기들의 생각대로 해석을 하여 주의하라고 경고하셨습니다. "사두개인의 누룩을 주의하라."고도 하셨지요.
오늘, 하나님의 말씀을 해석하는 목회자들에게서도 이러한 잘못을 보지 않을까 염려됩니다. 주님의 말씀을 자기의 의도대로 해석하여 설교하는 경우도 종종 있기 때문이지요.
하나님의 말씀이 선포되는 강단에 성령님의 기름을 부으심이 있기를 원합니다. 말씀을 전하는 종들에게 진리의 편에 서도록 하시고, 주님의 말씀만 전하게 하시옵소서. 아울러, 교회공동체에서 회중은 말씀의 종을 위하여 기도하기를 게으르지 않게 하시옵소서. 그리고 하나님의 말씀을 듣는 것만으로 만족하게 하시옵소서. 하나님의 말씀에 심령을 기울이게 하시옵소서.

예수님의 이름으로 기도합니다. 아멘

막 9:35(하) 누구든지 첫째가 되고자 하면 뭇 사람의 끝이 되며 뭇 사람을 섬기는 자가 되어야 하리라 하시고

하나님 아버지,

뭇 사람의 끝, 뭇 사람을 섬기는 자가 되라 하신 주님의 말씀에 감사합니다. 죄로 말미암아 타락한 본성에는 남보다 자신을 높이려는 교만이 있기 때문에서지요.

"누구든지 첫째가 되고자 하면," 주님은 누구이십니까? 첫째인줄로 믿습니다. 우리도 지음을 받았을 때의 형상을 회복해서 세상에서 지내는 동안에 첫째가 되어 충만, 정복, 다스림을 누려야 하지요.

주님께서는 첫째에 대하여 부정적으로 접근하지 않으신 줄로 믿습니다. 첫째가 되기를 원하시는 주님이셨다고 깨닫습니다. 그래서 말씀하시기를, "뭇 사람의 끝이 되며 뭇 사람을 섬기는 자가 되어야 하리라."고 하셨지요. 바로 주님께서 그리하신 줄로 믿습니다.

- 뭇 사람의 끝이 되신 주님, 저에게도 끝으로 가게 하시옵소서.
- 뭇 사람을 섬기신 주님, 저에게도 섬기는 자가 되게 하시옵소서.

이제, 자신보다 낮은 사람, 아랫사람, 가난한 사람, 무식한 사람, 사회적 신분이 없는 사람에게 주목하게 하시옵소서. 곧 그들에게 손을 내미는 것이 주님께 해드리는 기회가 된다는 것을 잊지 않게 하시옵소서. 사소하게 여겨지는 것들을 '섬김'으로 대하게 하시옵소서.

예수님의 이름으로 기도합니다. 아멘

10:51 예수께서 말씀하여 이르시되 네게 무엇을 하여 주기를 원하느냐 맹인이 이르되 선생님이여 보기를 원하나이다

하나님 아버지,
주님께서 "무엇을 하여 주기를 원하느냐"고 하시니 감사합니다. 주님이 누구이시라는 것을 그에게 확실하게 알려주시려 하셨기 때문에서지요. 그에게 육신의 눈을 뜨고, 하늘도 보게 하신 줄로 믿습니다.
주님께서 바디매오에게 그의 소원이 무엇인지 질문하셨을 때, 그에게서 자신의 소원이 분명하였다는 것을 깨닫습니다.
이 사람은 겉으로는 일용할 양식 정도를 구하였지만 주님을 만나서는 자신의 인생문제를 해결하려 했다고 봅니다. 바디매오의 요청은 그가 주님이 누구이신지를 알고 있었다는 증거였습니다.
오늘, 바디매오에게서 저는 육신의 눈은 떴지만 영적인 눈은 감겨져 있음을 깨닫습니다. 매일 만나는 사람들에게는 구걸을 했으나 주님께는 자신의 근본적인 필요를 요청하였지요. "보기를 원하나이다."
그가 예수님이 누구이신지를 알고 있었다는 것을 생각합니다. 주님이 자신의 눈을 뜨게 해 주신다고 믿었다고 여깁니다. 그런데 저는 어떠합니까? 주님께 무엇을 요청하고 있는지요? 제가 구하는 것은 육신에 대한 것뿐은 아닌지요? 용서해 주시옵소서. 저의 눈을 떠서 하늘을 보게 하시옵소서. '하늘을 보기를 원하나이다.'

　　　　　예수님의 이름으로 기도합니다. 아멘

막 11:25 서서 기도할 때에 아무에게나 혐의가 있거든 용서하라

하나님 아버지,

기도에 있어서 장애물이 무엇인지를 알려 주시니 감사합니다. 간구하기 전에, 아무에게나 혐의가 있거든 용서하라고 하셨습니다. 만일, 형제의 허물을 용서하지 못해서 심령이 언짢다면 간구가 되지 않는다고 깨닫습니다.

누구에게든지 혐의가 있으면 기도가 되지 않는다! '아멘'으로 받습니다. 그러니, 사람들 속에서 마음이 상해진 것이 있다면 즉시로 용서해야 된다는 것을 배웁니다. 그리고 이웃의 누구에게라도 책망할 것이 있다면 책망을 거절해야 한다고 깨닫습니다.

하나님 앞에서 사람이 누구를 책망하겠습니까? 자신이 먼저 책망 받아야 하겠지요 "만일 너희가 용서하지 아니하면 하늘에 계신 너희 아버지도 너희 허물을 사하지 아니하시리라.(26절)" 말씀을 기억합니다. 이웃과 더불어 살게 하심은 이웃을 용서하며 지냄이라고 확인합니다.

이웃을 용서함은 하나님께로부터 용서를 받았다는 것을 증거함이라고 여깁니다. 하늘 아버지께로부터 용서를 받았으니, 이웃을 용서하게 하시옵소서. 그 용서로 이웃을 사랑함을 증거하게 하시옵소서.

오오, 저에게 간구의 문이 막히지 않게 하심을 감사합니다. 하나님께로 나아가는 길을 가르쳐주셨으니, 용서하게 하시옵소서.

예수님의 이름으로 기도합니다. 아멘

12:44(하) 이 과부는 그 가난한 중에서 자기의 모든 소유 곧 생활비 전부를 넣었느니라 하시니라

하나님 아버지,
"생활비 전부를 넣었느니라"고 하시니 감사합니다. 하나님께 드림에 자신의 전부를 나타내도록 하신 줄로 믿습니다. 믿음은 자신의 전부로 반응되어지는 것이지 일부만으로 표시될 수 없다고 확신합니다.
과부의 헌금을 칭찬하시면서 당시에, 하나님을 경외한다는 이들을 나무라시는 주님의 가르치심에 정신이 번쩍 듭니다. 교회생활을 하면서 헌금을 드릴 때, 아직도 액수를 셈하고 있음을 회개합니다.
진정으로 생각해봅니다. '내가 언제 한 번이라도 전부를 드려보았는가?' 하나님의 죄인을 사랑하심은 그 아들의 전부를 주셨지요. 주님께서는 헌금을 드리는 태도를 가르쳐주셨다고 깨닫습니다.
오늘, 전부를 드려 경외하지 못하는 저의 신앙하는 태도를 돌아봅니다. 전부로 표시될 수 없음은 그만큼 하나님을 신뢰하지 못하고 있음을 증명할 뿐이지요. 하나님을 사랑함에 전부로 사랑하게 하시옵소서.
하나님의 말씀에 순종함이 전부로 드려지는 것이기를 원합니다. 이 땅에서 천국 백성의 삶이 전부로 드려짐이 되게 하시옵소서. 모두를 드리고, 모두로 응답하여 남김이 없게 하시옵소서.

예수님의 이름으로 기도합니다. 아멘

막 13:26 그 때에 인자가 구름을 타고 큰 권능과 영광으로 오는 것을 사람들이 보리라

하나님 아버지,

주님께서 자기를 가리켜 인자라고 하시니 감사합니다. 주님은 하나님의 아들(神子, 신자)이신데, 사람의 아들이라 표현하셨고, 자신이 여인의 후손으로 오신 메시야라고 하셨습니다. 하나님의 아들이신 동시에 참으로 사람이시라고 확신합니다.

인자라는 말로 자기가 말씀이 육신(成肉身, 성육신)이 되셨음을 증거하셨다고 깨닫습니다. 그리고 하나님께서 약속해주셨던 메시아이심을 증거하셨지요. 아브라함의 후손, 유다 지파의 후손, 다윗의 후손으로 오실 분이셨음을 깨닫습니다.

오늘, 주님의 다시 오심에 감격합니다. 주님은 누구십니까? 그의 신성이 예언되었고, 그의 인성도 예언되신 메시아이시지요. 그 메시아께서 구름을 타고 오신다고 약속해 주셨습니다. "큰 권능과 영광으로 오는 것을 사람들이 보리라."

나의 왕께서 구름 가운데로 내려오신다는 약속을 기다리게 하시옵소서. 나의 왕께서 큰 권능으로 오신다는 약속을 기다리게 하시옵소서.

주님의 다시 오심(재림)은 이야기가 아니고 실재 사건인 줄로 믿습니다. 제가 육체로 살아있는 동안에 주님의 오심을 보게 하시옵소서.

예수님의 이름으로 기도합니다. 아멘

14:8 그는 힘을 다하여 내 몸에 향유를 부어
내 장례를 미리 준비하였느니라

하나님 아버지,

어떤 여자에게 향유를 주님의 몸에 붓도록 하시니 감사합니다. 이에, 주님께서는 칭찬하시기를, "내 장례를 미리 준비"했다고 하셨습니다.

천국 백성에게는 자신의 행동이 사람들의 눈에는 낭비처럼 보여도, 주님을 영화롭게 해드림이 되어야 한다고 확신합니다.

향유를 부은 여인의 행동이 주님의 장례를 미리 준비한 것이 되었다니 감격스럽습니다. 하나님의 섭리로 그렇게 되었다고 확신합니다. 주님의 장례를 위한 것이었다면 가장 귀한 향유도 그의 몸에 부을 수 있을 것입니다.

그 여자는 무슨 마음이었을까요? 그녀의 행동에 대한 주님의 평가는 그녀가 힘을 다했다고 하신 줄로 믿습니다. 그래서 복음이 전파될 세상의 모든 곳에서 알려져야 한다는 상을 주셨습니다.

오늘, 낭비가 되지 않는 행동에 주목합니다. 저에게 쓸 데 없는 것에 소유를 낭비하지 않게 하시옵소서. 하나님께서 주신 것을 헛되이 사용하지 않게 하시옵소서.

- 하나님을 경외함으로 소유를 사용하게 하시옵소서.
- 오고 오는 세대에도 주님과 복음을 위하여 사용하게 하시옵소서.

예수님의 이름으로 기도합니다. 아멘

막 15:5 예수께서 다시 아무 말씀으로도 대답하지 아니하시니 빌라도가 놀랍게 여기더라

하나님 아버지,
주님께서 아무 말씀으로도 대답하지 않으셨다고 하시니 감사합니다. 주님의 대답이 없으심에 빌라도가 놀랍게 여겼다고 하였습니다. 대제사장들의 여러 가지 고소의 말들에 침묵하신 줄로 믿습니다.
당시에, 빌라도는 주님을 고소한 그들의 논리가 주님께 사형선고의 근거가 될 수 없다고 판단했다고 여깁니다. 이에 빌라도가 주님께 물었는데 대답하지 않으셨지요.
악한 자들은 비난거리를 만들어 빌라도에게 말했지만 주님께서는 그들의 비난에 침묵하신 줄로 믿습니다. 주님의 관심은 자신에 대한 변호보다 하나님의 뜻이 성취됨에 있으셨다고 깨닫습니다.
오늘, 크리스천의 대화 방식에 대한 깨달음을 얻습니다. 세상 사람들, 특히 악인들의 고의적인 고소에 대응함에 주목합니다.
사람들의 비난이 하나님께로부터 온 것이 아니라면,
- 대답할 가치가 없는 것으로 여기게 하시옵소서.
- 대답하는 것을 불필요한 것으로 여기게 하시옵소서.
악한 자들, 특히 주님을 반대하는 자들은 대적하려는 뜻을 굳게 정하였다고 여기게 하시옵소서. 박해하려는 자들의 논쟁에 휩쓸려 들어가지 않게 하시옵소서. 도리어 그들을 불쌍히 여기게 하시옵소서.

예수님의 이름으로 기도합니다. 아멘

16:12 그 후에 그들 중 두 사람이 걸어서 시골로 갈 때에
예수께서 다른 모양으로 그들에게 나타나시니

하나님 아버지,

부활하신 주님께서 나타나시니 감사합니다. 주님의 죽으심으로 고향으로 돌아가던 그들에게 위로를 주셨다고 하셨습니다. 성도에게 소망은 부활하신 주님을 만남에 있다고 확신합니다.

주님께서는 언약하셨던 대로 부활하셨고, 제자들에게 나타나셔서 살아나신 몸을 보여주셔서 부활을 확인시켜 주셨다고 깨닫습니다.

"예수께서 다른 모양으로 그들에게 나타나시니," 부활하신 몸으로 엠마오 길의 제자들에게 나타나신 줄로 믿습니다. 공생애의 시간에 제자들과 함께 지내던 모습이 아닌, 다른 모습이었다고 깨닫습니다.

그러니, 그들은 자기들 앞에 나타나신 주님을 알아보지 못했지요. 오늘, 죽음을 이기시고 다시 살아나신 주님의 모습, 그 신비스러움을 보고 싶습니다.

그리하여 주님의 부활하신 모습이 비쳐주는 광채를 보기 원합니다. 저와 동행해 주시는 주님을 뵙게 하시옵소서. 그러나 제가 보고 싶은 건 육체적인 몸이 아니고, 저의 심령에 광채로 찾아오시는 주님이십니다.

저에게 영안이 열려져 다시 부활하신 주님과 교제하면서 지내게 하시옵소서. 주님은 부활하셨습니다!

예수님의 이름으로 기도합니다. 아멘

1:45 주께서 하신 말씀이 반드시 이루어지리라고 믿은 그 여자에게 복이 있도다

하나님 아버지,
'주님께서 하신 말씀은 반드시 성취된다고 믿어라!' 나사렛의 처녀 마리아가 엘리사벳이 성령이 충만하여 자기에게 한 말을 믿었다는 것을 묵상합니다.
마리아는 하나님의 말씀이 반드시 이루어지리라고 믿었음을 깨닫습니다.
- 하나님께서 약속하신 말씀은 반드시 이루신다는 것
- 하나님의 말씀을 받을 때, 성취를 믿어야 한다는 것
하나님께서 말씀을 하실 때는 약속으로 세상에 들려주심이라고 깨달으니 감격스럽습니다. 하나님은 '참 신'이시라서 지키지 않으실 말씀과 거짓말은 하시지 않으시는 줄로 믿습니다.
마리아를 왜 복이 있다고 하셨습니까? "주께서 하신 말씀이 반드시 이루어지리라"고 믿어서였다고 생각합니다. 하나님의 말씀을 대할 때, 성취되는 약속이라는 생각은 했지만 '반드시'라는 표현에는 민감하지 못했었습니다.
이제, 하나님의 말씀을 대할 때 성취되고야 만다는 확신으로 받게 하시옵소서. 하나님의 약속이 성취되는 것을 기다리게 하시옵소서.
남에게 하신 말씀이 아니라 저에게 주시는 말씀으로 삼게 하시옵소서. 벅찬 감격으로 성취를 기다리게 하시옵소서.

예수님의 이름으로 기도합니다. 아멘

2:14 지극히 높은 곳에서는 하나님께 영광이요 땅에서는 하나님이 기뻐하신 사람들 중에 평화로다 하니라

하나님 아버지,
하나님께 찬송을 드리게 하시니 감사합니다. "높은 곳에서는 하나님께 영광, 땅에서는 평화로다."라고 하였습니다. 천국 백성에게는 하나님께서 하신 일들이 찬송의 주제가 되어야 한다고 확신합니다.
예수님께서 나신 날에 "허다한 천군이 그 천사와 함께" 하나님께 찬송을 드렸다고 깨닫습니다. 메시야의 오심은 하나님의 언약의 성취라서 찬송으로 영광을 드린 줄로 믿습니다.
하나님께서는 찬송을 지으셨고, 그 찬송을 하나님께 드리라고 하신 줄로 믿습니다. 그러므로 하나님은 자기 백성에게 찬송이라고 여깁니다. 하나님께 찬송을 드려서 그가 영광을 받으시도록 함이 자기 백성의 본분인 줄로 믿습니다. 찬송을 드립니다!
오늘, 하나님으로 말미암아 찬송을 드리게 하시옵소서. 제가 하나님께 드림의 시작은 찬송이 되기를 원합니다. 잠자리에서 아침에 일어났을 때, 찬송을 드리게 하시옵소서. 한 날을 시작할 때 찬송을 드리게 하시옵소서.
- 이미 읊조리는 말씀을 찬송으로 흥얼대게 하시옵소서.
- 기억하고 있는 찬송가로 노래를 부르게 하시옵소서.
하나님께서 저에게 하신 일들은 다 찬송으로 삼게 하시옵소서.

예수님의 이름으로 기도합니다. 아멘

3:11 옷 두 벌 있는 자는 옷 없는 자에게 나눠 줄 것이요 먹을 것이 있는 자도 그렇게 할 것이니라 하고

하나님 아버지,
"나눠 줄 것이요"라고 하시니 감사합니다. 장차 올 진노를 피하기 위해서 가난한(없는) 이들에게 나누라고 하신 줄로 믿습니다. 회개에 합당한 열매를 맺어야 한다고 확신합니다.
"우리가 무엇을 하리이까?" 요한의 외침을 듣고, 자기들의 심령에 회개를 결단한 이들이 물었다고 여깁니다.
회개하는 마음은 행실로 열매가 맺을 때 회개라고 배웁니다.
'옷 두 벌 있는 자가 나누어 주고, 먹을 것이 있는 자도 그렇게 하라.'는 것은 착한 행실을 하라는 것으로 받아들입니다. 세리에게는 부과된 것 외에 거두지 말도록 하고, 군인들에게는 사람에게서 강탈하지 말라는 요한의 권면은 선행에 대한 강조였음을 확인합니다.
오늘, 저의 행실을 돌아봅니다. 하나님 앞에서 회개한 자로 서있는지를 확인하게 하시옵소서. 회개의 증거(열매)가 저에게 있는지를 살피게 하시옵소서. '참 회개'에 대한 권면을 받습니다.
지금, 회개를 하나님께서 긍휼히 여기시고 있는 인생에게의 행동으로 연결시키셨음에 주목하게 하시옵소서. 옷 두 벌이 있고, 양식을 갖고 있으니 가난한 자에게 나누어 좋은 열매를 맺게 하시옵소서.

       예수님의 이름으로 기도합니다. 아멘

4:43(상) 예수께서 이르시되 내가 다른 동네들에서도
하나님의 나라 복음을 전하여야 하리니

하나님 아버지,
주님께서 다른 동네들에서도 복음을 전하겠다고 하신 말씀에 감사합니다. 주님께서 그때, 갈릴리, 그곳의 각 동리와 마을들로 다니셔야 하셨기 때문이었지요. 비록 이 세상에서는 머리를 두실 곳조차 없으셨지만 전도자로서 두루 다녀야 하실 곳은 많으셨음을 깨닫습니다.
"전하여야 하리니," 하나님의 아들은 이 땅에 사람으로 오셨고, 천국 복음을 전하시려 하셨습니다. 여러 마을들을 다니시며 사람들에게 하늘 아버지를 만나도록 하신 줄로 믿습니다. 낙담과 절망에 갇혀 있던 사람들에게 주님께서 전해주신 복음이 새 길이 되었다고 깨닫습니다.
"보내심을 받았노라."는 말씀에 주목하게 하시옵소서. 주님은 자기를 가리켜 오셨다고 하셨지요? 어디에서 오셨습니까? 하늘에 계신 아버지께로부터 오셨다는 의미로 받습니다. 멸망에 처한 이들을 살려 주시려고 아버지의 품을 떠나 세상에 오셨음을 믿습니다.
오늘, 저는 그 주님의 보내심으로 이웃에게로 가야 된다는 것을 깨닫습니다. 그곳은 주님께서 가시기를 원하시는 곳이라 여깁니다.
친구들에게로, 자주 만나는 이들에게로, 관계되어서 접촉하는 이들에게로 주님이 되어서 하늘 아버지를 전하려 보내지게 하시옵소서.

　　　　　　　　　　　예수님의 이름으로 기도합니다. 아멘

5:10(하) 예수께서 시몬에게 이르시되 무서워하지 말라 이제 후로는 네가 사람을 취하리라 하시니

하나님 아버지,

나를 따라오라 하신 주님의 말씀에 감사합니다. 시몬과 안드레를 만나신 주님께서 그들에게 자기를 따르라고 하셨기 때문에서지요. 주님과 함께 가는 길, 새로운 길로 가자고 하셨다고 믿습니다.

"이제 후로는," 처음 본 그들이었지만 주님께서는 두 사람에게 의도하신 바가 있으셨다고 깨닫습니다. 주님의 약속이 그들에게 있음을 확신합니다.

부르신 그들에게 '하나님의 나라를 세움'을 향한 주역의 역할을 맡기시려는 의도를 갖고 계셨다고 여깁니다. 부르심에 응답하기만 하면 복음 전파와 구원 사역의 일을 맡게 될 것이었음을 배웁니다.

"네가 사람을 취하리라." 무슨 말씀이신지요? 사람을 취하신 분은 주님이셨지요? 그렇다면 저에게 주님이 되라는 말씀이시지요! 주님이 하셨던 대로 사람을 취하리라는 것인 줄로 믿습니다.

저는 어떠했습니까? 여호와의 날이 이르면, 인생에게는 심판인데, 그들을 구해내어야 하는 임무를 맡기시려 하시는 줄로 믿습니다.

아하, 제가 주님이 되어야 한다는 것을 깨닫습니다. 언제나 저의 바람에만 매달렸으니, 이제라도 사람을 취하기 위하여 주님으로 지내게 하시옵소서.

예수님의 이름으로 기도합니다. 아멘

6:46 너희는 나를 불러 주여 주여 하면서도
어찌하여 내가 말하는 것을 행하지 아니하느냐

하나님 아버지,
말과 행실의 일치에 대하여 말씀을 주시니 감사합니다. "어찌하여 내가 말하는 것을 행하지 아니하느냐"고 하셨습니다. 하나님을 믿는다는 말은 행실로 나타내어져야 한다고 확신합니다.

말과 행실로 증거 되는 신앙자의 삶을 깨닫습니다. 예수님을 '주님'이라고 고백한다면 주님을 따르지요. 그것이 자신에게 불리해도!

주님이라고 모셨으면서도 그의 교훈에 순종하지 않는다면, 그것은 행실로 자신의 주님이 아니라는 것을 증언하는 것이겠지요. 예수님을 주인으로 모시지 않았음을 반증할 뿐이라고 생각합니다.

오늘, 하나님께 여쭙니다. 진실로 제가 구원을 받았는지요? 하나님을 사랑한다면 사랑하는 이의 말을 따를 것입니다. 아멘!

행실에서 저의 사랑과 삶이 증거 된다고 확인합니다. 제가 오늘을 지내면서 하게 되는 말과 행위들, 지극히 사소하지만 거기에서 하나님을 사랑함이 나타내 보여 진다는 사실입니다.

자신의 선한 말과 선한 행위를 통해 하나님의 자녀가 되었음을 세상에 증거하게 하시옵소서. 사소함의 신앙생활을 하게 하시옵소서.

예수님의 이름으로 기도합니다. 아멘

7:9(하) 내가 너희에게 이르노니 이스라엘 중에서도 이만한 믿음은 만나보지 못하였노라 하시더라

하나님 아버지,
"이만한 믿음은 만나지 못하였노라."고 하시니 감사합니다. 주님께서 자기 집에 들어오시는 것을 감당하지 못하겠다는 백부장의 믿음을 가리켜 그를 칭찬하셨습니다.
백부장의 주님께 대한 신앙을 보시고, 기이히 여기셨다는 감탄을 보이신 줄로 깨닫습니다. 주님을 따른다는 것은 주님께 대한 자신의 신앙을 고백하는 행위라고 여깁니다.
백부장에게 말씀하셨던 '이만한 믿음은' 그의 믿음이 크다는 것으로 바로 주님께서 원하셨던 믿음의 자세인 줄로 여깁니다. 천국 백성은 누구나 공유해야 될 신앙적 자세이겠지요.
오늘, 주님께서 백부장의 하인을 치유하셨던 그 능력에 주목합니다. 주님의 능력은 말씀 한 마디로 백부장의 하인을 괴롭히던 질병에게 선포하셨다는 것이지요. 그리고 그 명령으로 고침을 받았습니다.
저에게도 주님은 선포하시는 줄로 믿습니다. 주님의 말씀에 능력이 나타나고 역사가 있음을 믿게 하시옵소서. 성경을 읽으면서 이미 말씀하셨던 주님의 명령이 선포되고 있음을 믿게 하시옵소서. 기록된 말씀만으로도 선포되어서 역사가 이루어짐을 믿게 하시옵소서.

예수님의 이름으로 기도합니다. 아멘

8:5 예수께서 들으시고 이르시되 두려워하지 말고 믿기만 하라 그리하면 딸이 구원을 얻으리라 하시고

하나님 아버지,
하는 말을 곁에서 들으신 주님께 감사합니다. 주님께서는 친구로 삼으신 저희들과 함께 하시고, 성도의 고민이나 염려의 말을 들으시지요. 주님을 믿고 따르는 자들과 동행하시는 줄로 믿습니다.
"이르시되 두려워하지 말고," 자신의 딸이 죽었다는 말을 들은 야이로에게 주님은 두려워하지 말라고 하심으로써 주님께서 무엇이라도 해주시겠다는 것을 기대하게 하셨다고 깨닫습니다.
절망적인 상황에 처했는데도 두려워하지 말라는 말씀은 믿음을 갖고 기대하라는 의미였다고 봅니다. 공생애에서 그를 따르던 자들에게 보여주신 그대로 주님은 절망하지 않으셨음을 기억합니다.
"믿기만 하라," 주님께서는 딸의 죽음이라는 소식 앞에서 절망에 처한 야이로에게 소망을 선언하셨습니다. 믿음의 주님을 야이로에게 권하신 줄로 믿습니다. 주님께서 하나님을 믿으셨듯이, 주님을 따르는 자들도 '주님의 믿음'을 가져야 하는 줄로 믿습니다.
오늘, 저는 어떠합니까? 주님의 믿음이 저에게도 있게 하시옵소서. 염려할 수밖에 없는 상황이지만 염려의 소리를 듣기보다는 주님의 말씀을 듣게 하시옵소서. 주님이 되어, 믿기만 하게 하시옵소서.

예수님의 이름으로 기도합니다. 아멘

9:3 이르시되 여행을 위하여 아무 것도 가지지 말라 지팡이나 배낭이나 양식이나 돈이나 두 벌 옷을 가지지 말며

하나님 아버지,
열두 제자를 두루 보내시며 "아무 것도 가지지 말라."고 하신 말씀에 감사합니다. 주님께서 다니셨던 길, 전도 여행을 떠나는 제자라면 지침으로 삼아야 해서지요. 전도자가 되어 세상으로 보내어질 사람은 땅에서 살아가는 조건들에 얽매여서는 안 되는 줄로 믿습니다.
"두 벌 옷을 가지지 말며," 천국 복음을 전파하셨던 주님의 모습을 떠올리게 합니다. 당시에, 이스라엘 백성은 여행 중에, 한 밤의 추위로부터 자기를 지키기 위해 여벌의 옷을 준비했지요. 그런데 주님께서는 그리하지 않으셨다고 깨닫습니다.
자신의 집이었던 하늘 보좌를 버리고 세상에 오셔서 오직 죄인들의 구원과 병든 자들의 치유에 전심하셨던 주님께 감격합니다. 주님과 같이 저에게도 세상에서의 소유는 관심이 될 수 없다고 깨닫습니다.
자신의 신변에 대한 관심이 복음을 전하는 일에 지장이 초래되어서는 안 된다는 것을 깨닫습니다. 저 자신을 세상으로부터 가볍게 하여 복음을 전하는 것에 충성하게 하시옵소서. 구원의 복음을 저에게 주셨으니, 이 복음을 전하는 것 집중하게 하시옵소서.
이제, 무엇을 먹을까, 무엇을 마실까 염려하지 말라는 말씀을 깨달으니 저도 염려하지 말게 하시옵소서.

                      예수님의 이름으로 기도합니다. 아멘

10:37 이르되 자비를 베푼 자니이다 예수께서
이르시되 가서 너도 이와 같이 하라 하시니라

하나님 아버지,
자비를 베푼 자가 강도를 만난 자의 이웃이라고 하시니 감사합니다. "가서 너도 이와 같이 하라."고 하셨습니다. 천국 백성의 이 땅에서의 삶은 강도를 만난 자의 이웃이어야 한다고 확신합니다.

강도를 만난 사람의 목숨을 구해준 이는 바로 예수님이라고 깨닫습니다. 실제로, 주님은 유대인들에게 사마리아인이라는 따돌림도 받으셨지요(요 8:48). 주님께서는 사마리아인의 사랑을 보여주셨습니다.

주님께서는 거반 죽게 된 우리를 위하여 자신의 생명과 몸을 다 주신 줄로 믿습니다. 인생을 죄로부터 구원해 주시려고 십자가에 달려 죽으셨으니까요.

오늘, 강도를 만나 죽게 된 사람을 살려준 사마리아 사람이신 주님을 새롭게 깨닫습니다. 저를 위하신 주님의 사랑은 죄와 영원한 멸망에서 건져내어 주심이셨으니 감격스럽습니다.

"가서 너도 이와 같이 하라." 제가 주님의 사람이라면 주님처럼 해야 한다고 깨닫습니다. 만일, 그리하지 않으면 저는 가짜 크리스천이지요.

주님의 사랑과 주님의 삶을 실천할 때, 주님과 친구가 될 것입니다. 사람들에게 따돌림을 당해도 주님과 같이 살게 하시옵소서.

예수님의 이름으로 기도합니다. 아멘

눅 11:13(하) 하물며 너희 하늘 아버지께서 구하는 자에게 성령을 주시지 않겠느냐 하시니라

하나님 아버지,
주님의 제자들이 성령님의 임재에 충만했다면 "구하는 자에게 성령을 주시지 않겠느냐"는 말씀으로 성령님을 구해야 한다고 생각합니다. 제자들이 새롭게 되었듯이 제가 하늘 아버지의 백성의 새로워져야 한다는 것이 하나님의 뜻이라고 믿습니다.
주님과 동행하던 그 모습의 제자들로서는 교회가 세워질 수 없어서 성령님께 충만하게 하셨다고 깨닫습니다. 지금, 저에게 요구되는 것이 성령님께서 함께 해주신다는 확신인 줄로 압니다. 성령님께서 저를 다스려서 새롭게 하시옵소서.
저의 생각을 성령님께서 주장해 주셔야겠습니다. 저의 가슴을 성령님께서 품어주셔서 하늘에 마음을 바치도록 하셔야겠습니다.
저의 태도와 행실이 성령님께 제어를 당하여 움직여져야겠습니다. 오직, 성령님께 이끌려지게 하시옵소서.
이제, 저에게 성령님을 구하게 하시니 감사합니다. "하늘 아버지께서 구하는 자에게" 성령을 주신다는 말씀에 감격합니다.
성령님의 충만하심으로 들어가 주님의 뜻을 따르게 하시옵소서. 그리하여, 하늘 아버지의 교회로 세워져 가게 하시옵소서.

예수님의 이름으로 기도합니다. 아멘.

12:43 주인이 이를 때에 그 종이 그렇게
하는 것을 보면 그 종은 복이 있으리로다

하나님 아버지,

'주인이 이를 때에 그렇게 하고 있는 종이 되라!' 주인이 돌아올 때, 그때까지도 자기의 일을 하고 있으라는 권면의 말씀을 묵상합니다.

깨어서 주인이 돌아오기를 기다리며, 맡은 일을 하고 있다면 주인에게서 복이 있으리라고 약속하셨습니다.

예수님께서 그리 하신 줄로 믿습니다. 주님께서는 하나님께 충성된 종이 되셨고, 자신의 몸을 제물로 드려서 죄인을 구원하시려는 하나님의 뜻에 순종하셨다고 깨닫습니다.

주인에게 충성스러운 종을 통해서 주인을 기쁘시게 함의 교훈을 삼기 원합니다.

- 하나님께 청지기의 직분을 맡은 것이 축복이라고 여깁니다.
- 직분의 감당에 상급을 약속하심은 은혜라고 여깁니다.

오늘, 저를 복 되게 하시려고 주신 약속이라고 여깁니다. 제가 이 땅에서 지내는 동안에, 성도의 삶을 사는 것은 결코 헛되지 않다고 깨달으며 감각합니다.

제가 게으르지 말고, 깨어 충성하게 하시옵소서. 주님께서 구름을 타고 다시 오시는 그날, 복이 있다고 선포하시며 예비하신 상급을 갖고 오시는 영광을 바라게 하시옵소서.

예수님의 이름으로 기도합니다. 아멘

13:24 좁은 문으로 들어가기를 힘쓰라 내가 너희에게 이르노니 들어가기를 구하여도 못하는 자가 많으리라

하나님 아버지,
"좁은 문으로 들어가기를 힘쓰라."고 하시니 감사합니다. "들어가기를 구하여도 못하는 자가 많다"고 하셨습니다. 구원에 이르는 길은 좁은 문이며, 그 문으로 들어가기를 힘써야 한다고 확신합니다.
주님께서 말씀에서, '좁은 문'은 주님 자신을 가리키신 것이라고 여깁니다. 예수님은 누구신지요? 하나님께서 세상으로 보내주신 유일한 구주이시며 인류의 유일한 중보자이신 줄로 믿습니다. 주님 외에 인생을 죄악에서 구원하여 천국으로 인도할 다른 구주가 없습니다.
"내가 곧 길이요 진리요 생명이니 나로 말미암지 않고는 아버지께로 갈 자가 없느니라."(요 14:6) 이 한 마디로 주님이 좁은 문이심을 천명하셨다고 믿습니다. "다른 이로서는 구원을 얻을 수 없나니" 아멘.
오늘, "들어가기를 구하여도 못하는 자가 많으리라." 하셨는데 저는 그 무리에 속하지 않기를 원합니다. 노아 시대에 노아의 가족 8명 외에 세상의 모든 사람들은 다 홍수로 멸망했음을 기억합니다.
경건하고 의롭게 산 자들은 소수였습니다. 저에게 좁은 문으로 들어가기를 즐거워하게 하시옵소서. 때로는 그 길을 가는 사람이 외톨이로 여겨져도 그 길을 고집하게 하시옵소서.

예수님의 이름으로 기도합니다. 아멘

14:13 잔치를 베풀거든 차라리 가난한 자들과
몸 불편한 자들과 저는 자들과 맹인들을 청하라

하나님 아버지,
잔치에 배설할 때에 대하여 말씀해 주시니 감사합니다. 대접을 받은 것에 되갚을 수 없는 이들을 청하라고 하셨습니다. 성도는 장차 의인들이 부활할 때 갚음을 받을 것이 있어야 한다고 확신합니다.
성도의 삶은 이 땅에서 끝내지 않고, 내세에로 이어져야 한다는 것을 깨닫습니다. 몸의 죽음은 끝이 아니고, 부활이 있을 것인데, 그때 하나님과 부활한 의인들로부터 칭찬과 보상을 받을 줄로 믿습니다.
사실, 되갚지 못할 사람에게 베푸신 분은 주님이십니다. 죽으심에서까지 베풀어 주신 피와 살, 그것으로 죄인들에게 구원의 길이 열렸지요.
오늘, 갚을 수 없는 주님의 은혜를 생각합니다. 이제, 저에게도 갚을 수 없는 사람들을 조대하는 사림을 살게 하시옵소서. 성령님께서 제 손을 감동하셔서 되갚을 수 없는 이에게 내어밀게 하시옵소서.
제 손에 큰돈이 들려있든지, 아주 적은 액수의 돈이 있든지 성령님께서 이끄시는 대로 따르게 하시옵소서. 성령님을 거절하지 않기를 원합니다.
저에게 장차 의인들이 부활할 때 갚음을 받도록 하신다고 믿습니다. 그러니 대가를 바라지도 말고, 거저 주게 하시옵소서.

예수님의 이름으로 기도합니다. 아멘

15:10 내가 너희에게 이르노니 이와 같이 죄인 한 사람이 회개하면 하나님의 사자들 앞에 기쁨이 되느니라

하나님 아버지,
한 사람의 죄인이 회개함에 대하여 말씀을 주시니 감사합니다. "하나님의 사자들 앞에 기쁨이" 된다고 하셨습니다. 성도와 교회공동체는 죄인의 구원을 위하여 헌신해야 한다고 확신합니다.
주께로 돌아오는 한 명의 영혼, 예수님을 구주로 영접하여 교회공동체에 들어온 한 사람을 진심으로 환영하고 기뻐해야 한다는 것을 깨닫습니다.
죄인 한 사람의 회개가 하나님의 사자들 앞에 기쁨이 된다는 것에 주목합니다. 주님께서는 이 진리를 가르쳐 주시려고, 잃은 양을 찾는 목자의 이야기와 잃은 은전을 찾는 이야기를 들려주셨지요.
오늘, '하나'라는 것에 대한 새로 봄을 원합니다. 사람들은 대개 많은 숫자에 환호하지만, 주님께서는 한 사람의 영혼에 마음을 두셨지요. 그것은 하나님의 마음이라고 확인합니다. 하나님께서는 언제나 의인 한 사람을 찾으셨고, 의인에게 주목하셨다고 깨닫습니다.
주님의 심정이 바로 회개해야 할 한 죄인을 끝까지 찾으시는 것이었다고 깨닫습니다. 한두 번 찾다가 포기하지 않고 찾을 때까지 찾으시는 주님의 심정을 생각합니다. 잃은 자, 한 사람의 영혼을 찾기 위해 얼마나 불붙는 심령을 가져야 하는지를 깨닫게 하시옵소서.

예수님의 이름으로 기도합니다. 아멘

16:20 그런데 나사로라 이름하는 한 거지가 헌데 투성이로 그의 대문 앞에 버려진 채

하나님 아버지,
"그의 대문 앞에 버려진 채"라고 하시니 감사합니다. 나사로는 부자의 대문에 누워 부자의 상에서 떨어지는 것으로 배불리려 하였다고 했습니다. 나사로가 부자의 집 대문 앞에 있었던 것은 부자가 나사로를 돌보았어야 했다고 확신합니다. 그것이 하나님의 의도였지요.
나사로의 이름 엘르아자르, 그 의미는 하나님의 도우심이었다고 깨닫습니다. 그가 가난한 자로서 헌데를 앓았고, 부자의 대문 앞에 버려졌다면 부자가 하나님의 의도를 생각했어야 하였지요.
그러나 그는 자기 만족을 즐기며 "날마다 호화로이 연락하였을" 뿐이었습니다. 자기 외에는 관심이 없는 사람은 하나님의 백성이 아니라고 확인합니다.
오늘, 부자와 헌데를 앓고 있는 나사로의 관계를 생각하게 하시옵소서. 부자의 집 대문 앞에 버려진 상황에 주목하게 하시옵소서. 상황을 주도하시는 하나님의 뜻을 깨달을 수 있기를 원합니다. 저에게 상황을 대하게 하시는 하나님의 의도를 들여다보게 하시옵소서.
부유한 자신을 즐길 줄만 알았지, 대문 앞에 버려진 거지에게는 조금의 생각도 없었던 부자는 저에 대한 하나님의 고발인지도 모르지요. 가난한 자를 살피게 하시고, 그를 섬기도록 하시옵소서.

예수님의 이름으로 기도합니다. 아멘

17:10 이와 같이 너희도 명령 받은 것을 다 행한 후에 이르기를 우리는 무익한 종이라 우리가 하여야 할 일을 한 것뿐이라 할지니라

하나님 아버지,

"명령 받은 것을 다 행한"이라고 하시니 감사합니다. 제자들은 명령을 받은 대로 복음으로 살아야 한다고 하셨습니다. 그리고 그들은 "우리가 하여야 할 일을 한 것뿐이라."고 해야 하였다고 확신합니다.

주님께로부터 위탁(명령)을 받았으니 그 일을 다 해야 하였음에도 "우리는 무익한 종이라"는 것을 기억해야 했습니다. 사실, 당시의 제자들도 주님과 교회를 위하여 마땅히 해야 할 의무를 했을 뿐이었지요.

성도가 교회에서 봉사의 직무를 수행할 때, 자신의 힘과 능력으로 한 것이 아니었지요. 하늘 아버지께서 주신 은혜와 힘으로 했을 뿐이라고 깨닫습니다. 그때, 그들에게서는 많은 부족과 흠이 있었지요.

오늘, 하나님 앞에서 무익할 뿐이었음을 배웁니다. 그러니, 제가 무엇을 했다 할지라도 "무익한 종"이라고 고백하게 하시옵소서. 하나님께서 받으실 만한 자세가 구비되지 않았음에도 주님과 교회를 위해서 일을 하도록 부름을 받았으니 감격하여 충성하기를 원합니다.

무엇을 하였노라고 떠벌리지 않게 하시옵소서. 수고를 하느라고 '죽을 뻔했다는' 생색도 내지 않게 하시옵소서. 저는 다만 마땅히 해야 할 의무를 했을 뿐이라고 감사하게 하시옵소서.

예수님의 이름으로 기도합니다. 아멘

18:29 이르시되 내가 진실로 너희에게 이르노니 하나님의 나라를 위하여 집이나 아내나 형제나 부모나 자녀를 버린 자는

하나님 아버지,
'하나님의 나라를 위하여'라고 하시니 감사합니다. 크리스천의 가치는 주님과 복음을 위함인 줄로 믿습니다. 주님께서는 하늘에 있는 보좌를 버리시고, 죄인의 모습으로 세상에 오셨지요.
하나님의 아들이 자기를 버리심은 죄인을 구원하시려는 하나님의 뜻을 이루려 하심이셨지요. 갈릴리의 어부들은 배와 그물과 부친을 버려두고 주를 따랐는데, 세상의 복과 쾌락을 버림이라고 확인합니다.
'버림'은 주님과의 관계를 맺게 함이라고 배웁니다. 주님의 기도는 하나님의 일을 이루려 하심이셨고, 제자들에게도 자기를 부인하라고 하신 줄로 믿습니다. '자기 부인'은 자신을 버렸다는 증거이지요.
제가 예수님을 주님이라 부르면서 따를 때 무엇을 버렸는지요? 사실, 저는 버린 것이 없는지도 모릅니다. 얼마 전까지도 오히려 하나 더 갖게 되었습니다.
제가 처음 예수님을 믿는다고 했을 때, 버림에 대한 도전보다는 기도하면 된다는 생각을 품었습니다.
이제라도 '버림'을 드리게 하시옵소서. 주님과 복음을 위하여 제가 갖고 있는 모든 것을 버리며, 저의 생명도 부인하게 하시옵소서.

예수님의 이름으로 기도합니다. 아멘

19:35 그것을 예수께로 끌고 와서 자기들의 겉옷을 나귀 새끼 위에 걸쳐 놓고 예수를 태우니

하나님 아버지,

나귀 새끼를 예수님께로 끌어 오게 하시니 감사합니다. 주님께서 타시고 예루살렘으로 들어오시기 때문에서지요. 이로써 왕이 임하실 때, 나귀 새끼를 타신다는 스가랴의 예언을 성취하신 줄로 믿습니다.

제자들이 나귀 새끼를 끌고 왔을 때, 그들은 자기들의 겉옷을 나귀의 등에 걸쳐 안장을 대신하도록 했다고 깨닫습니다.

주님께서 아무도 타 보지 않은 나귀에 올라 예루살렘으로 들어가심이 왕의 입성이었다는 것을 생각할 때, 감격스럽습니다. 예수님을 본 많은 사람들이 가까이 와서 자기들의 겉옷을, 다른 사람들은 벤 나뭇가지를 길에 펴서 예수님을 환호했다고 하였습니다.

오늘, 주님의 예루살렘 입성에서 성경이 성취되어가는 것을 깨닫습니다. 선지자들의 입을 빌려 말씀하셨고, 그것을 이루셨습니다.

예수님의 예루살렘 입성에 나귀 새끼가 드려진 것, 제자들이 나귀 새끼의 등에 겉옷을 놓아 안장으로 사용되게 한 것도 아름아운 이야기이지요.

그러나 그들 아름다움보다 하나님의 말씀이 성취되었다는 것에 빙점을 찍게 하시옵소서. 저에게도 하나님은 말씀을 이루십니다!

예수님의 이름으로 기도합니다. 아멘

20:25 이르시되 그런즉 가이사의 것은 가이사에게, 하나님의 것은 하나님께 바치라 하시니

하나님 아버지,
"가이사의 것은 가이사에게, 하나님의 것은 하나님께"라고 하시니 감사합니다. 주님은 세상 나라의 권세로 로마를 인정하셨고, 하나님께서 통치하시는 나라로 유대도 인정하라고 하셨습니다.
본질적으로 세상 질서의 근원은 하나님이시라고 확신합니다. 세상에 존재하는 모든 권위의 통치 구조가 하나님의 섭리를 따라 진행되고 있기 때문이지요. 그러니, 천국 백성은 실제적인 모든 영역에서 권위에 원칙적으로 복종해야 한다고 배웁니다.
그런데 당시에 로마 군대는 유대를 정복해서 예루살렘 성전을 허물었고, 유대인들의 사람의 좌소를 찬탈했다고 깨닫습니다. 로마가 땅의 나라(세속 권세)였다면 유대는 하나님의 나라였지요.
오늘, 세상 속에서 살아가도록 하셨으니, 세상에 주어진 권위에 복종하게 하시옵소서. 그 권위도 하나님께 있다는 것을 확인합니다. 세상에 존재하는 모든 권위의 통치 구조가 하나님의 섭리를 따라 진행되기 때문이지요.
세상의 권위를 존중하지만 동시에 하나님의 것을 하나님께로 돌려야 될 책임이 있음을 생각합니다. 세상 나라의 것은 세상에게 주고, 하나님의 것은 하나님께 드리게 하시옵소서.

　　　　　　　　예수님의 이름으로 기도합니다. 아멘

눅 21:4(하) 이 과부는 그 가난한 중에서 자기가 가지고 있는 생활비 전부를 넣었느니라 하시니라

하나님 아버지,

주님께서 과부의 두 렙돈 헌금을 칭찬하시니 감사합니다. 그녀는 헌금함에 생활비 전부를 넣었기 때문에서지요. 하나님께 드림에는 일부를 뺀다거나 따로 떼어놓음이 없어야 되는 줄로 믿습니다.

"생활비 전부를 넣었느니라." 자신의 전부를 넣었다는 표현은 자신의 생명을 하나님께 맡김이었다고 깨닫습니다. 그 과부는 자신을 하나님께 드림으로 헌금에 대한 가치를 갖고 있었다고 여깁니다.

이렇게 함으로써 자신의 생명을 하나님께 맡기는 표현이 된 줄로 믿습니다. 헌금을 드린다는 것은 지금까지 받은 은혜를 무엇으로 비교할 수 없다는 마음과 내게 있는 모든 것을 드려도 부족하다는 의미라고 생각합니다.

오늘, 과부의 전부를 드림은 주님과 같다고 여깁니다. 주님께서는 어떠하셨나요? 죄인의 구원을 위하여 자신의 전부를 하나님께 드린 줄로 믿습니다. 땀과 물, 피를 다 드려서 인생을 위한 제물이 되어 주셨지요? 주님의 전부를 드림을 배웁니다.

이제, 저를 전부를 드림으로 이끌어 주시옵소서. 자신을 위하여 다른 주머니에 담아두지 않고, 저에게 있는 모든 것을 드리게 하시옵소서. 그렇게 드림을 주님께로부터 배우게 하시옵소서.

예수님의 이름으로 기도합니다. 아멘

22:36 이르시되 이제는 전대있는 자는 가질 것이요 배낭도 그리하고 검 없는 자는 겉옷을 팔아서 살지어다

하나님 아버지,
"이제는"이라고 하시니 감사합니다. 주님께서 십자가에서 죽으시면 제자들이 처할 상황이 달라질 것이라고 하셨습니다. '주님 이후'에 제자들과 교회는 다른 상황에 직면하게 되었다고 깨닫습니다.

주님께서 그들과 함께 하셨던 공생애의 시간은 제자들에게 기적의 날들이었습니다. 그들은 자연적인 현상을 초월하여 나타났던 보호와 공급을 누렸었지요.

그런데 주님께서 죽으신 후에는 그러하지 않다는 것이었습니다. 그래서 이제는 전대를 가지라고 하셨고, 주머니도 그리하고 검 없는 자는 겉옷을 팔아 살라고 하셨지요. 주님께서 십자가에서 죽으신 후에 제자들에게도 그와 같은 상황이 닥쳐올 것입니다.

오늘, 주님 앞에서 일상의 삶에 대한 깨달음을 갖게 하시옵소서. 예수님을 믿는다는 것이 별다른 사람이 되는 것이 아님을 직시하게 하시옵소서. 자신에게 필요한 것들은 스스로 챙겨야 한다고 여깁니다.

물론 하나님께서 살아계심을 증거 하시려고 기적을 경험하게 하실 것입니다. 그러나 주님께서 보여 주셨던 기적은 일상이 아니라는 것이지요. 자신이 살고 있는 지역에서 시민의 한 사람이 되어야 할 줄로 믿습니다. 성실한 시민의 모습으로 지내게 하시옵소서.

       예수님의 이름으로 기도합니다. 아멘

23:42 이르되 예수여 당신의 나라에 임하실 때에 나를 기억하소서 하니

하나님 아버지,

행악자가 자신을 주님께 의탁하니 감사합니다. "당신의 나라에 임하실 때에 나를 기억하소서."라고 하였습니다. 성도 개인 각 사람과 교회는 하늘 아버지께 의탁해야 한다고 확신합니다.

주님께서는 공생애의 시간에, 자신을 하나님께 의탁하셨고, 하나님의 보내심으로 사역을 하셨다고 깨닫습니다. 주님께서 십자가에 달리셨을 때, 한 사람의 행악자는 예수님이 누구이신지를 알았고, 주님께 자신을 의탁했다는 것에 동의합니다.

이 사람은 주님의 이름을 예수로 불렀습니다. 그는 주님을, 하나님께서 죄인들을 구원하시기 위해 보내주신 구주시오, 하나님과 죄인들 사이에 유일한 중보자로 여겨서 자기를 의탁한 줄로 믿습니다.

오늘, 저는 어떠한지요. 과연 자신을 하나님께 의탁을 드렸는가에 주목합니다. 자신을 가리켜서 하나님의 백성이라고 하는 것은 자기를 하나님께 의탁했다는 증거라고 생각합니다.

주님의 이름을 부르며 자신을 의탁하는 것이 믿음이라고 여깁니다. "아버지께서 내게 주시는 자는 다 내게로 올 것이요 내게 오는 자는 내가 결코 내어 쫓지 아니하리라."

예수님의 이름으로 기도합니다. 아멘

24:49(하) 너희는 위로부터 능력으로 입혀질 때까지 이 성에 머물라 하시니라

하나님 아버지,

"위로부터 능력으로 입혀질 때까지"라고 하시니 감사합니다. 제자들은 주님의 증인이 되어야 하는 것을 위임받았기 때문에 증인 되라고 하셨습니다. 증인의 역할은 능력을 받아야 했다고 확신합니다.

주님과 그의 복음을 세상에 전하도록 하는 담대함은 능력으로 말미암는다고 깨닫습니다. 그 능력이 복음을 듣는 사람에게 감동을 일으키고, 복음을 받는 생명의 역사를 경험하게 하지요.

주님께서는 능력, 곧 아버지의 약속하신 것을 보내시겠다고 하셨습니다. 그래서 그들에게 능력을 받도록 예루살렘을 떠나지 말라고 하신 줄로 믿습니다. 그곳에는 주님께서 제자들과 늘 기도하시며 교제하시던 방이 있었지요. 제자들은 능력이 임하기를 사모했다고 여깁니다.

오늘, 위로부터 임하는 능력에 방점을 둡니다. 저에게 주님의 사람으로 살아가도록 하는 것은 위로부터 임하는 능력이라고 깨닫습니다. 주님과 복음에 대하여 증인 되게 하는 능력을 사모하게 하시옵소서.

사람의 지혜가 자신을 크리스천으로 살아가도록 하지 않음을 깨닫습니다. 사람의 언변이 복음을 전하지 못한다는 것을 깨닫습니다. 우리부터 임하는 능력, 곧 성령의 임재를 기다리게 하시옵소서.

예수님의 이름으로 기도합니다. 아멘

1:12 영접하는 자 곧 그 이름을 믿는 자들에게는 하나님의 자녀가 되는 권세를 주셨으니

하나님 아버지,
하나님의 자녀가 되게 하시니 감사합니다. 영접하는 자에게 하나님의 자녀가 되는 권세를 주셨다고 하셨습니다. 예수를 주님으로 믿으면 하나님의 자녀가 되었다는 고백으로 지내야 한다고 확신합니다.
예수님을 영접한 자에게는 하나님의 자녀가 되는 권세를 갖게 하여 빛의 자녀로 지내게 하셨음을 깨닫습니다. 죄로 말미암아 어둠의 자녀들이 있다고 믿습니다.
사탄은 이 세상에서 음부(지옥)의 권세를 가지고 죄악과 죽음의 칼을 휘두른다고 여깁니다. 그러나 하나님의 자녀에게는 사탄의 권세가 미칠 수도 없고, 빛의 자녀를 이길 수도 없다고 깨닫습니다.
오늘, 잊고 지냈던 자신의 권세를 발견합니다. 제가 누구입니까? 하나님의 자녀라는 사실에 주목하게 하시옵소서. 빛의 자녀가 되었다는 사실에 감격하게 하시옵소서.
빛의 자녀가 되었음에도 저의 신분을 잊고, 어둠의 자녀들처럼 지내온 것을 회개합니다.
저에게는 사탄이 공격할 수도 없는데, 저의 권세를 잊고 사탄을 대적하지 못하고, 오히려 사탄에게 자신을 내어주고 말았습니다.
어리석었던 모습을 회개합니다. 죄와 사탄을 대적하며 지내게 하시옵소서.

예수님의 이름으로 기도합니다. 아멘

2:8 예수께서 그들에게 이르시되 항아리에
물을 채우라 하신즉 아귀까지 채우니

하나님 아버지,
예수님께서 혼인잔치 집의 하인들에게 항아리에 물을 채우라 하시니, 하인들은 아귀까지 채웠습니다. 주님께서 연회장에게 갖다 주라 하시매, 갖다 주었더니 최고의 포도주가 되었음에서 사람의 순종과 주님의 기적을 봅니다.
오늘, 주님을 모시고 지내는 저의 삶은 기적의 현장이라는 것을 깨닫습니다. 포도주가 떨어져 당황할 수밖에 없는 딱한 처지에 이른 혼인잔치 집에 물로 된 포도주로 흥을 돋구어주신 주님의 은총, 저에게도 그렇게 해 주시리라는 믿음을 갖습니다.
잔치를 준비하면서 마련했던 포도주가 떨어진 상황에서,
- "너희에게 무슨 말씀을 하시든지 그대로 하라."는 마리아의 당부
- 항아리에 물을 채우라 하신즉 아귀까지 채운 하인들
저를 위하시는 하나님의 사랑은 오늘, 뜻밖에 벌어지는 상황에서 기쁨으로 바꿔 주심이라고 묵상합니다. 절망이라 해도, 하나님께의 시선을 잃지 않게 하시옵소서.
난처한 상황이지만 매몰되지 않고, 말씀에 순종하게 하시옵소서. '아귀까지 채움'으로 저를 지키게 하시옵소서. 저는 어리석어서 잃게 되었지만, 더욱 좋은 맛으로 채워 주시는 하나님을 바라게 하시옵소서.

　　　　　　　　예수님의 이름으로 기도합니다. 아멘

요 3:8(상) 바람이 임의로 불매 네가 그 소리는 들어도 어디서 와서 어디로 가는지 알지 못하나니

하나님 아버지,
성령님의 활동과 역사는 오직 하나님의 주권적인 섭리와 그 계획에 따르는 줄로 믿습니다. 바람은 임의로 불고, 그 바람이 어디서 와서 어디로 가는지 알지 못한다고 하셨습니다. 하나님의 시간에, 뜻을 이루시려고 성령님께서 역사하신다고 확신합니다.

바람이 임의로 부는 것처럼 성령님께서도 그렇게 역사하신다고 하셨습니다. 제가 알지 못하는 시간에 성령님께서 하나님의 일을 이루신다는 것을 깨닫습니다.

하나님의 섭리와 계획을 이루시려고 역사하시는 성령님을 확인하게 하시옵소서.

바람의 소리는 들리지만 그 바람이 어디에서 오는지를 모른다고 하셨습니다. 성령님의 역사하심을 눈으로 확인은 하지만 언제 성령님께서 일을 시작하시는지는 모르니 어떻게 해야 합니까?

성령님을 주목하면서 그 앞에서 겸손해야 됨을 깨닫습니다. 임의로 역사하시는 성령님 앞에서 겸손하기를 원합니다. 성령님의 인도하심을 기다리게 하시옵소서.

성령님의 역사를 발견하는 순간에, 저를 내어드리게 하시옵소서. 성령님께 드릴 때, 하나님을 영화롭게 해드리게 된다고 믿습니다. 제가 어디에서, 무엇을 하던지 성령님께 맡기게 하시옵소서.

예수님의 이름으로 기도합니다. 아멘.

4:23(상) 아버지께 참되게 예배하는 자들은 영과 진리로 예배할 때가 오나니 곧 이때라

하나님 아버지,

하나님을 "아버지께"라고 하시니 감사합니다. 당시에, 하나님을 신앙의 대상으로만 여겼지, 아버지라고 여기지 않았던 유대인들에게 아버지로 부르게 하셨습니다. 천국 백성은 영적인 개념에서 하나님을 영적인 존재로 받아들이고 영적인 자녀로 서야 한다고 확신합니다.

그때, 유대인들은 예루살렘 성전 예배의 의식을 강조애서 예배보다도 성전을 중요하게 여겼다고 깨닫습니다. 그들에게 하나님은 의식으로의 신적 존재에 지나지 않았다고 깨닫습니다.

주님께서는 하나님을 아버지로 섬기도록 하셨음을 확인합니다. 하나님을 아버지라고 부름은 주님의 예배의식을 따르게 하심이라고 배웁니다. 유대인은 예배하는 장소(형식)를 강조했지만 주님께서는 예배자의 마음을 예배로 여기라 하심이라고 여깁니다.

오늘, "아버지께 참되게 예배하는 자"라는 표현에 방점을 둡니다. 하나님을 아버지로 경험하게 하시옵소서. 하나님께 사랑을 받는 자녀로 다가가게 하시옵소서. 긍휼을 베풀어주심을 누리게 하시옵소서.

이제, 예배할 때마다 하나님을 아버지로 찾게 하시옵소서. 예배하는 장소보다 저 자신의 마음을 예배의 자리로 삼게 하시옵소서.

예수님의 이름으로 기도합니다. 아멘

5:6 예수께서 그 누운 것을 보시고 병이 벌써 오래된 줄 아시고 이르시되 네가 낫고자 하느냐

하나님 아버지,
주님께서 병자에게 찾아오시니 감사합니다. 그의 병이 오랜 줄 아시고 "네가 낫고자 하느냐"고 물으셨습니다. 성도는 주님께서 자신에게 무엇을 해 주셔야 함이 분명해야 한다고 확신합니다.

주님께서 오신 날, 베데스다는 마치 병자들의 아비규환의 장소인 것처럼 보였다고 깨닫습니다. 소망이 없는 사람들이 모여서 살려고 아우성을 쳤기 때문이지요.
이곳에 주님이 찾아오신 줄로 믿습니다.
거기에, 많은 병자들이 물이 움직이기를 기다리고 있었는데, 그에게 주목하신 거지요.

오늘, 38년 된 병자에게 오셔서 물으셨던 말씀, "네가 낫고자 하느냐"에 방점을 찍습니다. 38년 동안이나 괴로움을 당했지만 고침을 받게 된 것은 주님의 말씀(질문)에서 시작되었다고 여깁니다.

오, 하나님, 저에게도 주님의 찾아오심이 있기를 원합니다. 주님의 말씀을 듣게 하시옵소서. 성경을 펴서 읽는 중에, 성경의 말씀을 기억하는 중에, 아니면 무엇을 보는 중에라도 말씀을 듣기 원합니다.

그리하여 그 말씀에, 대답을 드리게 하시옵소서. 저의 간절한 요청을 여쭙게 하시옵소서. 저의 문제를 해결 받게 하시옵소서.

예수님의 이름으로 기도합니다. 아멘

6:11 예수께서 떡을 가져 축사하신 후에 앉아 있는 자들에게 나눠 주시고 물고기도 그렇게 그들의 원대로 주시니라

하나님 아버지,
주님께서 "떡을 가져 축사"하시니 감사합니다. 떡 다섯 개와 물고기 두 마리의 도시락에 주님께서 축사하시고, 남자들만 오천 명이나 더 되는 이들이 배불리 먹었다고 하셨습니다. 주님의 감사를 하나님께서 받으셨다고 확신합니다. 축사로 말미암은 기적이었지요.
어린 소년을 드린 도시락을 받아 드시고 축사하셨음에서 제물의 의미를 깨닫습니다. 소년의 도시락을 드림에는 어떤 의혹도 없었음을 생각합니다.
주님께서는 그것을 아시고 축사하신 줄로 믿습니다. 어쩌면 소년도 자기가 드린 도시락의 기적에 얼떨떨했을 겁니다. 주님께서 떡을 떼어주시는데, 계속해서 주님의 손에는 떡이 들려져있고, 물고기도 그러하였으니까요. 없어졌어야 했는데 남아 있는 기적이었다고 봅니다.
오늘, 소년의 도시락에서 제물의 신비를 깨닫게 하시옵소서. 공예배에서 헌금을 드림을 돌아봅니다. 과연, 제가 드리는 것을 주님께서 축사하시는지요? 주님께서 축사하시는 드림이 되게 하시옵소서.
저의 드림이 주님께서 받으시고, 하나님께 감사하시는 헌금이 되게 하시옵소서. 지금도 주님께서 축사하시면 그 옛날의 오병이의 기적을 경험하리라 믿습니다. 축사하시는 제물을 드리게 하시옵소서.

예수님의 이름으로 기도합니다. 아멘

요 **7:18** 스스로 말하는 자는 자기 영광만 구하되 보내신 이의 영광을 구하는 자는 참되니 그 속에 불의가 없느니라

하나님 아버지,
영광을 구함에 대하여 대조시켜 주시니 감사합니다. "자기 영광만 구하되" 라고 하셨습니다. 당시의 유대인들을 나무라심이지요. 천국 백성은 보내신 이의 영광을 구해야 한다고 확신합니다.
주님께서 지적하셨던 "자기 영광만 구하는" 자는 당시의 유대인, "보내신 이의 영광을 구하는 자"는 예수님이셨다고 깨닫습니다. 그들은 성경(구약)을 해석하거나 가르칠 때, 하나님의 말씀을 따르지 않았으니까요.
구약을 말하면서 하나님의 말씀을 존중하는 것처럼 보였지만 실상은 자기들이 뜻에 따라 해석을 하였지요. 그들은 하나님의 말씀을 자기들을 이롭게 하려고 변호하는데 사용했다고 여깁니다.
오늘, "그 속에 불의가 없으신" 주님을 생각하게 하시옵소서. "보내신 이의 영광을 구하신" 주님을 배우게 하시옵소서. 주님께서는 하나님을 존중하셨기 때문에 그가 참되셨음에 감격합니다.
하나님을 경외한다고 하면서, 자기들의 사리사욕을 구했던 유대인들의 위선을 깨닫습니다. 그러면서 저를 돌아봅니다. 저도 자기의 영광을 구하려고 하나님을 들먹거리지는 않는지요? 주님께서 하나님을 대하셨던 태도를 저의 것으로 삼게 하시옵소서.

예수님의 이름으로 기도합니다. 아멘

> 8:6 그들이 이렇게 말함은 고발할 조건을 얻고자 하여 예수를
> 시험함이러라 예수께서 몸을 굽히사 손가락으로 땅에 쓰시니

하나님 아버지,
시험할 의도로 몰려온 이들을 대하시는 주님을 보게 하시니 감사합니다. 그들과 논쟁하는 대신에 땅에 쓰셨다고 하셨습니다. 천국 백성의 이 땅에서의 삶은 지혜로워야 한다고 확신합니다.
예수님을 고소하려고 벼르던 자들이 간음을 하다가 현장에서 잡힌 여자를 주님께로 끌고 왔다고 깨닫습니다. 주님께 올무를 씌우려 했던 거지요.
주님은 그들의 고함치는 질문에 아무 말씀도 않으시고, 몸을 굽혀 땅에 쓰셨다고 했습니다. 그런 다음에, 몸을 일으켜 한 마디의 말씀을 그들에게 던지셨지요. "너희 중에 죄 없는 자가 먼저 돌로 치라."
오늘, '죄 없는 자'라는 말씀을 마음에 담습니다. 주님께서는 그들에게 나무라시는 말로 따지지는 않으셨다고 생각됩니다. 그들 중에서 정죄할 수 있는 사람이 있느냐는 것이었지요.
그렇습니다. 자신을 먼저 살피게 하시옵소서. 율법의 정죄를 받지 않음에 주목하게 하시옵소서. 자신을 거룩하게 함에 초점을 갖게 하시옵소서.
'죄 없는 자'에 대한 말씀에서 율법의 정죄를 받지 않도록 하라는 교훈을 받습니다. 율법을 온전히 지킴에 힘을 쓰게 하시옵소서.

예수님의 이름으로 기도합니다. 아멘

9:4 때가 아직 낮이매 나를 보내신 이의 일을 우리가 하여야 하리라 밤이 오리니 그때는 아무도 일할 수 없느니라

하나님 아버지,
"때가 아직 낮이매"라고 하시니 감사합니다. 낮이므로 "나를 보내신 이의 일"(하나님의 일)을 해야 한다고 하셨습니다. 천국 백성은 하나님의 일을 해야 될 시간을 놓치지 말아야 한다고 확신합니다.

주님의 말씀으로 하나님의 일을 할 수 있는 시간과 그렇지 못할 때가 있음을 깨닫습니다. 하나님이 일을 할 수가 없는, 밤이 온다고 하셨음에 주목해야 했다고 여깁니다. 주님께서 이 땅에 계시던 시간이 낮이었음을 믿습니다. 그래서 공생의 시간에 쉴 틈도 없이 생명을 살려내는 일을 하셨던 주님을 기억합니다. 일을 하실 시간에 게으르지 않으셨던 주님을 기억합니다.

지금은 언제입니까? 낮의 시간이라고 확신합니다. 성령님께서 미련한 저를 강권하사, 주님의 일에 대한 열정을 주시니 감격스럽습니다.

오오, 저에게 주님을 사랑하게 하시옵소서. 주님의 뜻을 받아서 하나님의 일에 사용되기를 원합니다. 때로는 저 자신을 돌아볼 것을 잊고 주님의 일에 마음을 다하게 하시옵소서.

언제일지 몰라도 밤이 오기 전, 그때, 아무 일도 할 수 없음에 탄식하지 않게 하시옵소서. 주님의 일에 사용해 주시옵소서.

예수님의 이름으로 기도합니다. 아멘

10:28 내가 그들에게 영생을 주노니 영원히 멸망하지 아니할 것이요 또 그들을 내 손에서 빼앗을 자가 없느니라.

하나님 아버지,
죄인이었던 신분에서 의인의 자리로 옮겨 주셨음에 감사드립니다. 지난 날, 저의 삶은 늘 두려움과 근심이었는데, 하나님의 자녀가 되어 평안을 누리게 하셨음에 감사드립니다.
그렇지만 아직 청산되지 못한 죄의 본성으로 죄를 짓고 살아감을 용서해 주시옵소서. 여호와의 뜻보다는 저 자신이 기준이 되어 살아가고 있는 죄악을 회개합니다.
저에게 주신 영생의 은혜는 그 누구도 빼앗을 수 없고, 마귀도 침범할 수 없음을 고백합니다. 이 은혜를 영생에 들어가는 그날까지 지키겠다는 결심을 날마다 새롭게 해주시옵소서. 성령님께서 주시는 은혜로 영생에 감격하고, 즐거워하게 하시옵소서.
영생의 은총을 마귀의 유혹에 내어주지 않게 하시고, 마귀에게 찬탈당하지 않도록 하시옵소서. 세상에서 주는 잠시의 즐거움으로 영원한 기쁨을 바꾸지 않게 하시옵소서. 구원을 잃지 않도록 붙들어 주시옵소서.
생명의 꼴을 즐거워하며, 그 말씀을 붙잡고, 삶의 현장에서 제자로 살아가기를 사모하게 하시옵소서. 오늘, 한 날에도 말씀에 순종하는 현장에서 마귀의 역사를 무찌르고, 승리를 경험하게 하시옵소서.

                  예수님의 이름으로 기도합니다. 아멘

11:33 예수께서 그가 우는 것과 또 함께 온 유대인들이 우는 것을 보시고 심령에 비통히 여기시고 불쌍히 여기사

하나님 아버지,

나사로의 죽음에 주님께서 찾아오시니 감사합니다. 주님께서는 나사로의 누이들과 유대인들의 우는 것을 보시고 심령에 비통히 여기셨다고 하셨습니다.

나사로의 죽음으로 말미암은 슬픔에 주님도 우셨다고 깨닫습니다. 그들에 대한 주님의 사랑은 각별했었지요. 심령에 비통히 여기시고 민망히 하신 줄로 믿습니다.

마리아의 슬퍼하며 우는 모습을 보시고, 민망히 여기시며 무덤에 따라가시면서 눈물을 흘리셨음에서 슬픈 자와 함께 하시는 주님을 봅니다. 잠시 후에는 나사로를 살리실 주님이 우셨습니다.

오늘, 죽은 자의 가정을 찾아가셔서 그들의 슬픔을 함께 나누어주신 주님을 봅니다. 슬픔을 나눔은 진정한 사랑이라고 깨닫습니다.

나사로의 죽음에서 눈물을 흘리신 그 눈물에는 죄로 말미암아 죽을 수밖에 없는 인생들 때문에 흘리시는 눈물도 있다고 여겨집니다. 자기의 죄로 죽을 사람들 때문에 눈물을 흘리시는 줄로 믿습니다.

슬픔을 이기지 못하는 마리아의 가정에 최고의 선물을 주신 주님을 생각합니다. 나사로를 살려 주심으로써 그들의 눈물을 거두어주셨지요. 저에게는 죄에서 살려 주시는 은혜에 감격하게 하시옵소서.

　　　　　　　　　　예수님의 이름으로 기도합니다. 아멘

12:26(상) 사람이 나를 섬기려면 나를 따르라 나 있는 곳에 나를 섬기는 자도 거기 있으리니

하나님 아버지,

주님께서 "나를 따르라." 하시니 감사합니다. 주님을 섬기려면 따르라고 하셨습니다. 주님의 사람이라면 주님께서 계시는 곳에 있어야 한다고 확신합니다.

주님을 섬긴다는 것은 주님을 사랑한다는 말인 줄로 믿습니다. 사랑하는 사람이 섬긴다고 여깁니다. 자기를 사랑해서 자신을 위하는 것과 같지요. 주님을 따름으로써 주님을 사랑함이 스스로에게 증거 되고, 다른 사람들에게도 나타내 보여 지니 감격스럽습니다.

- 주님께서 계신 곳에 있는가?
- 주님께서 가시는 곳에 뒤를 따라 가는가?

오늘, 주님을 섬김이라는 표현을 가슴에 담습니다. 과연, 저의 가슴에 주님을 섬김이 있는지요? 주님께서 저를 섬겨주시기를 원하고 있지는 않은지요? 주님의 이름을 '부름'이 사랑이 되게 하시옵소서.

주님을 따름으로 섬김을 확인하게 하시옵소서. 주님을 떠나지 않고, 주님께서 계신 곳에 있게 하시옵소서. 그리고 주님께서 받으신 고난의 시간에도 함께 하게 하시옵소서. 사랑은 행동이라고 깨닫습니다.

오오, 주님께서 계신 곳을 저의 자리로 삼게 하시옵소서. 주님의 곁에서 숨소리를 느끼는 것으로 감격하게 하시옵소서.

예수님의 이름으로 기도합니다. 아멘

요 **13:17** 너희가 이것을 알고
행하면 복이 있으리라

하나님 아버지,
'알게 되었다면(알고 있는 것은) 그대로 하라!' 진리를 깨달아서 아는 것이 되었다면 그대로 실천하라는 주님의 말씀을 대합니다. 실천으로 옮겨서 자신이 알고 있음을 증명하는 사람에게 복이 있음을 선포해 주셨습니다.
순종하는 삶이 복인 줄로 믿습니다. 자신을 따르는 제자들에게 깨달았느냐는 질문보다 그렇게 하라 하심으로써 알고 있음을 확인하신 줄로 믿습니다. 주님의 삶을 살아내는 것이 천국 백성이라고 여깁니다.
언제, 제가 주님의 사람으로 지내본 적이 있는지요? 이제, 제가 주님의 제자라는 것을 실천으로 증명하기를 원합니다. 실천에 의해서 저 자신에게도 알고 있음을 확인하게 하시옵소서. 그러니, 주님을 배우기를 원하게 하시며, 가르침을 받은 대로 따르게 하시옵소서.
- 이웃을 용서하는 것이 옳다고 배웠다면 용서하게 하시옵소서.
- 이웃을 돕는 것이 옳다면 돕게 하시옵소서.
이로써, 알고 행함으로 말미암은 복을 누리게 하시옵소서. 그 복은 저를 하나님의 자녀라고 인정하는 것이 되게 해준다고 깨닫습니다. 세상을 향해서 주님의 제자라는 사실을 선포해 주는 것이라고 확인합니다. 그러니, 실천하게 하시옵소서.

예수님의 이름으로 기도합니다. 아멘

14:2 내 아버지 집에 거할 곳이 많도다 그렇지 않으면 너희에게 일렀으리라 내가 너희를 위하여 거처를 예비하러 가노니

하나님 아버지,
"내 아버지 집에 거할 곳이 많도다."라고 하시니 감사합니다. 주님께서 제자들을 위하여 거처를 예비하러 가신다고 하셨습니다. 성도에게는 천국에, 자신의 집이 있음을 믿어야 한다고 확신합니다.

제자들은 주님께서 가시겠다고 하시니 어디로 가시는지를 몰라 두려워했다고 깨닫습니다. 자기들의 미래에 대한 불안함과 두려움이 마음을 덮었겠지요. 주님께서는 그들을 위로해 주신 줄로 믿습니다.

주님께서는 가시겠다고 하신 곳이 하늘 아버지의 집이라고 하셨지요. 그리고 "너희를 위하여 처소를 예비하기 위해서"라고 하셨으니 감사합니다. 제자들에게 확실한 천국의 약속을 주셨습니다.

오늘, 저를 위해서 영원한 집이 예비 되어 있으니 감격스럽습니다. 천국에 저를 위한 집이 있다는 것은 제가 영생을 가졌다는 증거라고 확신합니다. 영생에 대한 약속을 천국으로 확실히 해주셨습니다. 영생을 얻었음이 헛된 소리가 아니고 천국으로 보증을 삼습니다.

천국은 저에게 영원한 본향 집이라고 깨닫습니다. 저를 위해서 마련된 천국, 천국에 대한 확신은 이 땅에서 지내는 동안에 어려움이나 고달픔에서도 큰 위로로 삼게 하시옵소서.

예수님의 이름으로 기도합니다. 아멘

요 15:5(상) 나는 포도나무요 너희는 가지라 그가 내 안에, 내가 그 안에 거하면 사람이 열매를 많이 맺나니

하나님 아버지,
성령님께서 강하게 임해 주시는 경험을 하고, 성령님의 충만하심에 따른 어떤 행동을 했다 하더라도 성령님의 임재는 늘 경험되어야 한다고 깨닫습니다.
어느 순간에, 성령님의 강한 역사가 있었어도 그것은 성령님의 사람이라는 증표가 아닌 줄로 믿습니다.
지난 시간에 성령님의 임재를 경험했지만 지금, 하나님의 뜻을 거스른다면 성령님께 속하지 않게 된다고 여깁니다.
또한 하나님을 대항해서 생각을 한다면 성령님의 역사가 일어날 수 없다는 것을 배웁니다. 포도나무에 가지가 되어 붙어있어야지요.
새벽에 깨어서 한 날을 시작할 때, 자신과 그날의 시간을 성령님께 드려야 할 줄로 믿습니다. '내가 그 안에 있는 심정' 곧 자신을 성령님께 맡기고, 인도하심에 따라 순종하게 하시옵소서.
그리하여 아침에 눈을 뜨면, 그 어떤 것, 생각도 하기 전에,
- 깨어난 자리에서 성령님께 인사를 드리게 하시옵소서.
- 오늘을 성령님의 시간으로 인정해드리게 하시옵소서.
- 어떤 상황들이 일어날지 모르지만 성령님께 맡기게 하시옵소서.
주님 안에 거하는 심정으로 오늘을 시작하게 하시옵소서.

예수님의 이름으로 기도합니다. 아멘.

16:22(하) 너희 마음이 기쁠 것이요
너희 기쁨을 빼앗을 자가 없으리라

하나님 아버지,
성령님께서 교회와 함께 하시고, 성도에게 기쁨이 되어 주심을 깨닫습니다. 주님께서 약속을 하신 것처럼 위로자가 되어 주시니 잃었던 기쁨도 도로 찾을 줄로 믿습니다. 감격스럽습니다.
- 홀로 있지 않도록 하심을 믿습니다.
- 위로하시며 건져주심을 믿습니다.
- 더 이상 할 수 있는 것이 없을 때 소망을 주심을 믿습니다.
어리석은 인생에게 깨닫게 하시고, 그 깨달은 것을 실행에 옮기도록 힘을 주시는 이가 누구입니까? 성령님이시지요.
성령님께서 소리도 없이 다가오셔서 결단을 내리게 하심을 확신합니다. 망설임으로 주저할 때, 신뢰에 대한 확신을 주신다고 믿습니다.
예루살렘의 제자들에게는 주님께서 함께 하시고, 지금은 하늘 아버지의 자녀들에게 성령님께서 함께 하심을 확신할 때, 저의 작은 가슴은 감격에 넘칩니다. 외롭지 않다고 소리치게 하십니다.
근심하여 심히 애통을 하는 지경에 이르렀지만 기쁨으로 바꾸어 주시는 성령님을 기다리게 하시옵소서. 성령님의 충만으로 말미암아 소생의 길로 이끌어주심을 확신하게 하시옵소서.

       예수님의 이름으로 기도합니다. 아멘.

17:6(상) 세상 중에서 내게 주신 사람들에게 내가 아버지의 이름을 나타내었나이다

하나님 아버지,

주님의 공생애 사역을 깨닫게 하시니 감사합니다. 주님께서는 자기를 따르는 이들에게 "아버지의 이름을 나타내었나이다."라고 하셨습니다. 성도의 삶은 하나님을 세상에 증거 하는 것이라고 확신합니다.

주님께서는 제자들과 함께 지내실 때, 그들에게 하나님의 이름을 증거 하셨고, 하나님께서 주신 말씀들을 주셨다고 깨닫습니다. 주님의 공생애는 하나님을 제자들에게 주신 것이라고 여깁니다.

저에게도 그리하신 줄로 믿습니다. 성령님께서 하나님을 증거해 주셨고, 하나님의 말씀을 깨우쳐 주셨지요. 주님의 말씀이 하나님의 말씀이며, 주님께서 하신 일들이 하나님의 일이라고 믿게 하셨습니다.

오늘, 주님의 말씀에서, "내가 아버지의 이름을 나타내었나이다."라는 것에 방점을 찍습니다. 주님의 이 말씀은 제자들이 따라야 하는 것이었고, 지금은 저에게 주신 것이라 여깁니다. 하나님의 이름을 세상에 나타내는 것, 저에게 주신 거룩한 의무라고 받습니다.

저에게 결단하게 하시옵소서. 제가 살아가는 시간은 하나님의 이름을 나타냄이라고 다짐을 하게 하시옵소서. 이 땅에서 지내는 동안에 이루어드려야 될 일, 하나님의 이름을 나타내게 하시옵소서.

예수님의 이름으로 기도합니다. 아멘

18:11 예수께서 베드로더러 이르시되 칼을 칼집에 꽂으라 아버지께서 주신 잔을 내가 마시지 아니하겠느냐 하시니라

하나님 아버지,
베드로에게, "칼을 칼집에 꽂으라."고 하시니 감사합니다. 주님께서는 "아버지께서 주신 잔을" 마시겠다고 하셨습니다. 자녀가 아버지를 사랑함은 아버지의 뜻을 받음이라고 확신합니다.
주님의 죽으심, 그 길은 하나님의 섭리인줄로 믿습니다. 주님을 잡으러 온 이들에게 베드로가 칼을 사용한 것은 '그리스도의 길을 막는 것'이었다고 깨달습니다. 죄인을 구원하시기 위해 죽으셔야 하셨던 주님, 그래서 그 죽음을 아버지께서 주신 잔이라고 하셨습니다.
주님의 삶은 탄생부터 하나님의 뜻이셨으며, 주님께서 죽으심으로 하나님의 뜻을 성취하심을 봅니다.
오늘, "내가 마시지 아니하겠느냐"는 말씀에 방점을 찍습니다. 이 말씀은 주님께서 그리하셨듯이 저에게노 셜단을 하라는 명령으로 받아들이게 하시옵소서. 저도 아버지께서 주신 잔을 거절하지 않겠노라고 결단하게 하시옵소서. 제가 받아야 될 잔이라고 믿습니다.
저를 천국 백성으로 삼아주실 때부터 저의 삶은 하나님의 섭리임을 확신하게 하시옵소서. 수난을 당하심을 자기의 길로 여기셨던 주님을 따르게 하시옵소서.
하나님께 자기를 내어드렸던 주님을 모델로 삼게 하시옵소서. 하나님의 뜻을 성취해 드리게 하시옵소서.

예수님의 이름으로 기도합니다. 아멘

요 **19:17** 그들이 예수를 맡으매 예수께서 자기의 십자가를 지시고 해골(히브리 말로 골고다)이라 하는 곳에 나가시니

하나님 아버지,
"자기의 십자가를 지시고"라고 하시니 감사합니다. 주님께서는 십자가를 지시고 해골(골고다)로 나가셨다고 하셨습니다. 주님의 죽으심은 전파되어야 하였고, 선포되어야 했다고 확신합니다.

당시에, "해골이라 하는 곳"은 예루살렘 성 밖의 두드러진 언덕이었지요. 골고다는 지형으로 보아 예수님의 죽으실 장소로서 적합하였다고 깨닫습니다. 주님의 죽으심은 온 천하에 공포될 속죄의 죽음이셨다고 깨닫습니다. 주님의 죽으심 자체가 복음이었으므로, 높은 데서 전파되어야 했고, 큰 길 가에서 선포되어야 했음을 깨닫습니다. 은밀하게 감추지 않고 드러나야 하였습니다.

오늘, 죄인을 위하여 제물이 되신 주님의 죽음에 찬양을 드립니다.

- "십자가를 질 때, 세상 죄를 지시고 고초당하셨네"
- "그 귀한 주의 사랑이 날 구원하시니"
- "때로 그 일로 나는 떨려 떨려 거기 너 있었는가 그 때에"

두 강도들 사이의 가운데 나무에 달리신 주님을 생각하게 하시옵소서. 벌거벗으셨던 수치는 저에게 의의 옷이 되었습니다.

죄인이었던 저를 대신해서 가장 악한 죄인처럼 취급을 받으셨음에 감격하게 하시옵소서.

예수님의 이름으로 기도합니다. 아멘

20:29 예수께서 이르시되 너는 나를 본 고로 믿느냐 보지 못하고 믿는 자들은 복되도다 하시니라

하나님 아버지,
'주님을 보지 않고도 믿어라!' 사람은 자신의 눈으로 보아 확인이 되어야 믿는데, 보지 않고서도 믿으라는 말씀을 묵상합니다. 보지 못하였음에도 믿는 자들은 복되다는 약속에 도전을 받습니다.
믿음이 무엇입니까? 자기의 확신이라고 깨닫습니다. 주님의 제자들은 주님을 보고서 믿었지만, 지금의 저는 주님을 뵈올 수가 없습니다. 지난 시간을 살아간 신앙의 선배들도 그러하였지요.
부활하신 주님을 보지 못하였음에도 믿음을 고백하고, 교회를 세워간 이들에게서 도전을 받습니다. 그들은 기록된 성경의 말씀과 성령님의 감동해 주심으로 주님을 증거 받았다고 깨닫습니다.
자신의 눈으로 보았다는 것이 믿음의 선결소선이 아니라는 것을 배웁니다. 성경으로 주님을 믿음을 고백합니다. 성령님께서 확신을 주셔서 주님을 믿음을 고백합니다.
- 주님을 보지 못하였으나 사랑하게 하시니 감사합니다.
- 주님의 모든 약속이 응할 것을 바라게 하시니 감사합니다.
보지 못하고도 믿게 하셨으니 '말할 수 없는 영광스러운 즐거움으로' 지내게 하시옵소서.
믿음으로 천국을 소망하게 하시옵소서.

　　　　　　　　　　　예수님의 이름으로 기도합니다. 아멘

요 21:22 예수께서 이르시되 내가 올 때까지 그를 머물게 하고자 할지라도 네게 무슨 상관이냐 너는 나를 따르라 하시니라

하나님 아버지,
"네게 무슨 상관이냐"라고 하시니 감사합니다. 베드로에게 "너는 나를 따르라"고 하셨습니다. 주님을 따름, 곧 천국 백성의 삶에는 자기가 받은 사명에 충실하려는 자세가 있으면 된다고 확신합니다.

베드로와 요한이 동행하여 주님을 따르고 있을 때, 주님께서는 베드로에게 순교의 죽음을 예언해 주신 줄로 믿습니다. 그런데 주님께서 요한에 대한 말씀이 없으시자, 그의 장래에 대하여 물었다고 봅니다.

"내가 올 때까지 그를 머물게 하고자 할지라도", 곧 주님의 말씀은 요한이 베드로처럼 순교의 길을 가지 않기도 하겠지요. 그렇습니다. 제자는 자신이 부르심을 받은 것에만 주목해야 함에 감격합니다.

오늘, "너는 나를 따르라."는 말씀을 심령에 새깁니다. 제가 육체를 갖고 사는 날 동안에 저의 심비에 새겨두게 하시옵소서. 주님을 따르도록 부름을 받았을 때, 저에게 계획하셨던 삶에 충성하게 하시옵소서.

- 부름을 받은 삶에서 눈을 다른 데로 돌리지 말자.
- 다른 사람의 길에 참견하지 말자.

오직 제가 가야하는 십자가의 길을 사랑하게 하시옵소서. 그 길에 충성을 다하는 삶에서 주님을 따르게 하시옵소서.

예수님의 이름으로 기도합니다. 아멘

1:4 사도와 함께 모이사 그들에게 분부하여 이르시되 예루살렘을 떠나지 말고 내게서 들은 바 아버지께서 약속하신 것을 기다리라

하나님 아버지,
주님의 지상에서의 마지막 시간을 대하게 하시니 감사합니다. 제자들을 위하여 "아버지께서 약속하신 것을 기다리라."고 하셨습니다. 천국 백성은 약속하신 것을 기다려야 한다고 확신합니다.
주님께서 제자들에게 당부하셨던 하나님께서 약속하셨던 것은 성령이라고 깨닫습니다. 그들에게는 땅 끝까지 이르러 주님의 증인이 되어야 할 사명이 주어졌는데, 그것은 성령의 오심으로 성취될 수 있었기 때문이었지요.
세상을 향해서 주님을 증거 하는 것은 '사람' 제자의 각오만으로는 성취될 수 없는 줄로 믿습니다.
이 명령에 순종하기를 사모하고, 성령님께서 임하셔서 능력을 주셔야 가능했다고 깨닫습니다.
오늘, "아버지께서 약속하신 것"이라는 말씀을 마음에 담습니다. 제자들에 이어서, 저도 땅 끝가지 이르러 주님의 증인이 되어야 하기 때문이지요! 저의 삶은 세상에서 크리스천이어야 한다고 믿습니다.
제가 마음을 새롭게 하고, 결단을 한다 해서 증인이 될 수 없음을 압니다. 성령님께서 오셔서 주님을 증거 하려는 저의 마음에 능력을 주시고, 저의 입술이 사용되어야 주님을 전함에 생명을 살려내는 능력이 나타난다고 믿습니다. 그러니 성령님을 기다리게 하시옵소서.

예수님의 이름으로 기도합니다. 아멘

2:3 마치 불의 혀처럼 갈라지는 것들이 그들에게 보여 각 사람 위에 하나씩 임하여 있더니

하나님 아버지,
주님의 당부에 따라 제자들은 늘 주님과 함께 있던 다락방에 모여 "마음을 같이하여 오로지 기도에 힘쓰더라."고 기록된 것을 생각합니다. 아버지께서 약속하신 것을 기다리라던 그들에게 10일째가 되는 날, 성령님께서 임하신 줄로 믿습니다.
주님께서는 지상에 계실 때, 말씀하신 것을 단 한 마디도 지키지 않으신 적이 없으셨는데, 약속하셨던 대로 성령님이 오셨습니다.
홀연히 하늘로부터 급하고 강한 바람 같은 소리가 있어 그들이 앉은 온 집에 가득해졌다고 하였습니다.
그때, 불의 혀처럼 갈라지는 것들이 각 사람 위에 하나씩 임하더니, 사도들이 다른 언어들로 말하기를 시작했다고 하였습니다.
그들의 입에 새로운 말을 주신 줄로 믿습니다. 불의 혀처럼 갈라지는 것이 임하는 신비한 체험을 주심에 감격스럽습니다. 그들에게 성령의 말하게 하심도 처음으로 경험해보는 사건이었고요.
오오, 저에게도 간절함을 주시옵소서. 성령님의 충만하심으로 저의 몸에서 변화를 경험하고, 신비한 체험을 하게 하시옵소서. 불의 혀처럼 갈라짐이 있을 때까지 일어나지 않게 하시옵소서.

예수님의 이름으로 기도합니다. 아멘.

3:6 은과 금은 내게 없거니와 내게 있는 이것을 네게 주노니
나사렛 예수 그리스도의 이름으로 일어나 걸으라 하고

하나님 아버지,
저는 어리석게도 오랫동안 성령님을 오해하고 있었다고 깨닫습니다. 이미 성령님께서 저에게도 충만하게 임하여 계신데 다른 사람이 성령님의 능력을 나타내는 것만을 쳐다보았습니다. 저에게서는 성령님의 역사가 없는 것처럼 아주 부러운 눈으로.
하나님께서는 저에게도 예수님의 이름을 주셨습니다. 그 중거로 기도를 마칠 때마다 "예수님의 이름으로 기도합니다."라고 맺었지요. 문제는 저에게 주신 주님의 이름을 명사형으로만 달달 외어댔다는 것이었지요. 주님의 이름을 동사형으로 사용해 본 적이 없었습니다.
- 왜, 저는 성령님의 능력을 달라고 졸라대었을까요?
- 왜, 저는 성령님의 능력을 얻으려고 고행을 했을까요?
성령님의 능력이 있음을 확신하게 하시니 감격스럽습니다. 저를 감동하시는 성령님의 강권에 이끌리게 하시옵소서. 이로써 예수님의 이름으로 선포하게 하시옵소서.
예수님의 이름으로 기도를 마쳤으니, 간구한 바대로 이루어질 것을 기다리게 하시옵소서. 하나님의 응답을 눈으로 보게 될 것을 시인하게 하시옵소서. 나아가 저를 대적하는 상황을 향해서 "나사렛 예수 그리스도의 이름으로 물러가라."라고 선포하게 하시옵소서.

　　　　　　　　예수님의 이름으로 기도합니다. 아멘.

4:19 베드로와 요한이 대답하여 이르되 하나님 앞에서 너희의 말을 듣는 것이 하나님의 말씀을 듣는 것보다 옳은가 판단하라

하나님 아버지,
세상의 말에 대한 성도의 반응이 어떠해야 되는지를 배우게 하시니 감사합니다. 사람의 말을 듣는 것보다 하나님의 말씀을 들음이 옳다고 하셨습니다.
베드로와 요한은 공회 앞에서 위협을 받았으나 담대하게 대답하였다고 깨닫습니다. 성령님께서 그들을 담대하게 하신 줄로 믿습니다. 두 사람은 예수님을 증거 함에 자기들의 안위를 살피지 않았지요.
사도들이 공회에 내놓은 답변은 과연, 증인의 모습이었다고 여깁니다. 사람의 말을 따를 것인가, 하나님의 말씀을 따를 것인가라는 선택에서 하나님의 말씀에 순종하겠다는 것을 밝혔다고 봅니다.
오늘, 사람의 말을 들을 것인가, 하나님의 말씀을 들을 것인가에 대한 확고한 자세를 선택할 것을 배웁니다. 베드로와 요한은 공회 앞에서 자신들이 보고 들은 것을 말하고 증거 하지 않을 수 없었다고 했습니다. 저에게도 그렇게 결단하게 하시옵소서.
- 제가 경외하는 하나님을 성경대로 증거 하게 하시옵소서.
- 제가 사랑하는 주님을 믿음으로 증거 하게 하시옵소서.
- 제가 도움을 구하는 성령님을 은혜에 따라 증거 하게 하시옵소서.
하나님의 자녀로서 성삼위 하나님을 따르게 하시옵소서.

　　　　　　　　　예수님의 이름으로 기도합니다. 아멘

> 5:41 사도들은 그 이름을 위하여 능욕 받는 일에 합당한 자로 여기심을 기뻐하면서 공회 앞을 떠나니라

하나님 아버지,

사도들은 오직 주님을 전하는 것에 자기들의 생명을 내어놓았다고 생각합니다. 예수님을 주님으로 섬기기 위해서 자신들이 능욕 받는 일에 합당한 자로 여기심을 기뻐한 줄로 믿습니다. 그래서 목숨을 잃을지도 모르는 핍박의 위협에서도 멈추지 않았지요.

성령님의 충만이 그들을 그렇게 하신 줄로 여깁니다. 사실, 당시에 그들은 겉으로 보잘 것이 없는 무리에 지나지 않았을 겁니다. 그럼에도 그들이 주님과 복음을 전함에 자기들의 목숨을 내어놓은 것은 성령님의 역사 외에는 달리 설명할 수 없다고 봅니다.

예루살렘 교회의 사람들, 무식해 모이는 어부들이었는데, 그들에 의해 세상에 주 예수의 교회를 세우는 토대가 마련되었다는 것에 감격합니다. 성령님의 충만한 임재가 예루살렘을 시작으로 온 유대와 사마리아 그리고 땅 끝까지 복음을 전했다고 확신합니다.

"그 이름을 위하여 능욕 받는 일에 합당한 자로 여기심을 기뻐했던" 12명으로 시작된 복음의 전파, 그것은 저에게 모델이라고 깨닫습니다. 성령님의 임재로 저를 불태워지게 하시옵소서.

'그 이름을 위해' 쓰여 짐을 기뻐하게 하시옵소서. 오늘을 지내면서 쓰여 짐에 주목하게 하시옵소서. 오직 은혜로만!

예수님의 이름으로 기도합니다. 아멘.

6:3 형제들아 너희 가운데서 성령과 지혜가 충만하여 칭찬 받는 사람 일곱을 택하라 우리가 이 일을 그들에게 맡기고

하나님 아버지,
성령님의 충만하심으로 교회를 세우셨던 하나님께서는 지금도 교회를 세우려 하신다고 깨닫습니다. "성령과 지혜가 충만했던 사람들은 예루살렘 교회를 든든하게 하는 일꾼들이었다고 믿습니다. 하나님께서 교회를 세우시려고 그들에게 성령과 지혜에 충만하게 하셨지요.
하나님의 교회를 세우시는 원리는 지금도 똑 같다고 여깁니다. 누가 하나님의 마음을 알겠습니까? 그리고 누가 하나님께 신실해서 교회에 일꾼이 되겠습니까?
성령과 지혜가 충만하도록 하나님께서 선택해주신 종들이라고 여깁니다. 그리고 그들로 교회를 세워 가시지요.
오늘에도 일꾼으로 구별될 사람에게 성령과 지혜로 충만하게 하시는 줄로 믿습니다. 성령님께 충만하여 나타난 능력은 교회 앞에 지혜로움이 된다고 여깁니다. 거기에서 교회가 든든해지지요.
성령님의 충만하심과 그 역사는 오직 하나님의 일꾼이 되라는 은혜로 받아들입니다. 성도 개인의 삶보다는 하나님의 나라를 이루어가고, 그 나라를 확장시키는데 동력으로 사용되도록 하심이라고 확신합니다.
성령님의 충만하심의 의미가 하나님을 영화롭게 해드림에 있음을 깨닫고, 성실한 일꾼이 되겠노라 결단하게 하시옵소서.

예수님의 이름으로 기도합니다. 아멘.

7:55 스데반이 성령 충만하여 하늘을 우러러 주목하여 하나님의 영광과 및 예수께서 하나님 우편에 서신 것을 보고

하나님 아버지,

스데반에게 "하늘을 우러러 주목"하게 하시니 감사합니다. 하나님의 영광이 있었고, 주님께서 하나님의 우편에 서셨다고 하셨습니다. 천국 백성은 성령님께 충만해야 한다고 확신합니다.

성령님께서 스데반에게 성령에 충만하게 하시고, 그에게 하늘을 보도록 하셨다고 깨닫습니다. 그때, 그에게 하늘이 열리고 주님이 하나님의 오른편에 서신 것을 보도록 하신 줄로 믿습니다. 공회에 끌려온 그에게 계시적으로 환상을 보여주신 것이지요.

그 환상을 보는 순간에, 스데반은 얼마나 흥분이 되며, 감격스러웠을까요? 하나님의 우편에 서신 주님께서 스데반을 보셨으니!

그는 자신을 심문하는 공회원들이 더 이상 두렵지 않았고, 기쁨의 확신에 넘쳤을 것입니다.

스데반에게 충만하게 하신 성령님께 주목합니다. 주님께서 말씀을 하셨던 대로 성령님께 충만하면 권능을 받고 증인으로서 부족하지 않게 하심을 생각합니다.

제가 살아가는 동안에, 크리스천이 되도록 하는 것은 성령님의 역사인 줄로 믿습니다. '사람' 성도로 지내는 것에 만족하려 하지 않고, 성령님께 충만하게 하시옵소서. 오직 성령님으로 지내게 하시옵소서.

　　　　　　　　　　예수님의 이름으로 기도합니다. 아멘

8:29 성령이 빌립더러 이르시되 이 수레로 가까이 나아가라 하시거늘

하나님 아버지,

성령님께 충만했던 사람 빌립, 그에게 성령님께서 강권하여 예루살렘에서 가사로 내려가는 길까지 갔고, 에디오피아 여왕의 내시가 수레 안에서 이사야의 글을 읽었지만 알지 못할 때, 빌립이 그에게 가까이 가서 복음을 전하게 되었다고 깨닫습니다.

성령님께 충만했던 빌립은 자기를 강권하시는 성령님께 민감하게 순종해서 에디오피아 여왕의 내시에게 복음을 전하게 된 줄로 믿습니다. 성령님께 충만하면 그에게 강권하시는 성령님의 뜻을 깨달아 순종한다고 여깁니다. 그리하여 하나님의 뜻을 성취하지요.

오늘, "성령이 이르시되"라는 표현에 방점을 찍습니다. 성도가 이 땅에서 지낼 때, 그가 경험하게 되는 모든 것에는 하나님의 주권적인 섭리가 있는 줄로 믿습니다.

성도의 시간에서 뜻이 없는 것은 아무 것도 없다고 여깁니다. 다만 성령님께 충만하지 못해서 거룩한 일을 이루어 드리지 못하지요.

- 우연이라고 여기지 않게 하시옵소서.
- 의미가 없다고 여기지 않게 하시옵소서.

성령님께 충만한 종들을 통해서 하나님은 자기의 뜻을 이루어 가신다고 확신합니다. 그러니, 하나님을 바라보게 하시옵소서.

예수님의 이름으로 기도합니다. 아멘.

9:41 베드로가 손을 내밀어 일으키고 성도들과 과부들을 불러 들여 그가 살아난 것을 보이니

하나님 아버지,
베드로가 손을 내밀어 죽었던 다비다를 일으켰다 하시니 감사합니다. 그녀가 살아난 것을 보고 많은 사람이 주를 믿었다고 하셨습니다. 기적으로 생명을 구원하는 역사가 나타나야 한다고 확신합니다.
베드로가 죽어있는 다비다를 향하여 기도하고 명령하기를 다비다에게 일어나라고 한 것은 주님께서 죽은 자를 살려주실 때의 모습을 생각하게 합니다.
"달리다굼!" 주님께서 이미 시체가 되어버린 야이로의 딸을 행해서 명령하신 그대로라고 깨닫습니다. 이어서, 그는 죽은 자에게 명령을 한 것으로 그치지 않고, 그녀에게 손을 내밀어 일으켰지요.
오늘, 다비다가 살아난 후에, "많은 사람이 주를 믿더라."는 문장에 방점을 찍습니다. 죽었다가 살아난 다비다에게서 생명을 구원하는 하나님의 이야기를 대하게 하시옵소서.
다비다 = 육적으로 살아남,
많은 사람들 = 영적으로 살아남
자기 백성에게 향하시는 하나님의 일은 그 결과로 열방의 사람들이 주께로 돌아오도록 하는 '생명 잔치'가 되게 하시옵소서. 저에게 있어지는 상황에서 생명을 구원에 이르게 하시옵소서.

예수님의 이름으로 기도합니다. 아멘

10:33 이제 우리는 주께서 당신에게 명하신 모든 것을 듣고자 하여 다 하나님 앞에 있나이다

하나님 아버지,
고넬료와 그의 집 사람들에게 베드로를 기다리게 하시니 감사합니다. 주님께서 베드로에게 명하신 것을 다 듣겠다고 하였습니다. 성도는 하나님께 주목하여 말씀을 들으려 해야 한다고 확신합니다.
성령님께서 주시는 감동에 순종하여 베드로를 청한 고넬료의 심령은 하나님께 간절했다고 깨닫습니다. 그는 하나님 앞에서 마음이 가난함을 보인 줄로 믿습니다. 그 심령으로 하나님의 말씀을 사모했지요.
그가 베드로에게 한 말은 참으로 감격스럽게 합니다. "주께서 당신에게 명하신 모든 것을 듣고자 하여 다 하나님 앞에 있나이다." 그가 지어낸 말이 아니고, 성령님께서 그를 감동하셔서 하도록 한 말이라고 여겨집니다.
오늘, "하나님 앞에 있나이다."라는 표현에 주목합니다. 누가 자신을 하나님 앞에 있다고 말하겠습니까? 성령님께 속한 사람이라고 깨닫습니다. 고넬료가 '사람' 베드로 앞에 있지 않았고 하나님 앞에 있다고 한 고백을 저의 것으로 삼게 하시옵소서.
자기의 말이 자신의 경건함을 나타내듯이, 고넬료에 의해서 하나님을 인정하고, 하나님을 의식하는 삶에 결단하게 하시옵소서. 하나님 앞에 있음을 고백하기를 원합니다. 하나님 앞에 있게 하시옵소서.

예수님의 이름으로 기도합니다. 아멘

11:21 주의 손이 그들과 함께 하시매 수많은
사람들이 믿고 주께 돌아오더라

하나님 아버지,
"주의 손이 그들과 함께"라고 하시니 감사합니다. 그 결과로, "수많은 사람들이 믿었다."고 하셨습니다. 성도나 교회공동체에는 주의 손으로 표현 된 하나님의 능력이 함께 해야 한다고 확신합니다.
구약의 사람들은 하나님의 능력을 주의 손으로 묘사했다고 깨닫습니다. 초대교회의 역사를 주의 손으로 표현한 것은 구약에서 역사하셨던 하나님의 능력이 나타났다는 증명인 줄로 믿습니다.
"수많은 사람들이 믿고", 어떤 힘이 그들에게 주님을 믿게 했는지를 생각해 봅니다. 이방인들이 믿고 돌아오게 된 것은 하나님의 능력으로 말미암았다는 것이지요.
오늘, "주의 손이 함께 하시매"라는 문장을 마음에 담습니다. 저의 삶이 주님께서 함께 하심이어야 함을 배우게 하시옵소서. 저의 삶이 주의 손, 곧 하나님의 능력으로 이루어지게 하시옵소서. 교회공동체에서의 삶에서도 그러해지기를 원합니다.
저는 지금, 무엇으로 살아가고 있습니까? 사실, 하나님의 능력이 없는 삶은 종교적일 뿐이라고 여깁니다. 매일, 매 순간에서 하나님의 능력을 누리게 하시옵소서.
주의 손이 없는 신앙생활을 두려워하게 하시옵소서. 하나님의 능력으로 삶을 이루어가게 하시옵소서.

예수님의 이름으로 기도합니다. 아멘

12:23 헤롯이 영광을 하나님께로 돌리지 아니하므로 주의 사자가 곧 치니 벌레에게 먹혀 죽으니라

하나님 아버지,
"영광을 하나님께로" 돌리게 하시니 감사합니다. 헤롯이 하나님께 영광을 돌리지 않았다고 하셨습니다. 천국 백성은 자기의 기쁨을 구하지 않고, 하나님을 기쁘시게 해 드려야 한다고 확신합니다.
피조물은 자신이 영광을 받게 되었을 때, 그것을 창조주께로 돌려야 된다고 깨닫습니다. 그런데, 헤롯은 사람들이 추켜세울 때, 자신의 기쁨으로 만족했지요.
"주의 사자가 곧 치니", 헤롯이 영광을 하나님께로 돌리지 않자, 주의 사자가 그의 몸에 손을 댄 줄로 믿습니다. 하나님께서 받으셔야 될 영광을 탈취해서였다고 깨닫습니다.
오늘, 헤롯의 죽음에서 하나님의 심판을 생각하게 하시옵소서. 그가 하나님을 대적하고, 교회를 핍박하더니 심판을 자초했다고 여깁니다.
그의 죽음에서, 하나님을 두려워하게 하시옵소서.
루스드라에서의 바울과 바나바를 기억하게 하시옵소서. 사람들이 신으로 여기고 추앙하려 하자 거절했지요.
그렇습니다. 피조물의 영광은 오직 창조주께로 돌리게 하시옵소서. 오늘을 지내면서 영광을 하나님께로 돌리는 피조물로 만족하게 하시옵소서.

예수님의 이름으로 기도합니다. 아멘

13:48 이방인들이 듣고 기뻐하여 하나님의 말씀을
찬송하며 영생을 주시기로 작정된 자는 다 믿더라

하나님 아버지,
이방인들이 듣고 기뻐하여 찬송하게 하시니 감사합니다. "영생을 주시기로 작정된 자는 다" 믿었다고 하였습니다. 천국 백성은 하나님의 자녀로 선택을 받았음에 감격해야 한다고 확신합니다.
바울과 바나바가 비시디아 안디옥에서 복음을 전하는데, 유대인들이 그의 말에 반박을 하고 대들었지만 이방인들은 바울의 말을 듣고 기뻐하여 하나님의 말씀을 찬송하며 믿었다고 깨닫습니다.
이방인들이 듣고 기뻐했다는 기록에서 하나님의 주권적인 섭리를 발견합니다. 영생을 주시기로 작정된 자는 다 믿었다는 것이지요. 오오, 구원은 사람의 편에서 선택되지 않고, 하나님의 작정이라는 것을 깨닫습니다. 죄인의 구원이 하나님께 있다는 것에 감격스럽습니다.
오늘, 제가 구원을 받은 것이 하나님의 작정으로 말미암았다는 것을 확신합니다. 하나님께서 저의 구원을 작정해주신 증거는 지금, 제가 예수님을 믿고 있다는 사실이라고 깨닫습니다.
죄를 알지도 못했던 제가, 죄인이었음을 깨달아 회개하고, 예수님을 주님으로 영접해드렸다는 것을 하나님께서 작정해 주신 증거로 받습니다. 구원을 작정해 주신 은총에 감격하여 감사하게 하시옵소서.

예수님의 이름으로 기도합니다. 아멘

14:22 (상) 제자들의 마음을 굳게 하여 이 믿음에 머물러 있으라 권하고

하나님 아버지,

"마음을 굳게 하여" 라고 하시니 감사합니다. 성령님께서 바울에게 권면하게 하셔서 제자들을 든든하게 하셨습니다. 신앙이 사람이 되려면 믿음 위에 굳게 서야 한다고 확신합니다.

그들이 왜 마음을 굳게 해야 하였는지요? 당시에는 예수님을 믿는다는 것, 예배공동체에 들어온다는 것은 고통과 박해를 의미하였기 때문이었다고 깨닫습니다. 다른 말로, 자신이 예수님을 믿는다고 말하는 것은 '나는 핍박을 받겠다.'는 선언이어서 감격스럽습니다.

당시의 교회에서는 예수님을 믿음에 대한 사상이 오늘날과는 확실히 달랐던 줄로 믿습니다. 오늘날, 전도자들이 외치는 '예수님을 믿어 복 받으라.'는 것과 사뭇 달랐지요. 자신이 예수님을 영접했다는 소문이 나면 그때부터 그에게 핍박이 시작되었으니까요.

오늘, "이 믿음에 머물러 있으라."는 권면에 방점을 찍습니다. 과연, 저는 주님을 믿는 믿음에 머물러 있는지요? 솔직히, 주님을 믿고 저 자신도 믿는 것이 아닌지요? 깨달음을 주시옵소서.

목회자를 비롯해서 신앙 선배들로부터 듣고 배운 믿음으로 마음이 굳기를 원합니다. 성령님께서 저의 마음을 굳게 해주시옵소서.

예수님의 이름으로 기도합니다. 아멘

15:35 바울과 바나바는 안디옥에서 유하며 수다한
다른 사람들과 함께 주의 말씀을 가르치며 전파하니라

하나님 아버지,
"수다한 다른 사람들과 함께" 라고 하시니 감사합니다. 성도들과 함께 하는 교제를 누렸다고 하셨습니다. 교회공동체에서는 "주의 말씀을 가르치며 전파함이" 풍성해야 한다고 확신합니다.

교회를 세워나가는 초대교회의 시간에, 바울과 바나바가 안디옥에 머물었다는 것에 도전을 받습니다. 그들이 성도들과 함께 교제하면서 복음을 전하는 일에 열심을 다한 줄로 믿습니다.

요즈음에는 목회자가 교회공동체의 지체와 교제하는 것은 희미해져 가지는 않은지요? 목회자가 시무 교회보다는 교계의 활동에 바쁘면서, 또는 교계의 여러 활동에 참여하면서 예배당에 머물고 있는 시간도 줄어들고 있다고 여깁니다.

오늘, '지교회공동체'에 주목하게 하시옵소서. 지교회가 건강하게 세워져 가야 하나님의 교회가 확장되리라 여깁니다. 지역에 있는 교회들마다 교제가 풍성하게 하시옵소서.

목회자의 관심이 떨어지고 있는 중에, 성도들 중에는 소속교회가 아닌 타 교회의 지체와 어울리며, 비성경적인 것에 접촉이 될까 두렵습니다. 그러니, 소속교회 공동체에서 교제가 풍성하게 하시옵소서.

예수님의 이름으로 기도합니다. 아멘

16:13 안식일에 우리가 기도할 곳이 있을까 하여 문 밖 강가에 나가 거기 앉아서 모인 여자들에게 말하는데

하나님 아버지,
전도자들에게 기도할 곳을 찾게 하시니 감사합니다. 강가로 나가서 거기에 모인 여자들에게 접촉했다고 하였습니다. 전도를 나선 사람은 하나님께서 일하심을 믿고, 기회를 만들어야 한다고 확신합니다.
성령님께서 바울 일행에게 드로아에서 배를 타고 사모드라게로 건너 빌립보로 가도록 했다고 깨닫습니다. 그들은 아시아에서 복음을 전하기를 원하였으나 마게도니야로 보내신 줄로 믿습니다. 그 땅에 복음을 들어야 될 사람을 준비시켰기 때문이었다고 생각합니다.
로마의 압제로 유대인들은 당시의 세계 곳곳으로 흩어져 있었지요. 바울은 유대인들에게 복음을 전하였고, 루디아가 예수님을 영접했다고 깨닫습니다.
오늘, "모인 여자들에게 말하는데"라는 문장에 방점을 찍습니다. 하나님께서는 한 사람을 구원하시려고 작정을 하시고, 전도자들이 만나도록 하시며 복음을 전하기를 원하신다고 확신합니다.
루디아를 구원하시려고 바울 일행을 빌립보에 가도록 하신 하나님이십니다.
지금, 저에게도 사람을 만나보려고 밖으로 나가려는 열심을 주시옵소서. 복음을 전할 사람이 어디에 있는지를 찾게 하시옵소서.

예수님의 이름으로 기도합니다. 아멘

17:11 (하) 간절한 마음으로 말씀을 받고 이것이 그러한가 하여 날마다 성경을 상고하므로

하나님 아버지,
"간절한 마음으로"라고 하시니 감사합니다. 베뢰아 사람들은 하나님의 말씀을 사모하는 마음에, 준비된 심령이었다고 하셨습니다. 하나님의 말씀에 대한 태도는 '받음'이어야 한다고 확신합니다.
복음을 들을 때는(설교) 준비된 마음이어야 한다고 깨닫습니다. 말씀을 받을 때, 성령님께서 마음을 열어주시는 줄로 믿습니다. 그래서 베뢰아 사람들이 열심을 다하여 말씀을 받았음에 감격합니다.
그 결과, 그들은 바울로부터 설교를 듣고, 열심을 다해서 성경(구약)을 읽었다고 깨닫습니다. 그리고 깨달아 얻은 진리를 새겼지요.
오늘, 하나님의 말씀에 대한 듣는 자의 태도에 가르침을 받습니다. 하나님의 말씀이 들려질 때는 그것이 좋은 밭에 떨어진 씨앗과 같다는 것을 배웁니다. 좋은 밭으로 자신의 심령을 준비하게 하시옵소서.
자신의 심령 상태가 묵은 땅이 되지 않도록 기경하게 하시옵소서. 성령님께서 강권해 주실 때 '아멘'으로 심령을 부드럽게 하기를 원합니다. 저의 심령이 어떠한가에 따라 열매가 맺어짐을 주목합니다.
때로는 들은 말씀을 강화하려고 성경을 찾아 읽게 하시옵소서. 진리로 삼고자 읊조리게도 하시옵소서.

예수님의 이름으로 기도합니다. 아멘

18:26 그가 회당에서 담대히 말하기 시작하거늘 브리스길라와 아굴라가 듣고 데려다가 하나님의 도를 더 정확하게 풀어 이르더라

하나님 아버지,
신앙의 교만이나 왜곡이 어떻게 시작되는 지를 깨닫게 하시니 감사합니다. 한 가지 부족한 것을 인식하지 않았을 때이지요. 자신이 부족하다면 아굴라 부부에게 조언을 받았던 아볼로에게서 거룩함의 비밀을 배웁니다.
"듣고 데려다가 하나님의 도를 더 정확하게 풀어 이르더라." 그렇습니다. 요한의 세례만 알 따름이었던 아볼로는 브리스길라와 아굴라로부터 가르침을 받았습니다.
성령님께서 그리하신 줄로 믿습니다. 그 배움이 그를 겸손하게 하였으며, 진리에 왜곡되지 않도록 해주었다고 깨닫습니다.
오늘, 자신이 주장하지만 그 주장하는 것의 내용도 모르고 강조하는 이들이 얼마나 많은지요? 자신이 깨닫지도 못한 것을 가르친다고 하는 이들도 있지요. 어리석지 않기를 원합니다.
그러니, 오늘을 지내면서 자신을 인정함에 겸손하게 하시옵소서. 자신이 그릇되었음을 지적해 줄 때, 감사함으로 받아들이게 하시옵소서. 성령님의 이끌어 주심에 자신을 내어드리게 하시옵소서.
더욱이 주님을 알기에 힘쓰게 하시옵소서. 주님은 진리이시며, 구원에 이르는 힘이 되시니, 주님을 배우게 하시옵소서.

                    예수님의 이름으로 기도합니다. 아멘

19:20 이와 같이 주의 말씀이 힘이 있어
흥왕하여 세력을 얻으니라

하나님 아버지,
"주의 말씀이 힘이" 있도록 하시니 감사합니다. "흥왕하여 세력을" 얻게 하셨습니다. 전도현장에서는 구원과 관련해서 하나님의 말씀의 능력이 전도자들에게 강하게 나타난다고 확신합니다.

성령님께서 바울에게 2년 3개월 이상을 에베소에서 머물며 하나님의 말씀을 강론하였다고 깨닫습니다. 이 기간 동안에 에베소 교회는 든든하게 세워져 간 줄로 믿습니다. 교회를 세우시는 하나님이시지요.

이에, "주의 말씀이 힘이 있어 흥왕하여 세력을 얻으니라."고 기록된 줄로 믿습니다. 하나님의 말씀은 곧 하나님이시므로 그 말씀에 힘이 있음을 깨닫습니다.

오늘, 예수님을 믿는 믿음과 하나님의 말씀의 관계를 생각합니다. "주의 말씀이 힘이 있어"라는 설명에 방점을 찍습니다. 하나님의 말씀에 하나님의 힘이 나타난다는 사실이 감격스럽습니다.

사람 성도가 하나님의 말씀을 전할 때, 성령님께서 힘을 나타내심을 믿습니다. 하나님의 말씀을 암송할 때, 힘이 있음을 감사합니다.

죄인이 회개하게 하는 힘도 하나님의 말씀이지요. 그러니, 오늘날에도 하나님의 말씀으로 교회가 든든히 세워지게 하시옵소서.

예수님의 이름으로 기도합니다. 아멘

20:22 보라 이제 나는 성령에 매여 예루살렘으로 가는데 거기서 무슨 일을 당할는지 알지 못하노라

하나님 아버지,

환난과 핍박이 자신을 기다리고 있다면 두려워하겠는데, 바울은 오히려 담대해졌다고 깨닫습니다. 성령님께 충만하게 임하심으로 사명을 감당할 것에 대한 확신을 갖게 한 줄로 믿습니다.

하늘로부터 임한 성령님의 충만은 자신의 목숨과 바꾸도록 하였다고 여깁니다. 결박과 환난이 기다린다고 하면서도 자신의 달려갈 길과 주 예수께 받은 사명을 감당하려 했다고 깨닫습니다.

무엇이 크리스천에게 자신의 목숨을 두려워하지 않게 합니까? 성령님의 충만, 곧 성령께 매임의 체험이라고 확인합니다.

성령님의 충만은 크리스천에게 심령에서부터 매임을 경험하도록 하지요. 그래서 성령님의 강권을 인정하여 "주 예수께 받은" 사명의 감당을 결단하게 한다고 여깁니다. 만일, 성령님의 충만하심이 없다면 닥쳐오는 환난과 핍박이 두려워서 숨어들어가고 말 것입니다.

오늘, 바울의 결단을 저의 것으로 삼게 하시옵소서. 저에게도 성령에 매이게 하시옵소서. 저에게 사명으로 주신 십자가, 제가 져야만 하는 십자가에서 뒤로 물러나지 않게 하시옵소서. 사명의 감당이 죽음의 길이라면, "죽는 것도 유익함이라."고 고백하게 하시옵소서.

예수님의 이름으로 기도합니다. 아멘.

21:13(하) 나는 주 예수의 이름을 위하여 결박 당할 뿐 아니라 예루살렘에서 죽을 것도 각오하였노라 하니

하나님 아버지,

바울에게서 복음의 전도에 대한 대가의 지불을 깨닫게 하시니 감사합니다. 바울은 "주 예수의 이름을 위하여" 죽을 것도 각오했다고 하였습니다. 전도자는 자신을 복음과 바꾸어야 한다고 확신합니다.

유대에서 내려 온 선지자 아가보가 말하기를, 바울이 예루살렘에서 결박을 당하고, 이방인들에게 넘겨줄 것을 예언했을 때, 가이사랴의 성도들이 바울의 예루살렘 행을 막았다고 깨닫습니다. 그들은 바울에게 닥칠 고난을 염려해서 그리했지요.

그럼에도 바울은 자신의 생각을 굽히지 않고, 오히려 결단을 했다고 여깁니다. "죽을 것도 각오하였노라." 성령님께서 그에게 강권하신 줄로 믿습니다. 바울은 자신이 어떻게 해야 하는지를 알았지요.

오늘, 제가 누구인지를 다시 생각하게 하시옵소서. 과연 저는 주님께서 불러주셨을 때의 그 부르심에서 지내고 있습니까? 저에 대한 하나님의 계획을 이루어드려야 한다고 깨닫습니다.

성령님께서 저를 강권해 주시옵소서. 하나님의 사람으로서 '보냄을 받은 자'에 대한 사명을 다하게 하시옵소서. 저 자신에 대하여 두려워하지 않게 하시옵소서.

예수님의 이름으로 기도합니다. 아멘

22:21 나더러 또 이르시되 떠나가라 내가 너를 멀리 이방인에게로 보내리라 하셨느니라

하나님 아버지,

바울에게 "떠나가라."고 하시니 감사합니다. "멀리 이방인에게로" 보내신다고 하셨습니다. 천국 백성은 하나님께서 죄악과 멸망에서 구원하시기로 작정된 사람들에게 보내져야 한다고 확신합니다.

바울은 자기를 죽이려는 유대인의 무리에게 자신의 신앙 간증을 했다고 깨닫습니다. 이 시간을 위해서 그는 로마로 가겠다는 결단을 한 줄로 믿습니다. 결박을 당한 채로, 자신이 예수의 핍박자로서 어떻게 복음의 일꾼이 되었는가를 이야기하는 모습이 감격스럽습니다.

오늘, "이방인에게로 보내리라."에 방점을 둡니다. 크리스천이 이 땅에서 살아가는 삶의 의미는 보내심이라고 깨닫습니다.

부활하신 주님을 만난 체험을 기억하면서 전도자로 세워졌던 그를 배우게 하시옵소서. 주님께서도 저를 만나주셨는데, 그 만남의 시간을 소홀히 여기며 지냈던 시간을 깨닫습니다. 용서해 주시옵소서.

저에게 주신 소명은 무엇입니까? 유대인의 무리에게 복음을 전하려는 바울에게서 전도자의 가슴을 보게 하시옵소서.

제가 살아가고 있는 환경과 시간 속에서 복음을 전하려는 뜨거움, 열정을 주시옵소서.

예수님의 이름으로 기도합니다. 아멘

23:11(하) 네가 예루살렘에서 나의 일을 증언한 것 같이 로마에서도 증언하여야 하리라 하시니라

하나님 아버지,

바울에게 자신의 신앙고백을 하게 하시니 감사합니다. 주님의 일을 증언하게 하셨습니다. 하나님의 자녀에게 생애의 시간은 세상을 향해서 증언자의 삶이어야 한다고 확신합니다.

바울은 보내심을 받은 자로서의 자기의 소명을 확신하고, 주님께 신실했다고 깨닫습니다. 이에, 주님께서는 그에게 "로마에서도 증언하여야 하리라."고 사명을 확인시켜 주신 줄로 믿습니다. 소명의 확인은 왜 사느냐는 질문에 답이라고 여깁니다.

피고가 공회 앞에 선 바울에게 복음을 전하게 하신 성령님의 역사를 봅니다. 당시에, 그 자리에는 사두개파와 바리새파가 있었는데 그에게 부활신앙을 증언하게 하여 그들이 논쟁을 하게 했지요.

바울에게 복음을 전하게 하셔서 생명을 살리시려는 주님의 마음을 생각합니다. "로마에서도 증언하여야 하리라."고 그를 격려하셨지요. 바울을 앞세워서 복음을 전하시는 주님께 감격스럽습니다.

전도자로 복음을 전할 기회를 얻고자 했던 바울의 열정을 배우게 하시옵소서. 주님과 복음을 유대인들에게 전하려는 그의 가슴을 사모하게 하시옵소서. 바울을 따라 복음의 사람으로 지내게 하시옵소서.

                    예수님의 이름으로 기도합니다. 아멘

24:23 백부장에게 명하여 바울을 지키되 자유를 주고 그의 친구들이 그를 돌보아주는 것을 금하지 말라 하니라

하나님 아버지,

바울이 재판 중에서 지킴을 받고, 자유를 누리게 하시니 감사합니다. 사람들의 방문을 받고, 돌보아줌도 누리게 하셨습니다. 전도자에 대한 하나님의 섭리가 있음을 확신합니다.

바울은 여전히 갇힌 상태에 처했지만 백부장으로부터 보호를 받고, 자유롭게 지냈다고 깨닫습니다. 성령님께서 전도자를 위하여 환경을 만들어 주시는 줄로 믿습니다.

- 빌립이 바울을 찾아와서 위로하게 하셨습니다.
- 동행하여 예루살렘에까지 함께 하게 하셨습니다.
- 바울의 조카 등이 방문하여 위로하고, 돕도록 하셨습니다.

오늘, "백부장에게 명하여"라는 표현에 방점을 찍습니다. 하나님께서 자기 백성을 위하여 세상의 권세도 사용하심을 확신하게 하시옵소서. 세상의 권세로 복음이 증거 되는 기회가 있음을 기대하게 하시옵소서. 그러니, 오직 주님과 교회를 위하게 하시옵소서.

부름을 받은 소명에 소홀하지 않고, 저에게 주어진 생각과 시간 그리고 재물까지도 사용하기를 원하게 하시옵소서. 제가 천국 백성으로 지내는 시간은 하나님의 보호라는 것을 확신하게 하시옵소서.

자신의 유익을 구하지 않고, 소명을 감당함에 충성하게 하시옵소서.

예수님의 이름으로 기도합니다. 아멘

25:10(상) 바울이 이르되 내가 가이사의 재판 자리 앞에 섰으니 마땅히 거기서 심문을 받을 것이라

하나님 아버지,

담대함을 주시니 감사합니다. 바울은 자신이 "가이사의 재판 자리 앞에" 섰다고 말하게 하셨습니다. 크리스천은 세상의 권세자 앞에서 흔들리지 말아야 한다고 확신합니다. 유대인에게서 환심을 사려 했던 베스도, 자신의 지위를 견고하게 하려고 했다고 여깁니다. 그래서 바울에게 예루살렘에 올라가 재판을 받을 것인가를 물었지요. "마땅히 거기서 심문을 받을 것이라." 자신에 대한 재판을 유대인의 공회가 아니라 가이사의 법정으로 옮기려고 단호했던 바울을 생각합니다. 그 자신이 로마의 시민이었기 때문이라고 여깁니다.

오늘, 세상의 권세 앞에서 흔들림이 없기를 원합니다. 하늘의 증언자로 살아가야 될 천국 백성이 세상으로부터 위태로울까를 염려해서 유혹에 휩쓸리지 않게 하시옵소서. 담대하게 하시옵소서.

자기에게 어려움이 닥쳐올까 해서 환경에 굴복하지 않게 하시옵소서. 자신의 유익을 구하려고 '은근슬쩍' 취하는 행동을 거절하게 하시옵소서. 하나님의 눈을 주목하게 하시옵소서.

자신을 변호하려는 이름의 천국 백성이 자신의 신분을 나타내는 천국 백성으로 지내게 하시옵소서. 외톨이가 될지라도!

예수님의 이름으로 기도합니다. 아멘

26:17 내가 너를 구원하여 그들에게 보내어

하나님 아버지,
의인을 지켜주시는 하나님의 주권을 깨닫게 하시니 감사합니다. "이스라엘과 이방인들에게서" 바울을 구원해 주셨다고 하셨습니다. 자기 백성을 불의한 자들로부터 구원해 내시는 하나님을 확신합니다.
주님께서 핍박자 바울을 불러 복음의 증인 삼으신 목적은 그를 구원하셔서 천국을 세워나가시는 일꾼으로 삼기 위함에서였다고 깨닫습니다. 이제 그를 다른 사람을 죄악에서 건져 구원해내는 일꾼이 되게 하신 것이지요.
바울은 수없이 죽을 고비를 겪었지만 하나님께서 살려주신 것은 죄인을 구원해내라 하심이셨다고 했습니다. 바울은 구원에 이를 사람에게로 보냄을 받은 줄로 믿습니다.
오늘, 하나님께서 바울을 살리시고 보내시는 의미에 대하여 도전을 받습니다. 삶의 목적이 있는 사람은 결코 죽을 수 없음을 깨달을 때, 감격스럽습니다. 그 사명이 완수되기까지 살아있어야 한다는 것을 확인합니다.
이제, 저는 죄인을 구원에 이르게 하는 일에 부름을 받았음에 동의합니다. 죄인이 어두움에서 빛으로, 사탄의 권세에서 하나님께로 돌아오도록 이끌어 주게 하시옵소서. 그리고 구속함을 받아 거룩한 공동체에 참여하도록 돕게 하시옵소서.

예수님의 이름으로 기도합니다. 아멘

27:22 내가 너희를 권하노니 이제는 안심하라 너희 중 아무도 생명에는 아무런 손상이 없겠고 오직 배뿐이리라

하나님 아버지,

유라굴로 광풍의 대작에서 공포에 빠진 사람들은 두려움으로 말미암아 자제력을 잃었다고 깨닫습니다. 그렇지만 하나님의 사자가 들려준 말로 바울은 평정을 잃지 않고, 담대해진 줄로 믿습니다. 그가 경험했던 하나님의 사자의 나타남은 성령님의 역사였지요.

광풍의 위협은 배를 탄 이들에게 목숨을 잃음에 대한 두려움에, 자기들의 짐을 바다에 던지도록 했다고 여깁니다. 인생에게 가장 두려운 것은 목숨을 잃는 것이니까요. 재물은 수고해서 다시 가질 수도 있지만 목숨은 잃을 수가 없었다고 깨닫습니다.

바울의 담대함, 그것은 성령님을 경험함이었다고 확인합니다. 성령님께서는 그에게 보호해주시겠다는 약속과 그에게 앞으로의 비전을 갖게 하셨다고 여깁니다. "바울아 두려워하지 말라 네가 가이사 앞에 서야 하겠고." 이 말보다 바울에게 용기를 준 것이 있었겠습니까?

오늘, 바울에게 담대하게 한 결단을 저의 것으로 삼게 하시옵소서. "나는 내게 말씀하신 그대로 되리라고 하나님을 믿노라." 이 고백은 성령님의 임재에 대한 바울의 응답이라고 깨닫습니다. 사실, 저도 살아가는 순간, 순간에 성령님께서 강하게 역사하심을 경험했는데, 응답에 소홀했습니다. 앞으로는 성령님께 응답하게 하시옵소서.

예수님의 이름으로 기도합니다. 아멘.

28:8 보블리오의 부친이 열병과 이질에 걸려 누워 있거늘 바울이 들어가서 기도하고 그에게 안수하여 낫게 하매

하나님 아버지,
바울에게 보블리오의 친절에 갚을 수 있도록 기회를 주시니 감사합니다. 그의 아버지가 열병과 이질로 누워있을 때, 바울이 기도하여 낫게 하셨습니다. 천국 백성은 언제나 불신자게 영향을 끼쳐야 한다고 확신합니다.
하나님께서는 바울과 그의 일행을 위해서 보블리오에게 영접을 받고, 사흘 동안이나 그 섬에서 유숙하게 하셨다고 깨닫습니다. 그때, 보블리오의 부친이 열병과 이질을 앓게 되었을 때, 하나님의 은혜로 바울은 기도하고 그에게 안수하여 그 병을 고쳐주었지요.
그 섬의 다른 병자들도 바울에게로 와서 고침을 받았다고 하였습니다. 이 사역은 바울에게도 큰 위로가 된 줄로 믿습니다.
오늘, 전도자에게는 사람들에게 선한 영향력을 나타내도록 하신다고 생각할 때, 감격스럽습니다. 그의 선한 영향력은 전도자에게 신뢰를 갖도록 하며, 복음을 전하는 동력이 되게 한다고 확신합니다.
전도자로 살아가는 현장에서 하나님의 인도하심을 경험하게 하시옵소서. 어려움에서도 지켜주시는 하나님을 경험하게 하시옵소서.
바울의 일행이 보블리오에게 대접을 받았던 것처럼 위로와 기쁨을 경험하게 하시옵소서.

예수님의 이름으로 기도합니다. 아멘

1:15 그러므로 나는 할 수 있는 대로 로마에 있는 너희에게도 복음 전하기를 원하노라

하나님 아버지,
복음전도자의 각오를 엿보게 하시니 감사합니다. 바울은 강조하기를, "로마에 있는 너희에게도" 복음을 전하겠다고 하였습니다. 천국 백성은 전도자로서 세상을 향한 비전을 가져야 한다고 확신합니다.
모든 사람에게 빚을 졌다고 하는 바울, 그가 빚을 졌다고 하는 말은 복음을 전하는 것을 가리킨다고 깨닫습니다. 바울이 매를 맞아가면서도 복음을 전했던 것은 바로 이 빚을 갚겠다는 의지에서였지요. 성령님께서 그를 전도자로 삼으시려고 그리하신 줄로 믿습니다.
세 번에 걸친 전도여행에서도 끝나지 않은 빚진 자의 심정이 그에게 로마에 대한 생각을 품도록 했다고 여깁니다. 당시의 지도에서 로마는 누구에게나 땅 끝이었지요.
오늘, 바울이 가졌던 빚진 자의 심정으로 저에게 도전하시는 성령님을 느낍니다. 저에게도 주님께로부터 받은 구원의 은혜를 생각하게 하시옵소서. 세상의 모든 사람들에게 빚을 졌다고 여기게 하시옵소서.
구원의 빚을 지고 있음을 잊지 않게 하시옵소서.
선택된 자들만 회개할지라도, 세상에 복음을 전하게 하시옵소서. 제가 받은 구원의 복음을 전할 소원으로 오늘도 지내게 하시옵소서.

예수님의 이름으로 기도합니다. 아멘

2:3 이런 일을 행하는 자를 판단하고도 같은 일을 행하는 사람아, 네가 하나님의 심판을 피할 줄로 생각하느냐

하나님 아버지,

자신도 모르게 죄에 오염이 되는 것을 깨닫게 하시니 감사합니다. 자신의 행실에 방심하여 주의하지 않기 때문이지요.

남에게는 율법을 강조하면서도 자신에게는 소홀했던 유대인들, 그들로부터 거룩함의 비밀을 배웁니다.

"율법을 자랑하는 네가 율법을 범함으로 하나님을 욕되게 하느냐." 자신이 율법을 준수함으로 살아간다는 사람이 실제로는 도적질을 하거나, 간음을 하면 율법을 범하는 것이 된다고 확인합니다.

바울 당시에, 유대인들만 그러했겠습니까? 자신이 크리스천이라고 세상을 향해서 떠벌리는 사람들 중에 주님을 사랑하지 않는 이들을 더러 봅니다. 하나님을 아버지라 부르면서 그분의 자녀로 지내지 않는 이들도 많이 있습니다.

안타깝지만, 주변에 그들이 있음은 저의 행실에 대하여 주의를 주시려는 하나님의 의도라고 봅니다. 하나님께 자신을 드리기를 거절한(선택되지 못한 크리스천) 이들을 통해서 저를 확인하게 하시려는 은혜를 깨닫습니다.

공의로 심판하시는 하나님을 생각합니다. 저의 행실이 하나님의 백성이 되어 제물로 드려짐이 되게 하시옵소서.

예수님의 이름으로 기도합니다. 아멘

3:9 그러면 어떠하냐 우리는 나으냐 결코 아니라 유대인이나 헬라인이나 다 죄 아래에 있다고 우리가 이미 선언하였느니라.

하나님 아버지,

죄로 말미암아 죽게 된 데서 생명을 얻게 해주셨음에 감사드립니다. 죄 아래에 있던 저에게 하나님을 아버지라 부르게 하셨습니다. 기도에 대한 사모와 기도하도록 하신 주님의 이름을 찬양합니다.

죄 되었던 저의 삶은 하나님의 진노를 받을 뿐이었으나 구원해 주셨음에 그 은혜를 깨닫습니다. 제가 주인이 되어 살아왔던 저의 자리를 예수님께 내어드립니다. 주님께서 저에게 들어오셔서 저를 다스려 주시옵소서.

저를 위하여 주님께서 고난을 당하셨으니, 이제는 저의 삶에서 영광을 취하시옵소서. 저를 위하여 십자가에 달려 죽으셨으니, 저의 삶을 주님께 드려서 주님께서 살아 가시기 원합니다.

주님의 피 값으로 산 몸이 되어서 하나님께 제물 된 삶이 되게 하시옵소서.

오늘, "우리는 나으냐 결코 아니라."는 말씀을 가슴에 담습니다. 제가 누구를 만나든지 그 사람과의 만남에서 주님의 인도하심을 따르도록 인도해주시옵소서.

종일, 하나님께의 영광에 주목하도록 하시옵소서. 어떤 일들이 오늘, 저를 기다리고 있는지 모르지만 그 일들에서 주님의 인도에 순종하게 하시옵소서. 주님의 이끌어 주심이 저를 만족하게 하십니다!

예수님의 이름으로 기도합니다. 아멘.

4:25 예수는 우리가 범죄한 것 때문에 내줌이 되고 또한 우리를 의롭다 하시기 위하여 살아나셨느니라

하나님 아버지,
주님의 죽으심과 부활의 의미를 깨닫게 하시니 감사합니다. 주님께서는 죄인을 구원하시려고 대신 죽으셨고, 의롭게 해주시려고 부활하셨습니다. 주님의 생애는 죄인의 구원에 목적이었음을 확신합니다.

인생의 죄로 말미암은 타락과 주님의 십자가에서 보혈을 쏟아주심의 관계에서 주님의 죽으심과 부활의 신비를 경험하게 해준다고 깨닫습니다. 공생애와 죽으심 그리고 부활사건은 죄인의 구원과 의롭다하심에 보증이 되어주시는 줄로 믿습니다.

주님의 십자가에서 죽으신 죽음은 죄인에게 구원의 길을 열어주시려는 것이고, 무덤에서 살아나시는 부활로, 죄인에게 의롭다 하심의 길을 열어주셨으니 감격스럽습니다. 주님께서 메시야로 세상에 오실 때, 천사들이 일러주었지요. '자기 백성을 그들의 죄에서 구원할 자.'

오늘, 예수님이 누구이신지를 분명히 알게 하시옵소서.
- 인생의 죄 때문에 죽으신 주님이십니다.
- 인생을 구원해주시려고 다시 살아나신 주님이십니다.

누가 저에게 물으면 주님은 인생을 죄로부터 구해주시고, 하나님의 자녀가 되게 하실 주님이시라고 대답하기를 원합니다. 그리고 주님을 믿으면 천국 백성으로 삼아주신다고 확언하게 하시옵소서.

         예수님의 이름으로 기도합니다. 아멘

5:8 우리가 아직 죄인 되었을 때에 그리스도께서 우리를 위하여 죽으심으로 하나님께서 우리에 대한 자기의 사랑을 확증하셨느니라.

하나님 아버지,
지금까지 저질렀던 죄에서 용서를 받는 은혜에 들어가게 해주셨음에 감사드립니다. 주님께서 인생을 위하여 죽어주셨다는 사실에 감사하고, 감격스럽습니다.
주님께서 십자가에 달려 죽으심으로써 저주에서 속량을 받았음에 감사드립니다. 죄인을 위해서 죽어주신 주님의 은혜가 우리를 위하시는 하나님의 사랑이셨음을 배우게 하시옵소서.
생명을 바치신 사랑을 받았으니, 주님의 그 뜨거운 피로 가슴을 적시게 하시옵소서. 저의 하루는 언제나 주님의 보혈을 찬양하는 시간이 되게 하시옵소서.
오늘, "그리스도께서 우리를 위하여 죽으심으로" 라는 말씀을 외웁니다. 생명을 주시는 복음으로 받습니다. 마귀의 올무에서 벗어나게 해주시고, 예수님께서 사신 바가 되어 주셨으니, 그 은혜를 늘 기억하게 하시옵소서.
죽음의 권세를 깨뜨리시고 부활하심으로써 마귀의 일을 멸하신 분이 누구이십니까? 나의 주님이심에 찬양을 드리게 하시옵소서.
예수님께서 사탄의 손에서 저를 건져주시고, 하나님의 자녀가 되게 하셨음에, 주님을 왕으로 섬기게 하시옵소서. 자녀로서 마땅히 하나님의 나라가 확장되어짐을 비전으로 품고 살아가게 하시옵소서.

　　　　　　　　　　예수님의 이름으로 기도합니다. 아멘.

 **6:16**(상) 너희 자신을 종으로 내주어 누구에게 순종하든지 그 순종함을 받는 자의 종이 되는 줄을 너희가 알지 못하느냐

하나님 아버지,
사람은 피조물로서 자기를 지으신 하나님을 공경하기를 기뻐한다고 깨닫습니다. 죄가 세상에 들어온 후에 하나님을 섬기기를 싫어하게 되었고, 죄에게 종노릇을 하게 되었다고 여깁니다. 그리고 자신이 죄인이라는 것을 깨닫지 못하게 되었지요.
하나님의 주권적인 섭리로 사람은 순종하려는 마음을 갖게 된 줄로 믿습니다. 그런데 죄로 말미암아 타락한 본성이 사탄에게 순종을 하고, 사탄을 즐겁게 하였다고 생각합니다. 그러나 지금은 예수님을 믿어 하나님의 자녀가 되었음을 선포합니다.
성령님께서 저를 강권하여 주님께 순종하게 하시옵소서. 제가 주님의 말씀에, 주님을 기쁘시게 해드림에 순종한다면 저는 하나님의 종이 될 줄로 믿습니다.
그때, 순종의 행실에 의해서 의롭다 하심을 얻게 될 것을 확신합니다. 영생에 이르게 된다고 깨닫습니다. 오직 순종하게 하시옵소서.
이에 오늘, 성령님께서 지배하시도록 저를 내어드리게 하시옵소서. 성령님께서 강권하여 이끌어 주시는 대로 따르게 하시옵소서. 이로써 죄에게 종노릇을 했을 때의 즐거움을 거절하게 하시옵소서. 성령의 열매를 맺어 자신을 하나님의 종으로 지내게 하시옵소서.

예수님의 이름으로 기도합니다. 아멘.

7:6(하) 이러므로 우리가 영의 새로운 것으로 섬길 것이요 율법 조문의 묵은 것으로 아니할지니라

하나님 아버지,
"영의 새로운 것으로" 섬기라 하시니 감사합니다. "율법 조문의 묵은 것으로"하지 말라고 하셨습니다. 우리를 옭아맸던 율법은 죽은 것이니 성령으로 말미암아 하나님을 섬겨야 한다고 확신합니다.

예수님을 주로 믿으며 섬기는 삶을 율법의 조문에 의해서 따르지 않고, "영의 새로운 것," 곧 성령의 인도를 받으라는 것으로 깨닫습니다. 사실, 주님을 그리스도로 믿는다는 이들 중에도 율법에 의존하는 이들이 있지요. 성령님께 자신을 내어드려야 한다고 배웁니다.

하나님께서 원하시는 성도의 삶이 성령님의 인도를 받음이라는 가르침을 받게 하시니 감사합니다. 하나님께서 바울에게 깨달음을 주시고, 오늘은 우리가 교훈을 받게 하시니 감격스럽습니다.

오늘, "영의 새로운 것으로"라는 표현에 방점을 찍습니다. 그리고 왜 율법의 조문으로 하지 말아야 하는가를 묵상합니다. 주님께서 대속의 제물이 되셔서 저를 율법에 대하여 죽게 하셨기 때문이지요. 율법은 저에게 어떤 것도 요구할 수 없다고 확신합니다.

- 율법으로 하나님을 섬기려는 것을 거절하게 하시옵소서.
- 오직 성령님의 인도에 따라 하나님을 섬기게 하시옵소서. 거룩하다 하심의 옷을 입게 하시옵소서.

예수님의 이름으로 기도합니다. 아멘

8:9(상) 만일 너희 속에 하나님의 영이 거하시면 너희가 육신에 있지 아니하고 영에 있나니

하나님 아버지,
자기 안에 하나님의 영이 있는 사람은 영에 있다고 하셨습니다. 성령님께 속해 있다는 것이지요. 성령님께서 예수님을 주라고 고백하게 하시고, 그의 심령에 계시는 줄로 믿습니다. 성령님의 다스리심으로 죄의 본성에게 지배를 받지 않는다고 여깁니다.

성령님께서 자신의 심령에 들어오시기 전까지는 죄의 본성에게 지배를 받아, 죄 안에 머물렀는데, 지금은 성령 안에 있게 되었다고 하셨습니다. 성령님께서 제 안에 계시니 옛 사람의 행실을 거절하고 물리치게 되었음을 확인합니다.

오늘, "너희 속에 하나님의 영이 거하시면"이라는 말씀에 감격합니다. '하나님의 영이 내 안에 있다.' 이 선언에 저는 황홀합니다.

제가 습관적으로 붙어있는 옛 사람의 행실을 거절하지 못하여 죄를 짓더라도 저는 성령님께 속하여있음을 선언합니다. 성령님께서는 저의 행실이 죄라고 깨닫게 하시고 회개하게 하시지요.

이전에는 죄를 알지도 못하였었는데, 죄를 깨닫다니요! 그 깨달음이 바로 제가 성령님께 속해 있음을 증거 한다고 믿습니다. 제 안에 성령님께서 계심을 확신하게 하시옵소서. 성령님과 동행하게 하시옵소서.

예수님의 이름으로 기도합니다. 아멘.

9:30 그런즉 우리가 무슨 말을 하리요 의를 따르지 아니한 이방인들이 의를 얻었으니 곧 믿음에서 난 의요

하나님 아버지,

이방인들이 의를 얻게 하시니 감사합니다. 그들은 유대인들처럼 자신들의 행위로써 하나님의 의를 구하지 않았다고 하셨습니다. 주님이 대속을 믿음에서 의에 이르러야 한다고 확신합니다.

사람은 자신의 행위로써 하나님 앞에 설 수 없다는 것을 깨닫습니다. 자신이 죄인이기 때문에 어떤 행위를 의롭다 여겨도 죄인의 행실인 줄로 믿습니다.

유대인들은 선민으로서 철저한 율법 속에서 의의 성취를 기다렸지만 의에 이르지 못한다는 것을 확인합니다. 하나님의 섭리는 흑암에 거하던 이방인들 속에서 복음으로 나타났다고 깨닫습니다.

오늘, 그 누가 하나님 앞에 설 수 있는가를 생각하게 하시옵소서. 복음을 받아, 새로운 변화를 경험하게 하시며 구원에 이르게 하십니다.

사람은 행위로써 하나님 앞에 설 수 없음을 기억하게 하시옵소서. 죄인이 주님의 대속을 믿어 의롭다 하심을 얻게 된 것에 감사하게 하시옵소서.

오직 복음에 순종하여 자신이 약속의 자녀라는 신분을 간직하게 하시옵소서. 의의 자녀가 되라고 불러 주셨으니, 그 은총에 감격하게 하시옵소서. 믿음을 의로 여겨주셨음에 감사로 지내게 하시옵소서.

예수님의 이름으로 기도합니다. 아멘.

롬 10:11 성경에 이르되 누구든지 그를 믿는 자는 부끄러움을 당하지 아니하리라 하니

하나님 아버지,

주님을 믿음에 은혜를 약속해 주시니 감사합니다. "부끄러움을 당하지 아니하리라."고 하셨습니다. 구원에 이른 천국 백성에게 주님이 되어 주시고, 은혜가 풍성하게 하심을 믿어야 한다고 확신합니다.

바울은 이 말씀에서, 예수님을 주님으로 믿기만 하면 누구든지, 곧 유대인이나 헬라인이나 어떤 종족의 출신이라도 구원을 얻는다는 것을 확증해 주었다고 깨닫습니다. 차별이 없는 구원인 줄로 믿습니다.

예수님은 누구에게나 주님이 되셔서 그를 주님으로 부르는 자들에게 '한 주'가 되어 주심을 경험하게 하시니 이것이 은혜라고 여깁니다. 주님의 만민 사랑이시지요.

오늘, "누구든지 그를 믿는 자는"에 방점을 찍습니다. 창조주 하나님께서 저에게 '나의 구속자가 되어주셨다'는 선포라고 생각할 때, 감격스럽습니다. '주님은 나의 구속자이시다!'

마음으로부터 이 은혜를 받아들이고, 이 은총으로 지내게 하시옵소서. 제가 입술로 이 신앙을 고백할 때마다 뜨거운 감격을 누리게 하시옵소서.

부끄러움을 당하지 않게 해주심을 어떤 사실을 개념으로 이해하는 것과 달리 가슴으로 받아들임이 되게 하시옵소서.

예수님의 이름으로 기도합니다. 아멘

11:32 하나님이 모든 사람을 순종하지 아니하는 가운데 가두어 두심은 모든 사람에게 긍휼을 베풀려 하심이로다

하나님 아버지,
"모든 사람을"이라고 하시니 감사합니다. 유대인이나 이방인들 모두에게 긍휼을 베푸실 것이라고 하셨습니다. 믿음을 거절한 유대인들에게도 하나님의 긍휼이 임할 것이라고 확신합니다.
이방인들이 전에는 불순종하였으나 지금은 하나님의 긍휼을 입고 있다고 깨닫습니다. 사람을 불순종 가운데 버려두심은 그에게 긍휼을 베풀기 위함이셨음을 배웁니다. 지금, 유대인들은 하나님께 순종하지 않지만, 하나님의 시간이 되면 그들에게도 하나님의 긍휼이 임할 것이라 생각할 때, 감격스럽습니다. 하나님의 계획은 모든 사람이 구원에 이르는 것이니까요.
오늘, 죄인이 의롭다 인정을 받아 구원에 이름은 전적으로 하나님의 긍휼인 줄로 믿습니다. 구원 받았음을 확신하게 하시옵소서. 저의 구원이 하나님의 주권이었음을 기억하게 하시옵소서.
의에 이르게 하신 하나님의 은총에 감사하게 하시옵소서. 구원을 받으려고 제가 한 것은 아무것도 없었다고 증언하게 하시옵소서.
저에게 구원을 베푸시려고 불순종 가운데 버려두셨음에 감사합니다. 하나님의 시간이 되자, 의롭다 여겨졌음에 감격하게 하시옵소서.

                    예수님의 이름으로 기도합니다. 아멘.

롬 12:1(하) 너희 몸을 하나님이 기뻐하시는 거룩한 산 제물로 드리라 이는 너희가 드릴 영적 예배니라

하나님 아버지,
죄가 무엇인지를 깨닫게 하시니 감사합니다. 하나님께서 구별해주신 것을 스스로 거절하여 지키지 않았을 때이지요. 죄 아래에 있었지만 성도로 불러주실 그때, 산 제물로 구별해 주셨음에서 거룩함의 비밀을 배웁니다.
"너희 몸을 하나님이 기뻐하시는 산 제물로 드리라." 그렇습니다. 죄를 용서하시고 의롭다고 선언해 주셨을 때, 산 제물로 삼으셨다고 깨닫습니다.
하나님의 자녀가 되었으니, 이제부터는 의롭게 지내야겠다는 것이 아니라 성도의 몸을 산 제물로 구별하셨다는 것이지요.
드림에 대하여 헌금만 생각했던 어리석음을 용서해 주시옵소서. 거룩함에 대하여 주일날만 여겼던 어리석음을 용서해 주시옵소서.
십일조만 하나님의 것이라 여겼음을 용서해 주시옵소서. 저 자신이 산 제물이 되었음을 인정합니다!
몸이라고 했을 때, 그것은 손과 발, 목소리와 재능, 그리고 제가 사용할 수 있는 시간과 재물까지도 의미한다고 깨닫습니다. 저의 몸 전체와 저의 삶이지요.
저의 삶이 산 제물로 구별되었으니 모든 것을 그대로 드리게 하시옵소서. 하나님께 드려진 몸이라는 것을 깨달아 지키게 하시옵소서.

예수님의 이름으로 기도합니다. 아멘

13:14 오직 주 예수 그리스도로 옷 입고
정욕을 위하여 육신의 일을 도모하지 말라

하나님 아버지,
"주 예수 그리스도로 옷 입고"라고 하시니 감사합니다. 바울의 입을 빌려서 "정욕을 위하여 육신의 일을 도모하지 말라."고 하셨습니다. 성도는 하나님의 거룩하심으로 자기를 세워야 한다고 확신합니다.

바울은 교회를 향해서, "자다가 깰 때가 되었으니"(종말의 시간) 교회는 육신의 일을 도모하지 말라고 권고했다고 깨닫습니다. 그의 권면은 매일매일, 한 순간에서 한 순간으로 이어지는 시간에 주님의 다시 오심을 기다리라는 교훈인 줄로 믿습니다.

구원을 받은 성도는 빛의 자녀답게 어두움의 옷을 벗어버리고 빛의 옷을 입어야 한다는 사실, 이것이 우리를 감격스럽게 합니다. 빛의 옷은 무엇입니까? 그것은 주님의 성품으로 옷을 입는 것이지요.

오늘, 그리스도로 옷을 입음에 소망을 갖게 하시옵소서. 조금만 방심을 하거나 부주의하면 죄악의 본성이 꿈틀거려서 정욕을 위하게 하는데 물리치기에 민감하게 하시옵소서. 저의 인격이 주님의 의와 거룩, 그리고 절제와 온유와 겸손으로 단장되기를 원합니다.

지금, 세상은 무지와 불신앙과 음란과 강포의 죄악 된 밤이 깊어가고 있습니다. 주님의 오심을 깨어서 기다리게 하시옵소서. 주님의 재림을 대망하게 하시옵소서.

예수님의 이름으로 기도합니다. 아멘

14:22 네게 있는 믿음을 하나님 앞에서 스스로 가지고 있으라 자기가 옳다 하는 바로 자기를 정죄하지 아니하는 자는 복이 있도다

하나님 아버지,
'옳다고 생각되는 것을 하면서 자신을 정죄하지 말라!' 믿음으로 지내는 자에게는 하나님께서 주신 은혜의 분량에 따라서 행동하는 것을 생각합니다. 하나님 앞에서 자신이 드려진 제물로 지내게 하신다고 깨닫습니다.

진리 안에서의 자유, 그것은 자신이 받은 깨달음의 분량에 따른 행동인 줄로 믿습니다. 믿음으로 누리게 되는 확신과 자유이겠지요. 그런데 이 자유가 자신과는 다른 생각을 갖고 있는 사람에게는 갈등이 될 수도 있지요. 그렇지만 이웃을 정죄하지 않아야 함을 배웁니다.

오늘, "믿음을 하나님 앞에서 스스로 가지고 있으라."는 말씀에 방점을 둡니다. 은혜를 누림은 하나님과의 관계 속에서 자신만이 즐기는 것이어야 한다고 여기게 하시옵소서.

자신이 깨달았다고 해서 그것이 진리의 전부처럼 여기고 남에게 강요해서는 안 된다는 것을 배우게 하시옵소서. 또한 다른 사람의 행실을 자신의 생각으로 판단하여 비난해서도 안 된다고 깨닫습니다.

오오, 저에게 하나님을 누리는 자유를 즐기게 하시옵소서. 은밀함의 은혜를 누리며 신앙의 집을 짓고, 자라가게 하시옵소서. 저의 행실에 대하여 정죄하지 않게 하시옵소서.

예수님의 이름으로 기도합니다. 아멘

15:13(상) 소망의 하나님이 모든 기쁨과 평강을 믿음 안에서 너희에게 충만하게 하사

하나님 아버지,
"소망의 하나님"이라고 하시니 감사합니다. 모든 기쁨과 평강을 충만하게 하신다고 하셨습니다. 천국 백성은 소망의 풍성함으로 지내게 하심을 확신합니다.
공중권세를 잡고 있는 자(사탄)는 사람들의 심령을 절망으로 덮고 있음을 생각합니다. 그 절망으로 슬픔과 불안과 근심 걱정에 들어가게 되지요. 그러나 성령님의 능력으로 소망이 넘치게 하심을 믿습니다.
소망으로 자기 백성에게 기쁨과 평강을 누리게 하시는 하나님이십니다. 이에, 성령님께서 영광스런 천국을 소망하심을 깨닫습니다. 기쁨과 평강의 충만을 바라게 하십니다.
주님의 재림으로 그 영광스런 새 세계가 반드시 이루어질 것을 믿게 하시니 감격스럽습니다.
오늘, "소망의 하나님"을 주목합니다.
- 앞으로 누리게 됨을 소망하는 삶이 되게 하시옵소서.
- 지금, 여기에서 기쁨과 평강을 누리게 하시옵소서.
- 오직 주님의 이름을 소망으로 삼게 하시옵소서.
하늘 아버지께서는 복된 삶을 주신다는 확신으로 지내게 하시옵소서. 하나님께서는 소망으로 지내라고 성령님을 위로자와 격려자로 주셨습니다. 성령님께 충만하여 소망이 더욱 풍성하게 하시옵소서.

　　　　　　　　　예수님의 이름으로 기도합니다. 아멘.

 **16:19(하)** 그러므로 내가 너희로 말미암아 기뻐하노니 너희가 선한 데 지혜롭고 악한 데 미련하기를 원하노라

하나님 아버지,

바울에게, "너희로 말미암아 기뻐하노니"라고 전하게 하시니 감사합니다. 로마 교회가 하늘 아버지께 기쁨이라고 하셨습니다. 천국 백성은 "선한 데 지혜롭고 악한 데 미련"해야 한다고 확신합니다.

당시에, 로마에 있는 흩어진 교회의 성도들이 하나님께 순종한다는 소문이 모든 사람에게 들려졌다고 깨닫습니다. 이 소문은 바울에게 기쁨이 되었던 줄로 믿습니다. 그들의 삶은 하나님께 응답이었지요.

하늘 아버지 앞에서 그의 자녀로 사는 것은 하나님의 음성을 듣는 것이라고 깨닫습니다. 그런데 우리는 먼저 나의 사정을 아뢰고, 나의 원하는 것을 간구하는 것으로 하나님을 찾습니다. 그러니 성도가 되었다고 해도 인생이 얼마나 어리석습니까?

오늘, 이 땅에서 나그네로 지낸다는 것은 하나님께 드려짐이라고 생각하게 하시옵소서. 제가 무엇을 드려야 할지를 생각하게 하시옵소서. 성도의 드림은 사람 편에서 '하나님께 응답'이라고 여깁니다!

저에게도 로마 교회에 하신 말씀을 받게 하시옵소서. "선한데 지혜롭고 악한데 미련하기를" 힘쓰게 하시옵소서. 세상에는 미련하고, 하나님께는 지혜롭게 하시옵소서. 주님께서 세상에 다시 오시는 그날까지!

예수님의 이름으로 기도합니다. 아멘.

1:10(상) 형제들아 내가 우리 주 예수 그리스도의 이름으로 너희를 권하노니

하나님 아버지,
성령님께 충만함으로 하나 됨을 교훈하시니 감사합니다. 같은 말, 같은 마음, 같은 뜻으로 합하라고 하셨습니다. 천국 백성은 자신의 심령을 성령님께 드려서 그 인도하심을 받아야 한다고 확신합니다.
고린도교회가 분쟁으로 말미암아 공동체가 나누어져서 꾸지람을 들어야 했는데, 바울은 나무람을 권면으로 바꾸었다고 깨닫습니다. 바울의 권면은 주님의 마음을 보여준 것으로 믿습니다.
사실, 고린도교회는 바울의 복음을 전파하는 수고와 그의 헌신으로 세워졌다고 확인합니다. 그는 사도답게 고린도의 공동체를 세우려고 권면을 했다고 여깁니다.
오늘, "너희를 권하노니"(10절)에 시선을 멈춥니다. 해야 될 것이라면 명령으로 일관하는 사회에서 바울의 자비와 친절을 대하게 되어 감격스럽습니다. 명령을 할 수 있는 위치에서 "주 예수 그리스도의 이름으로" 권한 그의 겸손에 도전을 받게 하시옵소서.
저에게도 바울과 같이 '주님의 이름으로의' 생각을 갖게 하시옵소서. 제가 취하는 행동이 옳다고 해도 교회공동체에서는 주님의 이름으로 하게 하시옵소서. 자신의 권위를 앞세우지 않게 하시옵소서. 권함으로 형제를 대하게 하시옵소서. 우리는 다 주님 앞에 있습니다.

　　　　　　　　　예수님의 이름으로 기도합니다. 아멘

2:10 오직 하나님이 성령으로 이것을 우리에게 보이셨으니 성령은 모든 것 곧 하나님의 깊은 것까지도 통달하시느니라

하나님 아버지,

사도들은 성령님께 충만한 후에, 하나님의 깊은 것이라도 깨달아 알게 되었다고 생각합니다. 하나님을 아는 지식에 이르도록 이끌어 주는 것은 성령님의 은혜인 줄로 믿습니다. 성령님께서 깨닫게 해주시는 지식으로 하나님의 뜻을 알게 된다고 여깁니다.

크리스천이 된 후에, 사실, 저에게 고민은 어떻게 해야 하나님을 알 수 있을까 하는 것이었습니다. 성경을 읽어서 하나님을 알 수 있다고 하여 성경을 읽었는데, 오히려 이해가 되지 않는 낱말, 단순하지 문장들 때문에 머릿속만 어지러웠습니다.

성경은 단 한 줄의 기록도 성령님의 감동하심으로 쓰여졌으니, 그것을 읽고 받아들임에도 성령님의 감동이 역사하셔야 한다고 깨닫습니다. 성경을 교과서처럼 읽지 않기를 원합니다. 성경을 기록하게 하신 성령님의 감동으로 말씀이 풀어지게 하시옵소서.

"하나님의 깊은 것까지도 통달하시느니라." 그렇습니다. 성령님께서 저를 이끌어주셔야만 성경에서 하나님의 음성을 듣게 될 줄로 믿습니다. 하나님의 음성을 통해서 신앙자로 세워지게 하시옵소서.

그러니, 이제 저에게 성령님의 임재로 그 말씀에 순종하도록 강권해 주시며, 거룩한 길을 걷게 하시옵소서.

예수님의 이름으로 기도합니다. 아멘.

3:16 너희는 너희가 하나님의 성전인 것과 하나님의 성령이 너희 안에 계시는 것을 알지 못하느냐

하나님 아버지,

주님께서 자기 자신을 가리켜 성전이라고 하셨는데, 성도를 성전이라고 하시니 감사합니다. 믿는 자에게는 그에게 성령님께서 계시므로 성전이라고 하신 줄로 믿습니다. 천국 백성은 주님의 피로 하나님의 자녀가 되었으니 자신을 성전으로 여겨야 한다고 확신합니다.

성전, 곧 거룩한 곳을 의미하는 말이니, 성도는 자기에게 성전으로 불러야 할 것을 깨닫습니다. 그러니까 자기를 하나님의 성전으로 구별해야 될 의무가 있다는 것이지요. 저에게 성전으로 구별하라 하시니 감격스럽습니다.

오늘, 저를 향해서 성전이라 여기며, 함께 천국 백성이 된 지체들과 성전을 이루어 가게 하시옵소서. 저를 성전이라고 호칭하는 것에 만족해하지 않고, 교회공동체에서 서로가 성전으로 구별되는 것을 사모하게 하시옵소서. 과연, '하나님의 집'으로 구별되었는지요?

저를 성전이라고 하심은 제 안에 성령님께서 계신다는 객관적인 선포로 받아들이게 하시옵소서. 혹시 제가 깨닫지 못하여 있을지라도 저는 세상 앞에서 성전인 것을 지키게 하시옵소서.

육체적인 모습은 바뀌지 않았고, 저의 생활도 지난날과 같지만 저는 성전입니다! 하나님께 소유된 인생으로 지내게 하시옵소서.

예수님의 이름으로 기도합니다. 아멘.

고전 4:20 하나님의 나라는 말에 있지 아니하고 오직 능력에 있음이라

하나님 아버지,

하나님의 나라가 능력에 있다고 하시니 감사합니다. 성령님께서 성도의 삶을 지배하시는 것이라고 하셨습니다. 자신이 하나님께 속해있다는 증거는 그에게 나타난 하나님의 다스림이라고 확신합니다.

종교인들은, 특히 종교 지도자들은 말로 살아간다고 생각합니다. 그들은 말로 자기를 화려하게 꾸미지요. 그래서 바울이 고린도 성도들에게 하나님의 나라는 능력에 있다는 한 표현은 감격 그것입니다.

예수님을 주님으로 모신 자에게는 그리스도로 말미암은 새로운 삶과 그 능력이 나타는 것이라고 깨닫습니다. 능력은 움직이는 상황으로 나타나는 것이지요. 크리스천의 표현이라고 확인합니다.

오늘, 바울이 고린도 성도들의 삶에서 요구한 것을 저에게도 받게 하시옵소서. 저의 행실에서 구체적으로 드러나는 복음의 능력을 보이게 하시옵소서.

만일, 제가 말에 호기심을 갖고, 말을 즐거움으로 삼으려 한다면 저의 신앙은 헛되고 말겠지요. 제가 크리스천이라는 것은 말에 있지 않고, 성령님의 다스림에서 나타나는 행실에 있음을 깨닫습니다.

저의 삶이 주님을 지냄이 되게 하시옵소서. 성령님의 다스리심을 즐거워하여 행실로 증거하게 하시옵소서.

예수님의 이름으로 기도합니다. 아멘.

5:6 너희가 자랑하는 것이 옳지 아니하도다 적은 누룩이
온 덩어리에 퍼지는 것을 알지 못하느냐

하나님 아버지,
사람이 자기를 자랑하는 것은 좋지 않다고 하시니 감사합니다. 적은 누룩이 반죽을 부풀게 한다고 하셨습니다. 성도는 육체는 망하게 하고, 영혼은 주의 날에 구원을 받도록 해야 한다고 확신합니다.
당시의 고린도에서는 근친상간이라는 죄가 사회상의 한 모습이기도 했는데, 교회 안에도 그 죄가 들어왔다고 깨닫습니다. 죄를 지은 자에게 방관한 것에 대하여 바울이 교회를 나무란 줄로 믿습니다.
그때, 그들 중에는 자신은 거룩하다고 자랑하는 이들이 있어서 바울은 그들을 꾸짖었다고 생각됩니다.
"너희가 자랑하는 것이 옳지 아니하도다." 그렇습니다. 교회공동체 안에 들어 온 죄를 방치하면서 자신이 의만 내세웠기 때문이지요. 죄는 작은 누룩과 같아서 금방 공동체를 더럽게 하고 말 것입니다.
오늘, 저에게 교회 안에서 죄를 방관하거나 죄악 된 행실을 무시하지 않게 하시옵소서. 하나님을 두려워하지 않고, 사람을 두려워해서 죄인의 행실을 못 본체 하지 않게 하시옵소서.
먼저, 저 자신의 거룩함을 간구하게 하시옵소서. 그리고 교회공동체 안에 적은 누룩이 들어오지 못하도록 민감하게 하시옵소서.

예수님의 이름으로 기도합니다. 아멘

고전 6:20 너희는 너희 것이 아니라 값으로 산 것이 되었으니, 그런즉 너희 몸으로 하나님께 영광을 돌리라

하나님 아버지,

주님께서 십자가에 달려 피 흘려 죽으심으로 구원을 받는 자들에게 값으로 산 것이 되었다고 하셨음을 깨닫습니다. 주님의 십자가에서 죽으심이 값을 지불했다고 하신 줄로 믿습니다. 죄를 용서받도록 주님의 피로 지불이 된 것이지요.

그러니 이제, 성도는 하늘 아버지의 자녀(소유)가 되었으며, 자신의 것이 아니라 하나님의 것인 줄로 믿습니다. 하나님의 것이 되었다는 사실은 이제부터는 성령님께 자신을 내어드려서 성령님의 충만하심으로 살아가게 되었음을 의미한다고 여깁니다.

오늘, "너희 것이 아니라"는 말씀에 주목하여 방점을 찍어 가슴에 담습니다. 하나님께서 값을 지불하여 사셨고, 자녀라는 신분을 주셨으니 아버지(하나님)의 뜻에 따를 의무가 주어졌다고 깨닫습니다. 하늘 아버지의 이름을 영화롭게 해드리는 자녀가 되었다는 것이지요.

죄인이었던 제가 하나님의 자녀라니 감격스럽습니다. 성령님의 강권하심으로 저의 기도와 소망이 바꾸었으니,

- 아버지께 자녀로 살아드림에 부족하지 않게 하시옵소서.
- 몸을 드려서 하나님을 영화롭게 해드리게 하시옵소서.
- 오직 성령님께 충만하게 하여 영광을 받으시옵소서.

예수님의 이름으로 기도합니다. 아멘.

7:24 형제들아 너희는 각각 부르심을 받은
그대로 하나님과 함께 거하라

하나님 아버지,
"각각 부르심을 받은"이라고 하시니 감사합니다. 하나님께서는 그가 자녀로 삼으신 천국 백성과 함께 한다고 하셨습니다. 성도는 자신의 신분을 하나님의 자녀로 삼아 주셨음에 응답해야 한다고 확신합니다.
고린도 성도들에게 "하나님과 함께 거하라."는 권면에서 성도의 신분은 하나님께로부터 왔음을 깨닫습니다. 그래서 부르심을 받았다고 했지요. 이 부르심에 감격합니다.
- 죄를 지었던 아담을 불러주신 창조주 하나님
- 자기의 아들에게 죄인을 부르게 하신 하나님
자기의 자녀와 함께 하려고 아이를 부르는 아버지를 봅니다.
오늘, 저의 '저 됨'이 하나님의 부르심이었음을 생각합니다. 하나님께로 올 자가 한 사람도 없는 시간에, 자신의 아들에게 속죄의 제물이 되게 하여 저를 불러주셨다는 사실에 가슴이 북받쳐 오릅니다.
죄인에게 의롭게 되는 행위를 요구하지 않으시고, 의롭다는 신분을 만들어 주시고, 하나님께서 함께 해주셨습니다.
그러니, 저는 자녀로 불러 주신 은혜에 감격할 뿐입니다. 하나님과 함께 있도록 하시옵소서.

예수님의 이름으로 기도합니다. 아멘.

8:3 또 누구든지 하나님을 사랑하면 그 사람은 하나님도 알아 주시느니라

하나님 아버지,
하나님을 사랑하라고 하시니 감사합니다. 하나님께서 그를 알아준다고 하셨습니다. 천국 백성은 이 땅에서 지내는 동안에 하나님을 사랑하고, 자기를 드리기에 힘써야 한다고 확신합니다.
하나님께서는 사람이 하나님을 아는데 만족하는 것보다 하나님을 사랑하기를 원하신다고 깨닫습니다. 하나님을 사랑하면, 하나님께서 자신을 바로 알게 하시고, 하나님을 의지하게 하시는 줄로 믿습니다.
본래, 사람이 지어진 것은 하나님께서 그를 사랑하시고, 지켜주시며 동행해주시려 하셨다고 여깁니다. 그런데 사람이 하나님을 떠나 자기의 생각대로 살려 하였고, 죄를 지어서 하나님께 무디어졌지요.
오늘, 하나님께로 돌아가기를 원합니다. 이제까지와 같이, 아니 더욱 부지런히 하나님께로 나아갑니다. 인생이 자기를 지으신 창조주에게로 돌아오면 하나님께서 그를 사랑해 주신다고 확신합니다.
제가 하나님을 사랑한다고 고백할 때, 저를 사랑해 주시며 하늘 아버지가 되어 주심을 믿습니다. 자기 백성이 요청하는 것에 응답하시고, 원하는 것을 이루어주시니 그 은총이 감격스럽습니다. 이제, 저의 가슴을 하나님께의 사랑으로 간절하게 하시옵소서.

　　　　　　　　　　예수님의 이름으로 기도합니다. 아멘

9:16 내가 복음을 전할지라도 자랑할 것이 없음은 내가 부득불 할 일임이라 만일 복음을 전하지 아니하면 내게 화가 있을 것이로다

하나님 아버지,
바울이 쓰기를, "자랑할 것이 없음은"이라고 하니 감사합니다. 자랑은 자기에게서 시작되는 것을 의미하는데, 바울의 복음사역은 "부득불 할 일임이라."고 하였습니다. 하나님의 나라를 확장시키는 것은 부득불해야 될 것으로 여겨야 한다고 확신합니다. 그것은 주님께서 주신 사명이라고 깨닫습니다. 자신이 복음을 전할 자로 세워졌다고 깨달은 바울에게
- 주님과 성령님께 사로잡혀서 지내게 하시며,
- 날마다 주님의 계시에 민감하도록 하셨다고 여깁니다.
오늘, "내게 화가 있을 것이로다."라는 선언을 마음에 담습니다. 하나님께서 자신에게 주신 사명을 확신하고, 그것으로 살아가려고 했던 바울, 그에게 하나님의 은혜가 임하여 사명을 감당했지요.
그러니, 바울을 저의 모델로 삼게 하시옵소서. 복음을 전하는 자가 되라고 저를 불러주셨는데, 어찌 다른 것을 하겠습니까? 이전에 저는 복음에는 관심도 두지 않았는데, 그 복음으로 구원을 받게 해주셨습니다. 그 은혜를 기억하게 하시옵소서.
복음을 전하기 위해서 살아갔던 바울, 그를 뒤따르게 하시옵소서. "부득불 할 일"이라고 여기고, 사명을 감당하게 하시옵소서.

예수님의 이름으로 기도합니다. 아멘.

10:33 나와 같이 모든 일에 모든 사람을 기쁘게 하여 자신의 유익을 구하지 아니하고 많은 사람의 유익을 구하여 그들로 구원을 받게 하라

하나님 아버지,

죄로 말미암아 죽을 수밖에 없던 저희들에게 진리의 길을 열어 주신 하나님께 찬양을 드립니다. 지금까지 저의 간구에 응답해주신 하나님의 은혜를 기억합니다. 하나님의 살아계심을 날마다, 순간순간 경험하게 해주셨음에 찬양과 영광을 드립니다.

하늘에 속한 사람이 되어서, 자기의 유익을 구하지 말고 하나님의 영광을 구하라 하셨지만 그러하지 못했으니 용서해 주시옵소서. 많은 이들의 유익을 구하여, 그들에게 구원의 문이 되지도 못했습니다.

오늘, 종일 동안 성령님께 충만한 한 날이기를 원합니다. 이로써 저의 인생을 새롭게 해준 복음을 이웃에게 전하게 하시옵소서. 이 땅에서 지내는 날 동안에, 하나님의 소원을 이루어 드리게 하시옵소서.

아직도 인생의 문제 속에서 헤매고 있는 이들에게 문제의 해결이 되시는 그리스도를 전해주게 하시옵소서. 이 귀한 날을 전도자로서 충성을 다하게 하시옵소서.

비록 가난하지만, 하나님께서 도와주심을 바라고, 소망 중에 지내고 있는 저희 가족을 축복합니다. 부모와 자녀들이 거룩한 성전을 만들어가는 아름다운 가정이 되게 하시옵소서. 저희 식구들이 받는 복을 통해서 하나님의 영광을 나타내게 하시옵소서.

예수님의 이름으로 기도합니다. 아멘.

11:26 너희가 이 떡을 먹으며 이 잔을 마실 때마다
주의 죽으심을 그가 오실 때까지 전하는 것이니라

하나님 아버지,

떡을 먹고 잔을 마시라고 하시니 감사합니다. 주님의 죽으심을 기념하면서, 그 죽음에 동참하라고 하셨습니다. 주님께서 오실 때까지 천국 백성은 주님의 죽으심을 세상에 선포해야 한다고 확신합니다.

회중으로 모일 때마다 떡을 먹으며, 잔을 마심이 주님께서 다시 오실 때까지 계속되어서 주님께서 죄인의 대속을 위하여 죽으셨음을 선포하는 것이라고 깨닫습니다. 주님께서 교회에 떡과 잔을 주신 것은 죄인을 구원해 주시려고 십자가에서 자신의 몸을 내어주신 것을 기념하라 하심이지요. 성도가 교회에 모여 성찬을 행할 때, 주님의 몸에 참여한다고 여깁니다.

오늘, 예배로 모인 회중은 떡과 잔을 나눔으로써 주님의 죽으심을 자신들의 몸에 갖는 것이라고 여깁니다. 죄에서 나를 구원해 주시려고, 자기의 몸을 대신 드려주신(속죄의 제물) 주님을 기억하면서 주님과 함께 제물이 된 자신을 발견하게 하셨습니다.

주님의 죽으심이 저를 살려내시려는 주님의 행동하시는 언어라고 깨닫습니다. 회중이 함께 떡과 잔을 나누면서 주님께서 죽어주셨음을 전하게 하시옵소서. 그리고 주님께서 부활하실 때, 제가 부활할 것에 대한 보증이 되어 주셨음을 전하게 하시옵소서.

       예수님의 이름으로 기도합니다. 아멘

고전 12:11 이 모든 일은 같은 한 성령이 행하사 그의 뜻대로 각 사람에게 나누어 주시는 것이니라

하나님 아버지,

교회 공동체에서 성령님의 충만하심은 성령님께서 자기의 뜻대로 각 사람에게 나누어 주신다고 깨닫습니다. 이 때, '시람 성도'들이 경험하는 성령님의 은사는 교회를 위하여 주시는 줄로 믿습니다.

'시람 성도'들에게 역사하는 다양한 은사들은 공동체에서 한 몸을 이루어 교회를 세워간다고 확신합니다. 하나님께서 교회를 세우시는 것이지요.

하나님의 교회를 세우심, 그것은 성령님께서 개개인을 거듭나도록 하시고, 점점 더 거룩하여지게 하시며, 이로써 마침내 교회 전체가 이 땅에서 든든히 세워지도록 하심인 줄로 믿습니다. 그러니, 저를 열어 주시옵소서.

- 자신과 다른 성향의 사람을 향해서
- 자신과 다른 생각의 사람을 향해서

저에게 없는 것을 갖고 있음을 발견하여 우리를 느끼고, 한 공동체를 이루어 갈 것을 생각하게 하시옵소서. 저보다 다른 것을 갖고 있음을 존경하여, 한 몸으로 세워지는 비전을 갖게 하시옵소서.

십자가에서 이루신 사랑으로 한 몸을 세워가기를 원하게 하시옵소서. 주님의 십자가에서 성령님의 일을 이루어가게 하시옵소서.

예수님의 이름으로 기도합니다. 아멘.

13:3 내가 내게 있는 모든 것으로 구제하고 또 내 몸을 불사르게 내줄지라도 사랑이 없으면 내게 아무 유익이 없느니라

하나님 아버지,
하늘의 은혜가 넘치고, 자기 백성에게 평강의 복을 누리게 하셨음이 즐겁습니다. 그 은혜를 깨닫고, 이웃을 향해서 사랑하는 마음도 갖게 하시니 감사합니다. 자기만 알던 저에게 이웃을 보게 하셨습니다.

그렇지만 위로부터 받은 사랑을 이웃에게 베풀어 주는데 부족했음을 고백합니다. 하나님께서 은혜를 거저 주심에 대한 의미를 깨닫지 못하고, 나에게만 만족해 왔음을 용서해 주시옵소서.

이 시간에, 소망이 되시는 주님의 이름을 찬송합니다. 그 이름을 주신 하나님의 사랑에 감사드립니다. 그 이름으로 선한 일에 힘쓰도록 하시고, 생명의 열매를 많이 맺게 하시옵소서.

여호와의 일하심이 저를 통해서 이루어지게 하시옵소서. 주님의 이름에 합당한 영광을 돌리는 삶이 되도록 이끌어 주시옵소서. 제가 예수님께 해드리는 심정으로 누구에게나 손을 펼칠 때, 하나님께서 받으시는 제물이 되기 원합니다.

저에게 은혜를 주셔서 앞으로 더욱 유익한 일꾼이 되시도록 하시옵소서. 하나님께 대하여, 주님의 교회에 대하여 유익한 종이 되겠다는 소원을 품게 하시옵소서. 종의 직분에 충성하게 하시옵소서.

　　　　　　　　　　예수님의 이름으로 기도합니다. 아멘.

고전 14:12 그러므로 너희도 영적인 것을 사모하는 자인즉 교회의 덕을 세우기 위하여 그것이 풍성하기를 구하라

하나님 아버지,

성령님의 은사를 갈구하는 사람이라는 것을 깨닫게 하시니 감사합니다. "교회의 덕을 세우기 위하여" 성령님의 은사가 풍성하기를 구하라고 하셨습니다. 자기를 세우듯이 교회를 세움에 먼저 해야 한다고 확신합니다.

당시에, 고린도교회에서는 방언을 최고의 은사로 여기고, 너나없이 방언을 소원했고, 방언을 하는 사람은 자기를 우월하게 여겨 그것이 그릇되었음을 가르쳤다고 깨닫습니다. 공동체에 덕을 세우는데 방해가 되어서였지요.

사도는 은사를 사모하는 그들에게 교회의 덕을 세우는 것, 다른 지체에게 영적 유익을 주는 것에 관심을 기울이라고 한 줄로 믿습니다. 은사를 구함에도 교회를 생각하라 하심에 감격스럽습니다.

오늘, "교회의 덕을 세우기 위하여"라는 말씀에 방점을 찍습니다. 하나님께서는 구하는 자들에게 성령님의 은사를 주시기 원하시지만 방언은 공동체의 유익보다 개인적인 유익에 속한 은사라는 것이었다고 깨닫습니다. 은사는 교회에 초점이 있다는 것을 배웁니다.

- 교회에 유익이 되기 위하여 은사를 풍성히 하라!

도전을 주시니 감사합니다. 주님의 교회에 유익을 끼치는 은사를 구하라 하심이십니다. 은사를 구하되 교회를 위하게 하시옵소서.

예수님의 이름으로 기도합니다. 아멘

15:22 아담 안에서 모든 사람이 죽은 것 같이
그리스도 안에서 모든 사람이 삶을 얻으리라

하나님 아버지,

"모든 사람이 죽은"이라는 사실을 다시 깨닫게 하시니 감사합니다. 아담의 범죄로 모든 인류는 죄인이 되었고 죽게 되었지요. 그렇지만 그리스도 안에서 모든 사람이 삶(생명)을 얻었다고 확신합니다.

아담은 누구였습니까? 하나님 앞에서 인류의 대표자로 계약을 맺었다고 깨닫습니다. 영생의 명령을 받았지만 그것을 지키지 못하여 인생에게 죽음을 가져왔지요.

"그리스도 안에서 모든 사람", 곧 주님을 영접하여 주님과 영적으로 연합된 모든 사람에게 생명을 얻게 하셨음을 확인합니다. 예수를 주님으로 믿는 모든 사람에게 영생을 얻게 하셔서 감격스럽습니다.

오늘, 그리스도 안에서 모든 사람이 삶(영생)을 얻음은 그리스도 때문이며, 곧 주님의 대속(代贖)의 은총이라고 새기게 하시옵소서. 주님께도 말씀을 하셨지요. "내게 주신 자 중에 내가 하나도 잃어버리지 아니하고 마지막 날에 다시 살리는 이것이니라."(요 6:39)

"영생을 주시기로 작정된 자는 다 믿더라."(행 13:48)고 했는데, 바로 저라고 확신하게 하시옵소서. 하나님께서 구원해 주시려고 계획된 자 안에 포함된 것을 믿습니다. 저의 구원은 하나님께서 예정하심의 성취라고 믿습니다. 하나님의 예정에 감사하게 하시옵소서.

예수님의 이름으로 기도합니다. 아멘

16:22 만일 누구든지 주를 사랑하지 아니하면 저주를 받을지어다 우리 주여 오시옵소서

하나님 아버지,
"저주를 받을지어다"라는 강조화법으로 주님을 사랑하라고 하시니 감사합니다. 인생(신자)에게 있어서 예수님을 구주로 부름은 선택이 아니고 필수라고 여깁니다. 신자가 되었다는 것에 만족하지 않고, 주님을 구주라 불러야 한다고 확신합니다.
예수님이라는 이름을 신앙의 대상에 대한 호칭 정도로 여겨서는 안 된다는 것을 깨닫습니다. 예수님은 천국 백성에게 '나의 주, 나의 하나님'이셔야 한다는 것을 배웁니다. 주님께서 저를 죄에서 깨끗하게 하시려고 십자가에 달려 죽으셨으니, 주님은 저에게 사랑이십니다.
오늘, 주님이 누구이신지를 확인하게 하시옵소서.
-주님은 이 세상에서 저에게 삶의 가치이십니다.
-주님은 삶의 참된 의미와 위로이십니다.
그러니, 오직 사랑을 바치는 대상으로 삼게 하시옵소서. 죄악에 빠져있던 저를 구원해 주시려고 자신을 십자가에 내어주셨으니 그 은총에 감격하여 사랑을 드리게 하시옵소서.
저는 지옥 형벌을 받기에 마땅한 죄인이었잖습니까! 만일, 주님을 사랑하지 않는다면 저주를 받을 것입니다. 그러니, 주님께 사랑을 드리게 하시옵소서. 곧 오실 주님을 사랑 안에서 맞이하게 하시옵소서.

예수님의 이름으로 기도합니다. 아멘

1:20(하) 그런즉 그로 말미암아 우리가 아멘 하여 하나님께 영광을 돌리게 되느니라

하나님 아버지,
하나님의 약속은 언제나 주님 안에서 '예'가 되니 감사합니다. 주님으로 말미암아 "아멘"으로 응답하라고 하셨습니다. 성도는 주 안에서 "아멘"의 응답으로 하나님께 영광이 되어야 한다고 확신합니다.
'하나님의 약속', 그것은 죄인에게 구원의 약속 곧 사죄와 칭의의 약속이며, 천국과 부활의 약속이라고 깨닫습니다. 주님께서는 하나님의 이 약속에 순종하시기를 주저하지 않으신 줄로 믿습니다.
성경에서 보여준 주님의 생애에도 성경을 이루시기 위하여 하신 것들이 많았다고 여깁니다. 이로써 하나님의 약속이 죄인의 구원을 위하여 주님에 의해, 주님 안에서 성취가 되어 감격스럽습니다.
오늘, "우리가 아멘 하여"라는 부분을 큰 글자로 읽습니다. 주님이 하나님의 약속에 '예'가 되신 것처럼 저도 하나님의 약속에 '아멘'이 되기를 원합니다. 그리하여 '진실로 그렇습니다.' 또는 '그렇게 이루어 주십시오.'라고 대답하게 하시옵소서.
제가, 아멘이라고 응답을 할 때, 하나님께 영광이 되신다는 말씀을 암송합니다. 성경에 기록된 말씀에 '아멘'으로 대답하게 하시옵소서. 이로써 하나님의 약속에 '아멘'으로 순종하게 하시옵소서.

　　　　　　　　　　예수님의 이름으로 기도합니다. 아멘

2:15 우리는 구원 받는 자들에게나 망하는 자들에게나 하나님 앞에서 그리스도의 향기니

하나님 아버지,

바울이 천국 백성을 가리켜(자신도 포함) "그리스도의 향기"라고 동의하니 감사합니다. 그가 말하는 향기는 성전 시대에, 희생 제사를 드리는데, 그 때 제물이 타면서 나는 냄새였다고 확인합니다.

성도의 삶이 하나님께 향기가 되어야 한다고 확신합니다. 하나님을 기쁘시게 해드리려는 희생 제사와 같았다고 배웁니다. "너희 몸을 하나님이 기뻐하시는 거룩한 산 제물로 드리라.(롬 12:1)

바울은 능히 이렇게 권면할 만했지요. 그리스도의 향기로서 전해진 그의 복음 전파는 거절을 당했고, 받아들여지기도 했습니다.

오늘, "하나님 앞에서 그리스도의 향기"라는 정의에 방점을 찍습니다. 그리스도의 향기로 살아가는 것이 예수 정신이라고 깨닫습니다.

저에게 그리스도의 향기가 있는지요? 복음에 반대하는 자들로부터 핍박을 받을 때, 견디게 하시옵소서. 거절당하는 고통에서 '희생 제사'가 드려져 그리스도의 향기를 나타내게 하시옵소서.

제가 그리스도의 향기를 나타낼 때, 하나님을 영화롭게 해드림이 된다고 깨닫습니다. 저에게서도 '피 흘림'의 냄새를 내게 하시옵소서.

　　　　　　　　　　예수님의 이름으로 기도합니다. 아멘

3:5 우리가 무슨 일이든지 우리에게서 난 것 같이 스스로 만족할 것이 아니니 우리의 만족은 오직 하나님으로부터 나느니라

하나님 아버지,
"오직 하나님으로부터"라고 알게 하시니 감사합니다. 하나님은 천국 백성에게 원천이 되신다고 하셨습니다. 우리는 자신에게서 만족하든지, 자기를 자랑해서는 안 된다고 확신합니다.
성도는 하나님께로부터 난 사람이라는 것을 깨닫습니다. 사람이 어떻게 크리스천이 되었는지요? 바울은 강조하기를, '모든 선한 것이 다 하나님께로 났고 다 하나님의 은혜'라고 한 줄로 믿습니다. 하나님이 시작이십니다!
오늘, "스스로 만족할 것이 아니니"라는 표현에 방점을 둡니다.
지금 크리스천으로 살아가는 이유는 하나님께 있는 줄로 믿습니다. 이에,
- 자신의 확신은 그리스도로부터 말미암았음에 동의하게 하시옵소서.
- 자신의 능력의 원천(源泉)이 하나님께 있음을 동의하게 하시옵소서.
제 안에서 난 것처럼 스스로 만족하거나 자긍하지 않기를 원합니다. 실제로 저는 아무것도 아니지요. 저에게는 아무것도 없지요. 제가 무엇을 했어도, 저의 사역과 그 열매는 다 하나님의 은혜라고 증언하게 하시옵소서. 그리고 오직 하나님께만 영광을 돌리게 하시옵소서.

예수님의 이름으로 기도합니다. 아멘.

고후 4:10 우리가 항상 예수의 죽음을 몸에 짊어짐은 예수의 생명이 또한 우리 몸에 나타나게 하려 함이라

하나님 아버지,

주님께서 죽임을 당하심을 나의 몸에 짊어지고 있다고 하시니 감사합니다. 이로써 주님의 생명도 나의 몸에서 나타나게 된다고 하셨습니다. 주님의 죽으심과 살아나셨음이 보여 져야 한다고 확신합니다.

바울과 그의 일행은 복음 전도에서 사방으로 욱여쌈을 당하고, 답답한 일을 당하고, 핍박을 받으며, 거꾸러뜨림을 당하였는데, 이것이 "예수의 죽음을 몸에 짊어짐"이라고 깨닫습니다. 그들은 전도자라는 이유로 복음을 대적하는 무리에게 어려움을 당한 줄로 믿습니다.

주님께서 공생의 시간에 숱한 위협을 받으셨듯이 세상은 전도자들에게 죽음의 지경에까지 가게 하지요.

그러나 "싸이지 아니하며", "낙심하지 아니하며", "버린 바 되지 아니하며", "망하지 아니하고" 라고 했습니다.

오늘, "항상 예수의 죽음을 몸에 짊어짐"을 주목합니다. 세상은 크리스천에게 환난으로 위협하지만 하나님께서는 그 환난을 주님의 승리에 동참하는 표지로 만들어 주신다고 깨닫습니다.

오히려 환난을 피하려고 도망할 때, 스스로 망하고 말게 되지요. 그러니 신앙자로서 세상으로부터 당하는 욱여쌈 앞에서 주님의 생명이 자신에게 나타나는 영광을 바라보게 하시옵소서.

예수님의 이름으로 기도합니다. 아멘

5:17 그런즉 누구든지 그리스도 안에 있으면 새로운 피조물이라 이전 것은 지나갔으니 보라 새 것이 되었도다

하나님 아버지,
평강의 영을 부어 주셔서 지금까지 맛보지 못했던 기쁨과 평안과 안식을 체험하도록 인도해주셨음에 감사드립니다. 예수의 영으로 충만하게 하셨지만 믿음에서 떠난 행실이 많았음을 용서해 주시옵소서.
"그러므로 우리가 믿음으로 의롭다 하심을 받았으니(롬 5:1)"라고 하신 말씀을 생각합니다. 믿음은 순종과 동일시된다는 것을 늘 생각하게 하시옵소서.
저에게 믿음이 있다고 하는 증거가 바로 여호와 앞에서 순종을 보여드림이라는 것을 잊지 말게 하시옵소서.
오늘도 하나님의 말씀에 순종을 하는 그 시간이 기쁨으로 차오르게 하시옵소서. 하나님을 사랑하기 때문에 순종을 즐거워하게 하시옵소서.
저의 생각하는 것이나 말을 하는 것 그리고 무엇을 행하든지 그것이 순종을 통해서 하나님께 나아가는 길이 되기를 빕니다.
하나님을 사랑하는 저의 마음을 순종으로 내보이게 하시옵소서. 오직 하나님의 자녀답게, 거룩한 신분을 지키는 매일 매일의 삶을 소망하게 하시옵소서.
우리 주님께서 이 땅에 계시던 동안에, 하나님께 순종하셨던 삶이 저의 것이 되게 하시옵소서. 이 시간에, 성령님께서 주님의 생각과 마음을 저에게 부어주시옵소서.

     예수님의 이름으로 기도합니다. 아멘.

6:1 우리가 하나님과 함께 일하는 자로서
너희를 권하노니 하나님의 은혜를 헛되이 받지 말라

하나님 아버지,
"우리가 하나님과 함께"라는 말에 동의합니다. 하나님께서는 구원사역을 하시지만 그 일을 사람에게 맡겨서 성취하시지요. 천국 백성은 하나님을 도와드리는 동역자가 되어야 한다고 확신합니다.

주님의 공생애는 하늘에서 성취된 하나님의 뜻이 이 땅에서 이루어지심이셨고, 바울은 주님을 본 받아서 "하나님과 함께 일하는 자로서" 자신의 삶을 살아간 줄로 깨닫습니다. 그가 얼마나 하나님께 조력자가 되기를 원하였든지, 자기를 하나님의 동역자라고 했습니다.

지금도 죄인을 구원하는 일을 하시는 하나님께 감격합니다. 죄인을 구원에 이르게 하시려고 사람을 사용하시는 하나님께 감사합니다.

오늘, 하나님과 함께 일을 한다는 선언을 마음에 담습니다. 하나님은 저를 동역자로 삼으셨는데, 과연 제가 얼마나 도와드리고 있는지요? 하나님을 돕는다는 생각보다도 하나님께서 복을 베풀어주시기만을 기도하였음이 부끄럽습니다. 왜, 저는 복을 받는 것에만 매달렸나요?

이제부터라도 동역자라는 신분을 회복시켜 주시옵소서. 하나님과 함께 일하는 자로서 지내게 하시옵소서. 무엇을 생각하는지, 무엇을 말하는지 하나님을 도와드림에 간절하게 하시옵소서.

예수님의 이름으로 기도합니다. 아멘.

7:1(하) 하나님을 두려워하는 가운데서 거룩함을 온전히 이루어 육과 영의 온갖 더러운 것에서 자신을 깨끗하게 하자.

하나님 아버지,
구속의 은혜로 하나님께 더욱 큰 영광을 드리게 하시옵소서. 주 안에서 여호와를 바라는 중에 풍성케 하시니 그 이름을 높여드립니다. 하나님의 자비하심으로 헐벗지 않고, 굶주리지도 않았음에 감사드립니다. 하늘에 마음을 두고 거룩함을 쫓게 하셨음에 감사드립니다.
율법의 저주에서 속량해 주신 은혜로 거룩한 삶을 살도록 도와주시옵소서. 십자가의 보혈을 찬양하며 거룩함에 이르게 하시옵소서.
이 시간에, 저를 천국 백성이 되어서 하시려는 하나님의 일에 대하여 주목하게 하시옵소서. 하나님께서 저에게 하시려는 일들에 대하여 알려 주시옵소서. 그리하여 여호와께 합한 인생이 되도록 인도해 주시옵소서.
오늘도 시간을 놓치지 않고, 여호와의 이름을 부르게 하셨음에 감사드립니다. 저의 입술에 구할 말을 넣어주셔서 부르짖게 하시니 간절한 마음으로 여쭙니다.
오직 하늘에서 내려오는 은혜로 복 된 한 날이 되도록 하시옵소서.
오늘, 저에게 백성을 사랑하시는 은혜가 임하여 먹되 풍족히 먹도록 하시고, 때마다 일마다에서 놀라운 일을 행하신 하나님을 즐거워하게 하시옵소서. 모든 것에 넘치게 하심을 보기 원합니다.

　　　　　　　　　　예수님의 이름으로 기도합니다. 아멘.

 **8:2** 환난의 많은 시련 가운데서 그들의 넘치는 기쁨과 극심한
가난이 그들의 풍성한 연보를 넘치도록 하게 하였느니라

하나님 아버지,
큰 환난의 시련에서도 기쁨이 넘쳤다 하시니 감사합니다. 그렇기에, 쪼들리는 가난에서도 연보가 풍성했다고 하셨습니다. 천국 백성은 겪음을 견디는 기쁨에서 이웃을 섬겨야 한다고 확신합니다.

당시에, 마게도냐의 성도들은 견디기 힘든 어려운 환경에서 연보를 함에 풍성하게 참여했는데, 하나님의 은혜였다고 믿습니다. 환난의 많은 시련, 그들은 로마의 정복자들에게 천연자원을 빼앗기고, 정복자들의 심한 학정에 시달렸는데, 그런 상황에서도 연보를 했지요

실제로 이웃을 위한 연보는 하나님께 드림이라고 깨닫습니다. 시련 가운데서 넘치는 기쁨, 극심한 가난에서도 연보가 풍성함은 하나님께서 은혜를 주셨음이십니다.

오늘, 하나님께서 주신 기쁨을 누리며 연보에 손을 펴도록 하신 하나님을 생각합니다. 기뻐하려 해도 기쁠 수 없는 상황, 연보를 하려 해도 극심한 가난, 그럼에도 그들이 풍성하게 연보를 드렸으니 하나님의 은혜가 아니고 무엇이겠습니까?

그들의 연보는 하나님의 은혜를 증명하는 것이었다고 봅니다. 그렇다면 저의 행위에서도 하나님의 어떠하심이 증명이 된다고 여깁니다. 저의 행실에 하나님의 은혜가 증명되게 하시옵소서.

예수님의 이름으로 기도합니다. 아멘

9:12 이 봉사의 직무가 성도들의 부족한 것을 보충할 뿐 아니라 사람들이 하나님께 드리는 많은 감사로 말미암아 넘쳤느니라.

하나님 아버지,

저에게 영혼이 잘 됨의 복을 주시니 감사합니다. 저가 여호와 앞에서 자신의 순종을 통해서 하나님을 영화롭게 해드리는 은혜를 체험하도록 하셨습니다. 언약을 지키시는 하나님을 배우게 하셨습니다.

그렇지만 저의 삶은 하나님께 마음을 두지 못하였음을 회개합니다. 주님의 교회에서 봉사하는 직무를 맡겨주셨지만 충성을 다하지 못했습니다. 지체들의 부족함을 채워야 하는 의무도 외면하였습니다. 용서해 주시옵소서.

하나님께서는 자유로운 삶, 기쁨으로 충만하고 하늘의 영광을 소중히 여기며 살라고 우리를 지으셨음을 믿습니다. 저에게 하나님의 원하심에 대하여 예민한 반응을 보이게 하시옵소서.

여호와의 뜻에 마음을 쏟고, 주님의 손과 발이 되어서 사는 기쁨을 누리게 하옵소서. 만일 저희들이 온전히 드리지 않으면 기쁨도 없음을 깨닫습니다. 하나님의 마음에 합한 사람이 되게 하시옵소서.

오늘도 모든 것에 넘치게 해 주실 주님을 찬양합니다. 율법의 저주에서 속량해 주신 은혜로 재정에 부한 삶을 살게 하시옵소서. 때마다, 일마다에 풍성하게 채워주시는 여호와의 손을 보게 하시옵소서. 살아가는 날 동안에 수치를 당하지 않게 하시옵소서.

예수님의 이름으로 기도합니다. 아멘.

10:8(상) 주께서 주신 권세는 너희를 무너뜨리려고 하신 것이 아니요 세우려고 하신 것이니

하나님 아버지,
"주께서 주신 권세"에 대하여 생각하게 하시니 감사합니다. 권세를 주심은 "무너뜨리려고 하신 것이" 아니라고 하셨습니다. 복음사역자는 그 권세를 사람을 세우려는데 사용해야 한다고 확신합니다.
교회는 공동체가 된 천국 백성을 세워주되 든든히 하는 곳이라고 깨닫습니다. 성도를 대할 때, 오직 그를 양육하려는 마음으로 대해야 한다는 것을 확인합니다.
사역자에게 권세를 주셔서 교회와 성도를 세우시는 하나님께 감격합니다. 이에, 교회의 지도자는 주님께로부터 받은 권위를 자기를 위하여 사용해서는 안 된다는 것을 깨닫습니다.
오늘, 저에게도 권세를 주셨음에 찬양을 드립니다. 저에게 주신 권세는 교회를 섬기라 하심인 줄로 믿습니다. 한 몸이 된 지체와 교제하면서 서로를 자라게 하심인 줄로 믿습니다. 지체의 구원을 위해서 고난 받는 것을 피하지 않게 하시옵소서.
만일, 제가 먼저 믿는 자라면 이제, 신앙의 삶에 들어선 이들에게 권세 있게 양육을 돕도록 하시옵소서. 그들에게 신앙 선배의 모습과 본으로 권면하고, 이끌어 주게 하시옵소서. '세움'이라는 거룩한 사역에 헌신하는 충성을 보이게 하시옵소서.

　　　　　　　　　　　예수님의 이름으로 기도합니다. 아멘.

11:28 이 외의 일은 고사하고 아직도 날마다 내 속에 눌리는 일이 있으니 곧 모든 교회를 위하여 염려하는 것이라

하나님 아버지,
바울에게 날마다 눌리는 것이 있게 하시니 감사합니다. 그의 눌림은 "모든 교회를 위하여 염려하는 것이라."고 하였습니다. 성도에게는 교회를 향한 사랑, 교회에 대한 부담이 있어야 한다고 확신합니다.
바울은 복음을 전한다는 이유로 반대하는 자들에게 훼방을 당하고, 욕을 먹고, 옥에 갇혔고, 매도 맞았지만 그것은 참아내었는데 그를 누르는 것 때문에 힘들어했다고 깨닫습니다.
그의 눌림은 교회를 위한 염려 때문이라고 하였지요. 어떤 이들이 믿음에 약하여서 실족하였다는 소식은 그를 매우 힘들게 한 줄로 믿습니다. 고린도교회의 분쟁 소식은 그를 매우 어렵게 했다고 여겨집니다.
오늘, "모든 교회를 위하여 염려하는" 바울의 심정을 마음에 담습니다. 주님께서도 공생이 시간에, 제자들을 위하여 기도를 계속하셨는데, 바울도 세워진 교회를 위하여 염려하였으니 감격스럽습니다.
하나님 앞에서 일꾼으로 기름 부으심을 받은 자는 하나님의 일이 염려가 되어야 한다고 깨닫습니다. 그 염려는 하나님께서 주시는 마음이라고 여깁니다. 그렇다면 저에게도 주님을 본 받아, 또는 바울의 고백을 따라 교회를 염려하게 하시옵소서.

　　　　　　　　　예수님의 이름으로 기도합니다. 아멘

고후 12:9(상) 나에게 이르시기를 내 은혜가 네게 족하도다
이는 내 능력이 약한 데서 온전하여짐이라 하신지라

하나님 아버지,

자신의 육체에 가시가 있음을 고백했던 바울, 그가 말한 가시는 견디기 힘든 고통을 겪게 하는 육체적인 질병이라고 깨닫습니다. 그는 자신의 고통에서 벗어나기를 원하여 간구를 했지만 그의 고통은 여전했던 줄로 믿습니다. 세 번의 간구에도 여전하였지요.

그의 반복된 간구에도 하나님의 응답이 없는 것 같았지만 하나님께서 그에게 찾아오셨다고 여깁니다. "내 은혜가 네게 족하도다." 바울의 심령에 말씀을 듣게 하셨다고 깨닫습니다. 바울의 요청과는 다른 깨달음, 곧 성령님의 충만하심으로 말미암은 경험이었지요.

하나님께서 바울에게 육체의 가시를 주셨다면 육체의 가시가 없는 것이 곧 하나님의 은혜는 아니라고 깨닫습니다. 그에게는 오히려 육체의 가시가 하나님의 은혜의 표시였지요. 역시 크리스천에게도 고난은 하나님께서 징계하시는 표시가 아니고, 그를 정금 같이 단련시키시는 그의 사랑의 표시라고 여깁니다.

바울이 육체적 가시로 연약할 때, 하나님의 능력이 온전히 나타났다는 것에서 감격스럽습니다. 저는 어떠합니까? 역시 저에게도 연약함이 있는데, 부끄러워하지 않게 하시옵소서. 연약한 중에서도 능력으로 사용하셔서 온전하게 하시는 하나님을 주목하게 하시옵소서.

예수님의 이름으로 기도합니다. 아멘.

13:8 우리는 진리를 거슬러 아무 것도 할 수 없고 오직 진리를 위할 뿐이니

하나님 아버지,
"진리를 거슬러 아무 것도 할 수 없음을" 생각해 봅니다. 바울은 복음사역자로서 진리 앞에서 살았다는 것을 깨닫습니다. "오직 진리를 위할 뿐이었던" 바울에게서 천국 백성의 진리에 태도를 결단합니다.
성도는 자기 자신과 세상을 향해서 자신이 '신앙자'라는 것을 진리에 대한 자세로 증명한다고 깨닫습니다. 바울의 선언과 같이 진리를 거스르려 하지 않고, 진리를 위해서 행동하려 하지요. 진리에 대한 바울의 자세를 배우게 하시니 감격스럽습니다.
- 진리만 위하는 복음의 종
- 진리대로 행동하는 사역자
오늘, 저에게 진리에 대한 자세를 확인하게 하시옵소서. 진리는 복음이며, 그 복음은 하나님께로부터 말미암았다는 것을 늘 기억하게 하시옵소서. 제 삶의 근거를 하나님의 말씀(진리)에 두게 하시옵소서.
제가 여기에서 신앙자로 살아가기를 원한다면 진리를 지키고 따라야 한다고 결단하게 하시옵소서. 진리를 저의 삶에서 생명의 근본으로 삼게 하시옵소서. 진리에서 생각하고, 행실로 실천하게 하시옵소서.
진리는 곧 주님 자신이십니다. 진리를 지킴으로써 보호하고, 진리를 위하는 삶이 되게 하시옵소서.

예수님의 이름으로 기도합니다. 아멘.

1:6 그리스도의 은혜로 너희를 부르신 이를 이같이 속히 떠나 다른 복음을 따르는 것을 내가 이상하게 여기노라

하나님 아버지,
"그리스도의 은혜로" 하나님의 자녀가 되게 하시니 감사합니다. 그런데 "다른 복음을 따르니" 이상하다고 하였습니다. 하나님의 자녀는 영을 분별하여 이단의 꾐에 빠지지 말아야 한다고 확신합니다.

갈라디아의 성도들은 복음으로 죄 사함을 받고, 하나님의 자녀가 되었는데 하나님을 떠나 바울에게 안타까움이 되었다고 깨닫습니다. 그래서 그들을 사랑의 심정으로 나무라면서 권면한 줄로 믿습니다.

그들은, "그리스도의 은혜로 부르심"을 받았는데, 자비를 베푸신 하나님으로부터 떠났고, 주님 안에서 경험했던 구속의 은혜에서 떠났고, 구원을 경험한 복음을 거절하고 다른 복음을 따랐다는 것이지요.

오늘, 저는 어떠한지를 돌아봅니다. "이같이 속히 떠나"라는 책망의 말씀에 저를 노출시켜 봅니다. 과연, 저는 "그리스도의 은혜로 너희를 부르신 이를" 따르고 있습니까? 예수님을 믿어오는 시간 속에서 변질되어 가지는 않는지요?

바울이 이상히 여긴다고 그의 고민을 나타냈는데, 저를 살펴보기를 원합니다. 주님께 근심이 되지 않게 하시옵소서. 교회의 지도자에게 근심이 되지 않게 하시옵소서. 부르신 이를 꼭 붙잡게 하시옵소서.

예수님의 이름으로 기도합니다. 아멘

2:19 내가 율법으로 말미암아 율법에 대하여 죽었나니
이는 하나님에 대하여 살려 함이라

하나님 아버지,
율법에 대하여 "죽었나니"라고 한 문장을 생각합니다. 죽었다는 것은 모든 관계가 단절된 상태라고 깨닫습니다. 율법에 대하여 죽었으니, 다시 율법으로 돌아갈 수 없는 상태라고 확신합니다.
"율법에 대하여 죽었나니"라는 표현은 율법으로부터 벗어나 살아났음을 의미한다고 깨닫습니다. 옛 사람은 죽었다는 것이지요.
이제, 율법은 바울에게 어떤 것도 주관하지 못하게 되었지요. 그는 자신의 삶에서 율법의 영향 밖에 있음을 증언한 말이라고 여깁니다.
오늘, "하나님에 대하여 살려 함이라."는 선언에 방점을 찍습니다. 그리고 이 문장을 심령에 새깁니다. 주님께서 십자가에 달려 죽는 제물이 되어주심이 율법이 요구하는 값을 치르셨다고 믿습니다.
이제, 율법을 통해서 천국 백성이 된 저에게 자신이 죄에서 해방되었다는 것을 확인하게 해 주시옵소서. 주님과 연합해서 새 생명의 삶을 결단하게 하시옵소서.
이로써, 하나님 앞에서 지낼 것을 다짐하기를 원합니다. 주님께서 대신 죽어주심으로써 율법에 대하여 죽게 하셨으니, 하나님께는 산 자로 살아드리게 하시옵소서. 옛 사람이 죽었다는 것을 다시금 확인하게 하시옵소서.

　　　　　　　　　예수님의 이름으로 기도합니다. 아멘.

3:26 너희가 다 믿음으로 말미암아 그리스도 예수 안에서 하나님의 아들이 되었으니.

하나님 아버지,

십자가에서 나타내신 주님의 사랑으로 말미암아 이웃들을 진심으로 사랑하게 해주셨음을 기억합니다. 하나님의 가족이 되었음에 감사하여 오늘을 지내게 하시옵소서. 하나님의 아들로 살아가셨던 예수님을 본받아 주님의 삶을 잇게 하시옵소서. 천국 백성이 된 지위를 소홀히 여기지 않게 하시옵소서.

날마다 유혹해오는 옛 사람의 행실을 끊임이 없이 거절하게 하시며, 주님의 이름으로 죄를 대적하여 싸우게 하시옵소서. 하나님의 자녀로서의 권세를 누림에 주목하게 하시옵소서. 여호와 앞에서 거룩함과 신실함으로 자녀된 도리를 다하도록 성령님께 의탁합니다. 세상에서 하나님의 자녀임이 증명되는 삶을 소원하게 하시옵소서.

마귀는 저를 쓰러뜨리려고 때로는 고난도 당하게 하겠지요. 그럴지라도 겁을 먹거나 뒤로 물러나지 않게 하시옵소서. 주님께서 불의한 재판정에서 당당하셨던 모습을 저의 것으로 삼게 하시옵소서.

이 시간에, 저희 교회도 주님을 따라 자신을 내어 주기 위하여 세상으로 보내지게 해주시기를 빕니다. 세상을 위하여 자신의 모든 것들을 주는 교회가 되게 하시옵소서. 저희들에게 있는 생명의 말씀을 죽어가는 이들에게 거저 줄 수 있게 하시옵소서.

예수님의 이름으로 기도합니다. 아멘.

4:6 너희가 아들이므로 하나님이 그 아들의 영을 우리 마음 가운데 보내사 아빠 아버지라 부르게 하셨느니라

하나님 아버지,

자녀로 삼아 주셨으니 감사합니다. "그 아들의 영을 우리 마음 가운데 보내사" 아빠 아버지라고 부르게 하셨습니다. 천국 백성은 아들의 영으로 말미암아 하나님을 아버지라 불러야 한다고 확신합니다.

예수님을 구주로 믿는다는 말로 하나님의 자녀가 되지 않고, 하나님께서 그 아들의 영을 사람의 마음 가운데 보내셔서 성취된다고 깨닫습니다. "그 아들의 영"은 성도가 받은 성령님을 가리키는 줄로 믿습니다.

성령님은 하나님의 영이시면서 동시에 하나님의 아들의 영, 곧 주님의 영이시라고 깨닫습니다. 그 영은 주님께서 보내신 영이시지요. 천국 백성은 그 영의 인도로 신앙을 고백을 하지요

오늘, 우리 마음 가운데로 오신 "그 아들의 영"에 방점을 찍습니다. 제가 하나님을 아빠 아버지로 부르는 것은 성령님이 제 안에 오신 증거라고 확신합니다. 예수님의 공생애 시절에, 아람 지방에서는 어린 아이가 자기 아버지를 불렀다고 여깁니다.

제가 하나님을 찾으면서 '하늘 아버지'라고 부르게 하시니 감사합니다. 예수님께서도 하나님은 하늘에 계신 아버지라고 하신 줄로 믿습니다. 하나님을 아빠 아버지라고 부르면서 지내게 하시옵소서.

예수님의 이름으로 기도합니다. 아멘

5:16 내가 이르노니 너희는 성령을 따라 행하라
그리하면 육체의 욕심을 이루지 아니하리라

하나님 아버지,
성도는 구원을 받아, 천국 백성이 되었지만 여전히 사람의 몸을 갖고 이 땅에서 지내므로 육신을 피할 수 없다고 생각합니다. 그러다보니 '내 안에서' 영과 육의 갈등이 존재한다고 여깁니다. 이제, 성도에게는 새로운 싸움이 있게 된 줄로 믿습니다.

하나님의 영이 죄인에게 들어와서,
-자신이 죄인이라는 사실을 인정하고 회개하게 하며
-예수님의 대속과 나에게 주님이심을 믿는 것은
성령님이 제 안에 계심을 증거 하는 것이라고 확인합니다. 제가 이제는, 율법 아래 있지 않고 은혜 아래 있음을 기억하게 하시옵소서.

저에게는 육신과의 싸움이 있으니 이겨야 한다고 깨닫습니다. 이를 위해서 "너희는 성령을 따라 행하라."고 하셨지요. 그렇습니다. 제가 성령을 따라 행하는(성령님의 인치심) 시간에는 육신의 사람(이전의 사람)이 저를 다스리지 못할 것이라고 깨닫습니다.

아하, 이제 깨닫습니다. 성령님께서 제 안에 계시지만 옛 성품의 삶을 거절하지 않으면 육신의 소욕이 활개를 쳐서 저를 영의 사람으로 지내지 못하게 한다는 것입니다. 그래서 육신이 저를 다스리지 못하도록 성령님을 따르며, 순종하게 하시옵소서.

예수님의 이름으로 기도합니다. 아멘.

6:2 너희가 짐을 서로 지라
그리스도의 법을 성취하라

하나님 아버지,
"짐을 서로 지라"는 권면을 받게 하시니 감사합니다. 교회 공동체에서는 지체된 이들이 한 몸이 되어야 함을 깨닫습니다. 서로 짐을 짐으로써 주님께서 보여주신 사랑을 실천해야 한다고 확신합니다.
주님을 영접한 자에게 '그리스도의 사람'이라고 하셨음을 깨닫습니다. 그 이름은 주님께 속해 있다는 의미라고 여깁니다.
주님의 다스리심 아래로 들어가게 하시니 감격스럽습니다. 주님 안에서 우리는 형제와 자매로 공동체를 이루고 있으니, 서로 짐을 지는 것은 마땅하다고 깨닫습니다. 그때, 천국 백성은 이제까지 경험해보지 못했던 '그리스도 안'에 있음을 경험하게 되지요.
오늘, 그리스도의 법을 성취하기를 원하시는 주님을 바라보게 하시옵소서. 제가 성취해야 될 그리스도의 법을 가르쳐 주시옵소서. 실수로 죄를 저지른 형제의 고통에 책임지게 하시옵소서. 형제가 시험에 들거나 좌절에 빠질 때, 손을 잡게 하시옵소서. 죄를 짓도록 유혹하는 세력을 함께 물리치게 하시옵소서.
형제와 자매로 묶어 주셨는데, 그들이 홀로 지내도록 내버려두지 말아야 됨을 깨닫습니다. 주님의 사랑으로 한 몸을 누리게 하시옵소서.

예수님의 이름으로 기도합니다. 아멘.

1:11 모든 일을 그의 뜻의 결정대로 일하시는 이의 계획을 따라 우리가 예정을 입어 그 안에서 기업이 되었으니

하나님 아버지,
"그의 뜻의 결정대로 일하시는"이라고 하시니 감사합니다. "예정을 입어 그 안에서 기업이" 되었다고 하셨습니다. 성도는 하늘 아버지의 주권으로 그의 자녀가 되었음을 받아들여야 한다고 확신합니다.

하나님은 예정하신 것을 자신의 뜻에 따라서 성취하신다는 사실을 깨닫습니다. 하나님의 예정은 하나님께서 성취하시려는 목적에 따라 수립이 되는 줄로 믿습니다. 죄인을 구원하시려고 그의 아들을 십자가에 내어주시려고 계획을 하시는 것과 같다고 여깁니다.

'그 안에서 기업이 되었으니.' 그렇습니다. 이에, 죄인이었던 저에게 예수님을 주님으로 모셔 들이게 하시고, 그 예정에 따라서 하나님의 소유가 되어 진 것이라고 믿습니다. 하나님의 주권적인 뜻대로 저를 소유하셔서 자기의 기업을 주실 뿐만 아니라 보호해 주시지요.

죄인에게 자기의 죄를 깨달아 알게 하시고, 회개하여 주님을 영접하도록 하심이 예정이었다고 여깁니다.

오늘, 하나님은 죄인에 대하여 예정하시고, 자기의 뜻에 따라 그 예정하셨던 것을 이루시니 감격스럽습니다.

'이제, 저는 하나님의 소유입니다.' 이 사실을 잊지 않게 하시옵소서. 하나님의 예정에 감격하게 하시옵소서.

예수님의 이름으로 기도합니다. 아멘

2:22 너희도 성령 안에서 하나님이 거하실 처소가 되기 위하여 그리스도 예수 안에서 함께 지어져 가느니라

하나님 아버지,
저를 의롭다 여겨주시고, 하나님을 영화롭게 해드리려는 소원이 저의 마음에 차오르게 하셨음에 감사드립니다. 구원의 은혜에 감사할 때, 그 마음이 은혜로서 굳어지고, 세상의 것들에는 마음을 두지 않게 하심을 믿습니다.
그러나 돌아보니, 지난 시간은 죄로 뒤범벅이었습니다. 은혜를 구하면서도 여전히 죄의 습관을 탐닉하고 있었으니 용서해 주시옵소서.
간절히 구하니, 말씀으로 오는 은혜를 누리게 하시옵소서. 저희들이 구원을 얻는 근거와 복을 받는 약속이 여호와의 말씀에 있음을 믿도록 이끌어 주시옵소서.
저는 결코 옛 사람으로 살아갈 수 없음을 고백합니다. 하나님 앞에서 새로워진 신분에 도전하게 하옵소서. 저의 주님과의 관계가 단순히 아는 사이가 아니라 인격적인 관계가 되기를 원합니다.
하나님의 인도하심에 자신을 맡기고, 성령님께서 이끄시는 그대로 순종하여 유혹을 이겨내게 하시옵소서.
하나님만 믿고 살아가는 것이 때때로 자신을 힘들게 할 수도 있으나, 주님 앞에서 자신을 단장한 신부처럼 살아가도록 이끌어 주시옵소서. 때로는 외로울지라도 하나님의 백성으로 살게 하시옵소서.

예수님의 이름으로 기도합니다. 아멘.

 **3:12** 우리가 그 안에서 그를 믿음으로 말미암아
담대함과 확신을 가지고 하나님께 나아감을 얻느니라

하나님 아버지,
"우리가 그 안에서"라는 설명에 감격합니다. 우리가 하나님을 아버지라고 부르는 관계에 들어선 것은 은혜라고 하셨습니다. 천국 백성은 담대함과 확신을 갖고 하나님께로 나아간다고 확신합니다.
천국 백성 이전에 멸망의 상태에 있던 죄인에게 구원의 은혜가 임한 줄로 믿습니다. 그 은혜로 복음 안에서, 주님께서 단번에 이루신 속죄 사역을 믿게 하셨다고 깨닫습니다. 인생을 구원해 주시려고 십자가에서 달려 죽어주셨음을 믿게 하신 것이지요.
- 믿음으로 의롭다하심에 이르게 하셨습니다.
- 주님의 피를 힘입어서 성소에 들어갈 담력을 얻게 하셨습니다.
오늘, "하나님께 나아감을 얻느니라." 선언에 방점을 둡니다. 저의 말이 아니라 성령님께서 주신 약속, 그러므로 구원의 확신으로 삼게 하시옵소서. 이 말씀을 심령에 새겨 두게 하시옵소서.
'나는 하나님께 나아감을 얻었다!'
무엇이 저에게 하나님께로 나아가도록 했습니까? 믿음으로 의롭다 하심을 얻게 해 주셨지요. 그리고 하나님으로 더불어 화평을 누리게 해주셨지요. 하나님께 나아갈 담력을 얻었음에 감사하면서 지내게 하시옵소서.

예수님의 이름으로 기도합니다. 아멘.

4:24 하나님을 따라 의와 진리의 거룩함으로
지으심을 받은 새 사람을 입으라

하나님 아버지,
"의와 진리의 거룩함으로 지으심을 받음"고 말씀을 주시니 감사합니다. 하나님을 따라 새 사람을 입으라고 하셨습니다. 성도는 성령님께 의해 하나님의 형상대로 재창조함을 받아야 한다고 확신합니다.
죄로부터 구원을 받아 성도가 된 사람은 새 사람으로 지어져야 하는데, "하나님을 따라" 새 사람이 되어야 한다고 깨닫습니다. 철학적인 것이나 윤리적인 것으로 새 사람이 되어 지지 않고, 하나님의 형상이 회복되어야 하는 것인 줄로 믿습니다.
하나님의 자녀가 된 사람은 주님을 본 받아야 한다고 여깁니다. 주님은 단순히 그리스도가 아니라, 사람이 죄로 잃어버렸던 그의 형상을 자기 안에서 재현시키셨지요. 주님을 본으로 삼을 때, 하나님의 뜻에 합당한 삶이 이루어지니 감격스럽습니다.
오늘, 주님을 생각하면서 두 문장의 간구를 드립니다.
- 주님을 따르려는 생각을 주시옵소서.
- 주님을 닮아 지내려는 마음을 주시옵소서.
주님 안에서 하나님께서 사람을 지으신 모습이 회복되어짐을 비전으로 삼게 하시옵소서. 제가 크리스천으로 살아가는 삶의 내용은 오직 주님이신 줄로 묵상합니다. 오직 주님으로 지내게 하시옵소서.

　　　　　　　　　　　예수님의 이름으로 기도합니다. 아멘

5:17 그러므로 어리석은 자가 되지 말고
오직 주의 뜻이 무엇인가 이해하라

하나님 아버지,
"그러므로 어리석은 자가 되지"말라고 하셨습니다. 어리석지 않기 위해서 "오직 주의 뜻이 무엇인가 이해하라."는 권면은 아침마다 새롭게 들어야 될 말씀입니다.
주님을 믿는 자에게는 성령님께서 함께 하시는데, 사실, 성령님을 거슬러 자신의 생각대로 하려는 사람에게는 성령님의 역사가 나타나지 않지요.
구원을 받은 하늘 아버지의 자녀에게 성령님께서 오셔서 계심은 하나님의 큰 복이라고 깨닫습니다. 성령님의 충만하심으로 전에 경험해보지 못했던 승리자의 삶을 누리게 하시는 줄로 믿습니다.
- 평강과 기쁨이 넘쳐서 힘이 솟아나게 하심을 확신합니다.
- 안정과 위로로 든든하게 하심을 확신합니다.
- 이끌어주심과 통찰력을 주심을 확신합니다.
그러니, 저를 성령님께 민감하게 하시옵소서. 성령님께 자신을 넘긴(양도)자로써 지내게 하시옵소서. 저에게 간섭하시는 성령님의 강권은 주님의 뜻을 구하게 하는 줄로 깨닫습니다.
세미한 음성, 때로는 폭포 소리로 말씀하시는 성령님께 귀를 기울이게 하시옵소서. 저에게 향하시는 주님의 뜻을 이해하려고 하시옵소서. 오늘을 지내면서 저의 심령이 성령님으로 충만하게 하시옵소서.

예수님의 이름으로 기도합니다. 아멘.

> 6:10 끝으로 너희가 주 안에서와
> 그 힘의 능력으로 강건하여지고

하나님 아버지,
크리스천의 신분이 무엇인지를 밝혀주시니 감사합니다. 그는 영적인 투쟁을 하는 군인이라고 하셨습니다. 그래서 바울에게 "강건하여지고"라고 권면하게 하셨습니다. 영적 군사로 세워주시고 주 안에서 강건하게 하시는 주님을 찬양합니다.

전투가 벌어지는 현장에서는 이겨야 한다고 깨닫습니다. 무엇이 이기도록 합니까? 힘, 강한 군사력이지요. 세상에서는 지금 사탄, 마귀와의 전투가 벌어지고 있는데, '한판승'을 위하여 힘을 가져야 한다고 확신합니다.

신앙 인격이 강건하면 불안이나 좌절이 없고, 어떤 싸움에서든지 인내하며 승리할 줄로 믿습니다. 주님께 힘을 공급받게 하시옵소서.

오늘, "주 안에서와" 그리고 "그 힘의 능력으로"라는 누낱말에 방점을 둡니다. "주 안에서와", "그 힘의 능력으로" 강건하게 되기를 원하게 하시옵소서. 만일, 강건하지 못하다면, 작은 어려움에서도 불안해하고 낙심하고 좌절하고 말겠지요.

- 주님 안으로 들어가게 하시옵소서.
- 주님께서 주시는 능력을 입게 하시옵소서.

예수님을 저의 주님으로 섬기게 하시옵소서. 저에게 만왕의 왕이시며 만주의 주이심을 고백하게 하시옵소서.

예수님의 이름으로 기도합니다. 아멘.

빌 1:6 너희 안에서 착한 일을 시작하신 이가 그리스도 예수의 날까지 이루실 줄을 우리는 확신하노라

하나님 아버지,

"너희 안에서 착한 일을 시작하신 이가"라고 하시니 감사합니다. 그리스도 예수의 날까지 이루신다고 하셨습니다. 하나님께서 구속사역을 완성하시는 날에 구원이 성취될 것을 확신합니다.

죄인의 구속사역을 시작하신 하나님께서 온전히 이루실 것을 바울이 빌립보 성도들에게 확신을 시켰다고 깨닫습니다. 당시에, 빌립보 교회의 성도는 구속 사역의 은혜를 누리면서 구원받은 교회, 구원받은 성도가 되었고, 하나님의 복음을 위한 협력에 참여한 줄로 믿습니다.

"그리스도 예수의 날까지." 이 날은 주님께서 하나님께로부터 위임을 받으신 죄인의 구원을 성취하시는 날이라고 확인합니다.

하나님께서 죄인에게 구원의 사역을 시작하실 뿐만 아니라 끝까지 이루신다는 것을 묵상할 때, 참으로 감격스럽습니다.

"그리스도 예수의 날"은 죄인의 구원을 완성하는 시간일 뿐만 아니라 심판의 날이라고 여깁니다. 그 날에, 주님께서 세상에 다시 오셔서 심판을 하시는 줄로 믿습니다.

- 구원을 완성하시는 날을 기다리게 하시옵소서.
- 죄인을 심판하시는 날을 두려워하게 하시옵소서.

빌립보의 성도들처럼 착한 일을 쉬지 않게 하시옵소서.

예수님의 이름으로 기도합니다. 아멘

2:4 각각 자기 일을 돌볼뿐더러 또한 각각 다른 사람들의 일을 돌보아 나의 기쁨을 충만하게 하라

하나님 아버지,

바울의 가슴을 빌려서 자기 일을 돌보고, 남의 일을 돌보라는 말씀을 주시니 감사합니다. 자신을 돌아보는 사람이 남에게도 돌보게 된다고 하셨습니다. 하나님 앞에서 흠이 없도록 자신을 다스려서 교회공동체에 유익을 끼쳐야 한다고 확신합니다.

천국 백성은 교회공동체에서 어떠해야 합니까? 착한 행실의 사람이 되어 선한 영향력을 끼쳐야 할 줄로 믿습니다. 주님을 믿고, 주님을 사랑하며, 주님을 섬겨서 주님의 일에 힘쓸 것을 깨닫습니다.

그런 삶이 전도자에게 기쁨이 된다는 것을 배웁니다. 바울이 빌립보의 성도들에게 기대한 것은 바로 하나님의 기대라고 여깁니다.

오늘, "나의 기쁨을 충만하게 하라."는 바울의 권면에 방점을 찍습니다. 신앙생활을 하면서 만족으로 삼았던 것은 저였음을 회개합니다. 자신이 아니라 하나님께 기준을 두어야 했고, 하나님을 기쁘시게 해드려야 했는데 말입니다. 하나님께의 기쁨을 생각하게 하시옵소서.

자신을 돌아보고서 다른 사람의 영적 생활에 관심을 갖고, 그에게 유익을 주는 삶을 살게 하시옵소서. 교회공동체 안에서 섬기고, 사랑하며, 때로는 존경하여 주님의 교회를 세워나가게 하시옵소서.

예수님의 이름으로 기도합니다. 아멘.

빌 3:12(하) 오직 내가 그리스도 예수께 잡힌 바 된 그것을 잡으려고 달려가노라

하나님 아버지,

성령님의 충만하심으로 심령이 채워지면 천국 백성의 삶은 하나님의 나라를 위해서 유익하게 사용된다고 깨닫습니다. 하늘 아버지께서는 하늘에서 이루신 뜻을 이 땅에서 이루시려고 자기 백성에게 성령님으로 충만하게 하신다고 믿습니다.

이로써 택함을 받은 성도는 성령님의 충만하심에서 자신이 누구인가를 깨닫게 되며, 성도에게 소원을 주셔서 열매맺기를 원하도록 하신다고 확신합니다.

이제, 하나님께서는 자기 백성을 통해서 지상에서 역사하시고, 자기 백성의 삶으로 하나님의 뜻을 세상에 나타내시는 줄로 믿습니다.

성령님께 충만하지 않았을 때는 전혀 경험해보지 못했던 신비함이지요.

- 제가 주 안에 있음을 확인하고, 세상에 선포하도록 하십니다.
- 주님께서 저에게 동행해 주심을 세상이 알도록 하십니다.
- 제가 전에는 알지도 못했던 성령님의 열매를 맺도록 하십니다.

오오, 성령님의 충만하심이 더 풍성하기를 기도합니다. 성령님께 붙들려서 주님의 뜻이 성취되도록 달려가게 하시옵소서.

예수님의 이름으로 기도합니다. 아멘.

4:9 너희는 내게 배우고 받고 듣고 본 바를 행하라
그리하면 평강의 하나님이 너희와 함께 계시리라

하나님 아버지,
"배우고 받고 듣고 본 바를 행하라."는 바울의 권면을 생각해 봅니다. 배우고, 받고, 듣고, 바울에게서 본 그것에 대한 말씀이라고 여깁니다. 그것을 실행으로 옮김으로써 완전함에 이른다고 깨닫습니다.
바울이 빌립보의 성도들에게 배우고, 받고, 듣고, 보게 한 것은 무엇이었습니까? 무엇에든지 참되고, 무엇에든지 진지하고, 무엇에든지 옳고, 무엇에든지 순수해야 한다는 것이었던 줄로 믿습니다.
빌립보의 성도들 중에서는 바울에게 배워서 온전함에 이르렀다고 깨닫습니다. 그리고 그에게서 받은 선한 영향력으로 말미암아 빌립보의 공동체는 하나님이 함께 계심을 누렸다고 확신합니다.
오늘, 바울로부터 권면을 받게 하시옵소서. 성경에서 바울의 가르침 그리고 교회공동체에서 신앙 선배들의 가르침을 저의 것으로 삼게 하시옵소서. 사실, 교회는 저에게 학교였습니다.
하나님의 구원은 생활의 변화라고 깨닫습니다. 죄인이 변하여 의인이 되는 경험입니다. 교회에서 배우고 받고 듣고 본 것을 살게 하시옵소서. 그리하여 평강의 하나님이 함께 계심을 경험하게 하시옵소서. 거룩한 자녀가 되어 하늘 아버지를 누리게 하시옵소서.

예수님의 이름으로 기도합니다. 아멘.

1:12 우리로 하여금 빛 가운데서 성도의 기업의 부분을 얻기에 합당하게 하신 아버지께 감사하게 하시기를 원하노라

하나님 아버지,
"우리로 하여금 빛 가운데서"라고 하시니 감사합니다. "성도의 기업의 부분을 얻기에 합당하게" 하셨다고 하셨습니다. 하나님께서 구속의 은총으로 자녀로 삼아 주셨음을 감사해야 한다고 확신합니다.

죄인이었던 인생에게 하늘 아버지께서 주신 최고의 선물은 빛 가운데서 성도의 기업의 부분을 얻도록 하심이셨다고 깨닫습니다. 어두움에 갇혀있던 인생에게 지식과 거룩과 의와 생명을 경험하는 빛으로 이끌어주신 줄로 믿습니다.

이스라엘 백성에게 가나안 땅에 들어가게 하시면서 기업을 주셨다고 하셨지요? 그 기업이 육적인 것이었다면, 성도의 기업은 영적인 것입니다. 주님께서 다시 오실 날에 받게 될 천국이라고 깨닫습니다.

오늘, 저에게 "성도의 기업의 부분을 얻기에 합당하게" 하셨음에 감격하게 하시옵소서. 천국 백성이 될 만한 자격을 갖추었다는 의미가 아니겠습니까? 주님께서 십자가에서 제물이 되어 주신 공로로.

천국을 받을 만한 자격이 없는 인생에게 죄를 깨달아 알게 하시고, 회개시켜 주셔서 감사하는데 눈물이 흐릅니다. 하나님의 주권적인 섭리로 자녀로 삼아주셨으니, 감사로 지내게 하시옵소서.

예수님의 이름으로 기도합니다. 아멘

2:7 그 안에 뿌리를 박으며 세움을 받아 교훈을 받은 대로 믿음에 굳게 서서 감사함을 넘치게 하라

하나님 아버지,
예수님께 관심이 없던 사람도 예수님이 구주이시라는 것을 깨닫고, 주님으로 영접하면 하나님의 자녀가 된다고 깨닫습니다. 그래서 그는 자신에게 붙여진 '성도'라고 불리는 것을 특별한 이름처럼 받아들인다고 봅니다.
그때부터 주님과 함께 하거나 주님과의 동행을 좋아하며 그 마음을 주시는 성령님의 강권하심을 즐거워한다고 생각합니다.
성령님께서 강권하시는 역사로 주님의 말씀에 순종하며 그렇게 지내기를 기뻐하지요. 성령님과 더불어 지냄을 즐거워하지요.
오늘, 만일, 성령님과의 동행을 사모하지 않으면 성령님의 강권에 관심이 없어진다는 것을 깨닫기를 원합니다. 성령님을 알기는 하지만 성령님께 관심이 없이 지내고 말게 될 겁니다.
혹시 제가 성령님께 미지근하다면 저의 마음을 성령님께로 회복시켜 주시옵소서. 그리하여 성령님께서 힘을 주신다는 것을 새롭게 느끼기를 원합니다. 성령님께 가까이 하고, 어려운 순간에 놓여도 성령님의 이끌어 주심을 기대하게 하시옵소서.
성령님으로 충만하게 하시며, 지켜주심에 감사합니다. 저를 혼자 있도록 하지 않으심을 잊지 않게 하시옵소서.

      예수님의 이름으로 기도합니다. 아멘.

 **3:16(상)** 그리스도의 말씀이 너희 속에 풍성히 거하여 모든 지혜로 피차 가르치며 권면하고

하나님 아버지,

성령님의 충만을 경험할 때, 한 신앙 안에서 교제하는 지체와 은혜를 나누고 싶어 하게 된다는 것을 깨닫습니다. 하나님의 은총이 지체를 향해서 한 몸을 누리게 하심인 줄로 믿습니다. 혼자 사는 것을 원하지 않으시는 하나님이시기 때문에서지요.

성령님께서 저에게 마음을 열게 하시고, 그를 향해서 경험한 은총을 나누게 하시며 그 나눔으로 은혜를 배가하신다고 여깁니다. 아하, 입을 열고 싶어지는 것이 은혜의 결과라고 깨닫습니다.

오늘, 교회공동체로 마음과 생각을 향하게 하시옵소서. 자신을 상대에게로 향하고 싶어지고, 성령님께서 주신 그 벅찬 감격을 나누고 싶어지게 하시니 감사합니다.

"그리스도의 말씀이 너희 속에 풍성히 거하여"라고 하셨습니다. 입술을 벌림이 서로에게 가르치고, 권면하는 것이 되게 하시옵소서.

공동체에서 수다스러워짐이 바로 은혜의 결과라고 생각합니다. 내게 주신 은총을 나눌 때, 그 말이 수다스러워지지 않게 하시옵소서.

은총을 나눔에서 말을 하는 자와 듣는 자에게 가르치고 권함이 되게 하시옵소서. 이때, 자기를 자랑하지 않게 하시옵소서.

예수님의 이름으로 기도합니다. 아멘.

4:7 두기고가 내 사정을 다 너희에게 알려 주리니 그는 사랑 받는 형제요 신실한 일꾼이요 주 안에서 함께 종이 된 자니라

하나님 아버지,
하나님 앞에서 작정하여 무릎을 꿇게 하셨음에 감사드립니다. 찬양을 올려 드립니다. 오늘도 하늘에 소망을 두고 새 날을 맞이하게 하셨습니다. 매일, 매일이 여호와 앞에서 복이었습니다.
하나님께서 자녀라 불러주신 날부터 저를 위하여 천사를 보내주셨음에 감사드립니다. 저의 연약함을 아시고, 힘들어 할 때마다 천사를 보내주셔서 보호해 주시니 감사드립니다.
이 세상에서 살아가는 동안에 천사를 보내어 저의 부족함을 도와주시는 하나님께 찬양을 드리며 지내게 하시옵소서.
그러나 하나님의 은혜 안에서 거룩함을 사모하는데 부족하였음을 회개합니다. 오직 하나님의 말씀과 성령님의 감동하심에 순종하여 자신을 정결하게 하도록 노력하게 하시옵소서. 용서해 주시옵소서.
저의 기도생활이 습관이 되게 하셨습니다. 거룩한 습관을 주셨으니 찬미의 제사를 드리게 하시옵소서.
이제, 바라오니 오직 여호와의 율법을 즐거워하는 삶을 누리도록 인도해 주시옵소서. 하나님의 말씀으로 저가 만족해지며, 그 말씀이 주는 은혜로 담대히 살아갈 때, 기쁨이 저의 것이 됨을 확인하게 하시옵소서.

예수님의 이름으로 기도합니다. 아멘.

살전 1:6 또 너희는 많은 환난 가운데서 성령의 기쁨으로 말씀을 받아 우리와 주를 본받은 자가 되었으니

하나님 아버지,
"성령의 기쁨으로 말씀을 받아"를 읊조리게 하시니 감사합니다. "우리와 주를 본받은 자가 되었으니"라고 하셨습니다. 성도가 되었다는 증거는 자신보다 앞선 성도를 본받는 데서 확인된다고 확신합니다.
데살로니가 교회의 성도는 많은 환난을 겪었는데, 그것이 그들에게 연단이 되었다고 깨닫습니다. '많은 환난'은 그들이 신앙생활을 하는데 방해가 될 수도 있었는데 "성령의 기쁨으로 말씀을 받게" 하셨다고 하였습니다.
성령의 기쁨은 데살로니가 교회가 말씀을 받도록 했으며, 그들이 복음을 전하던 바울 일행과 주님을 본받게 한 줄로 믿습니다. 성령의 기쁨, 곧 성령님께서 말씀을 받게 하시며, 본받도록 하셨습니다.
핍박이 있었지만 그 시련에서도 말씀을 받게 하셨음이 저를 감격스럽게 합니다. 그것은 성령님께서 그들과 함께 해주셨기 때문이지요.
오늘, 성령님께 감동이 되어서 지내기를 원합니다. 성령님께서 함께 하시면 핍박, 곧 많은 환난도 문제가 되지 않는다는 것을 깨닫습니다.
성령님께서 저를 주장해 주셔서 기쁜 마음으로 말씀을 받고, 주님과 제자들을 따르며, 나아가 앞서간 신앙선배들의 교훈적인 삶도 따르게 하시옵소서.

예수님의 이름으로 기도합니다. 아멘

2:6 또한 우리는 너희에게서든지 다른 이에게서든지 사람에게서는 영광을 구하지 아니하였노라

하나님 아버지,
"사람에게서는 영광을 구하지" 않았다는 것에 감사합니다. 하늘에 소망을 두었으니 하늘에 마음을 가져야 될 줄로 믿습니다. 사람들로부터 존경을 받을 수도 있어도 그러하지 않아야 된다고 깨닫습니다.

크리스천의 가치는 하늘에 있으므로 세상에서의 썩어질 것을 구해서는 안 된다고 배웁니다. 그러므로 사람들이 자기를 알아주고, 사람들에게서 자기의 기쁨을 얻으려 해서는 안 됨이 합당하지요.

하나님을 사랑한다는 것을 빙자해서 세상의 것들을 얻으려 한다면 그것으로 끝이라고 깨닫습니다. '하나님의 영광'을 구하려고 살아가는 자로서 오직 하나님이 중심이어야 하겠지요.

오늘, 사람들은 섬김이 대상이지, 그들로부터 어떤 것도 구하려 하지 않기를 다짐합니다. 저의 마음은 하나님께 드렸으니 하나님이 제 삶이 되게 하시옵소서. 자칫 흔들려서 사람들로부터 서운해지려 할 때, 성령님께서 붙들어 주시옵소서. 아주 강하게.

- 오직 하나님만 기쁘시게 함에 마음을 두게 하시옵소서. 이 땅에서 생명이 있는 시간 동안에 하나님을 기준으로 삼게 하시옵소서. 사람들에게는 의와 선과 진실로 대하게 하시옵소서.

예수님의 이름으로 기도합니다. 아멘

3:12 또 주께서 우리가 너희를 사랑함과 같이 너희도 피차간과 모든 사람에 대한 사랑이 더욱 많아 넘치게 하사

하나님 아버지,

주께서 바울에게 교회와 성도를 사랑하게 하시니 감사합니다. 그가 주님과 복음을 위하여 수고한 것은 모두 주께서 그리하신 줄로 믿습니다.

바울이 사도가 되도록 하고, 그가 복음을 전하느라 갖은 고생을 한 것은 주께서 그렇게 하셨음에 감격스럽습니다. 사람 바울이 보여준 위대함은 주께서 역사를 통하여 이루신 것이라고 확인합니다.

크리스천의 거룩함, 그가 하나님께 드려진 삶을 살려는 소망도 성령님의 이끌어주심입니다. 그렇습니다. 주님께서 제자들에게 말씀하시기를, '나를 떠나서는 너희가 아무 것도 할 수 없다.'고 하셨지요.

오늘, 우리가 서로에게 사랑이 넘치도록 하라는 말씀을 받지만 그보다 먼저, "주께서" 라는 표현을 마음에 둡니다. 이것을 저의 심령에 담아두고서 늘 꺼내어 보게 하시옵소서. 부모가 자신의 의지로 자녀를 보호하며 도와주듯이, 주님께서도 그러하심을 다시 확신합니다.

"무릇 하나님의 영으로 인도함을 받는 그들은 곧 하나님의 아들이라."(롬 8:14) 바울이 교회를 사랑할 때, 주께서 그리하셨듯이 저에게도 교회를 사랑할 때, 주께서 사랑하게 하시옵소서. 제가 이웃을 사랑할 때 주께서 그 사랑이 풍성하게 하시옵소서.

예수님의 이름으로 기도합니다. 아멘

4:7 하나님이 우리를 부르심은 부정하게 하심이 아니요 거룩하게 하심이니

하나님 아버지,
"하나님이 우리를 부르심"을 깨닫게 하시니 감사합니다. "부정하게 하심이 아니요 거룩하게 하심이니"라고 하셨습니다. 성도는 세속사회를 따르지 않고, 거룩함에 거해야 한다고 확신합니다.

만일, 자기를 가리켜 성도라고 하는 사람이 음란에 빠지거나 불경하게 되면 하나님께서 보응하신다고 깨닫습니다. 자신이 성도라고 부름을 받는 자는 하나님께 속해있기 때문이라고 여깁니다.

죄인이었던 인생을 하나님께서 부르심은 거룩하게 하심이신 줄로 믿습니다. 그래서 성도에게는 죄로부터 거룩함에로의 방향성이 분명하다고 생각합니다. 새 사람으로 태어났음을 확인하게 하시옵소서.

오늘, 저에게 묻고 대답하기를 원합니다. "너는 누구냐-하나님의 소유가 된 백성이다." 그러니, 제에게 결단하도록 은혜를 내려 주시옵소서. 하나님의 구원하심과 부르심에 합당하도록 거룩하고 깨끗한 삶을 살고자 다짐하게 하시옵소서. 거룩함을 좇게 하시옵소서.

만일, 제가 하나님의 뜻을 멸시하고, 거부하며 저버린다면, 저에게 성령님을 주신 하나님을 저버린 것이라고 깨닫습니다. 자신을 부정함에 내어주어 하나님께 보응이 되지 않게 하시옵소서.

　　　　　　　　　　예수님의 이름으로 기도합니다. 아멘

5:8 우리는 낮에 속하였으니 정신을 차리고 믿음과 사랑의 호심경을 붙이고 구원의 소망의 투구를 쓰자

하나님 아버지,
"낮에 속하였으니" 라고 하시니 감사합니다. 천국 백성은 빛의 아들, 곧 낮에 속한 자인 줄로 믿습니다. 낮은 지식과 의와 선과 진실을 가리킨다고 깨닫습니다. 구원을 받은 사람이라는 증거이지요.
낮에 속한 자에게는 마땅히 행해야 할 의무가 있음을 배웁니다. 그것은 자지 말고, 깨어 근신해야 한다는 거룩한 의무라고 여깁니다. 성실하게 하나님의 말씀에 순종하며, 의롭게-진실하게-선하게 지냄에 힘써야 함을 깨닫습니다. 하늘에 속해있으니까요.
- 근신하여 믿음과 사랑의 흉배를 붙입니다.
- 구원의 소망의 투구를 씁니다.
- 오늘, 흉배를 띠고, 투구를 써야 한다는 것을 주목하게 하시옵소서. 구원을 받아 하나님의 자녀가 되었으니 흉배와 투구는 그 증거로 몸에 갖추게 하시옵소서. 지금, 세상은 밤을 즐기기를 원하지만 성도로서 근신하게 하시옵소서.
세상은 밤이 되어 모두가 자기를 원해도 깨어 있게 하시옵소서. 주님께서 저를 위하여 죽으셨으니 주님과 함께 살게 하시옵소서. 하나님 앞에서 거룩하게 지내어, 받은 구원을 지키게 하시옵소서. 천국 백성으로 지내는 하루이기에 부족하지 않게 하시옵소서.

      예수님의 이름으로 기도합니다. 아멘

1:3(하) 너희의 믿음이 더욱 자라고 너희가
다 각기 서로 사랑함이 풍성함이니

하나님 아버지,
"너희의 믿음이 더욱 자라고"라는 말씀을 주시니 감사합니다. 그 결과, 공동체에서 "서로 사랑함이 풍성"하다고 하셨습니다. 천국 백성은 서로를 향해서 사랑의 충만함에 이르러야 한다고 확신합니다.
데살로니가 성도를 생각할 때마다 바울에게 하나님께 감사하도록 했다고 깨닫습니다. 그들은 바울에게 전도자로서의 열매를 경험하게 해주었다고 믿습니다.
그들의 믿음이 자라고, 서로 사랑함이 풍성했다고 평가하는 바울의 심령은 얼마나 뜨거웠을까요? "너희의 믿음이", "너희가 서로 사랑함이"라는 표현으로 공동체를 칭찬하는 것을 보게 됩니다.
오늘, 데살로니가의 성도들을 통해서 저에게 말씀하시는 하늘 아버지의 음성을 듣습니다. 그래서 이렇게 간구합니다.
- 저의 삶이 목회자에게 하나님께 감사하는 이유가 되기를 원합니다.
- 저의 행실이 성도에게 하나님께 감사하는 내용이 되기를 원합니다.

교회 공동체 안에서 자라도록 이끌어 주시옵소서. 성령님의 이끌어주심으로 진보를 나타내 보여 저를 위해서 수고하는 이들에게 기쁨이 되게 하시옵소서.

예수님의 이름으로 기도합니다. 아멘

2:15 그러므로 형제들아 굳건하게 서서 말로나
우리의 편지로 가르침을 받은 전통을 지키라

하나님 아버지,
"형제들아 굳건하게 서서" 라고 하시니 감사합니다. 천국 백성은 누구를 가리킵니까? 구원을 받아 하나님의 자녀가 된 사람을 가리키는 줄로 믿습니다. 그에게는 하나님의 말씀으로 자신을 굳게 서도록 해야 될 의무가 있음을 깨닫습니다.
성도는 구원을 받아 구별된 사람이므로 하나님의 교훈과 권면이 필요하다고 여깁니다. 교훈과 권면은 성도가 자신이 하늘 아버지께 응답해드리는 삶이라고 배웁니다.
아하, 저의 삶이 하나님께 응답이라는 사실에 주목하지 못하였음을 회개합니다. 복을 구하려고 하나님을 향하였고, 복을 구하느라 밤이 새도록 기도를 한 것에 만족했습니다. 하늘에 속한 자로 지냈어야 했건만 "가르침을 받은 전통을" 지킴에 소홀했을 뿐이었습니다.
천국 백성의 거룩함은 하나님께서 주신 은혜에 대답해드림이지요. 하나님께서 의롭다 여기시고, 자녀로 삼아주셨으니 그 은혜의 구원, 영광의 구원에 대한 응답으로 지내어야 함을 깨닫습니다. 성도의 삶이 그대로 하나님께 응답이지요.
- 전통을 지켜 구원에 이르는 지식에 굳게 서게 하시옵소서.
- 전통을 지켜 구원을 받은 믿음에 굳게 서게 하시옵소서.

        예수님의 이름으로 기도합니다. 아멘

3:5 주께서 너희 마음을 인도하여 하나님의 사랑과
그리스도의 인내에 들어가게 하시기를 원하노라

하나님 아버지,
"주께서 너희 마음을" 이라고 하시니 감사합니다. 하늘 아버지께서 자기 백성을 이끌어 그의 사랑과 주님의 인내 안으로 들어가게 하심을 믿습니다.
천국 백성에게 친히 보이시고, 성도의 심령에 일으켜 주시는 사랑, 바로 하나님의 은혜이니 감격스럽습니다. 그 은혜로 하나님을 사랑하고, 이웃을 사랑하게 하시지요.
이 사랑은 주님의 인내를 당당히 받아들이게 한다고 확신합니다. 주님 때문에 받는 고난을 참으며, 주님의 재림을 기다리도록 한다고 여깁니다. 하나님의 사랑과 주님의 인내로 지내기를 결단합니다.
오늘, 바울을 따라 간구하게 하시옵소서. 주께서 저의 마음을 하나님의 사랑과 그리스도의 인내 안으로 인도해 주시옵소서. 하나님께서 이 간구를 물리치지 않으실 것을 확신하게 하시옵소서.
그렇습니다. 자비하신 하나님께서 저의 음성에 귀를 기울이시기 때문에 그에게 나아가기를 원합니다. 만일 제가 천로역정의 순례를 홀로 한다면 얼마나 외로울까요? 하나님께서 지켜 주신다는 것에 적막한 밤도 두렵지 않습니다. 혼자의 시간에 오히려 하나님을 바라보니 감사하게 하시옵소서.

예수님의 이름으로 기도합니다. 아멘

1:14 우리 주의 은혜가 그리스도 예수 안에 있는 믿음과 사랑과 함께 넘치도록 풍성하였도다

하나님 아버지,
"우리 주의 은혜"에 주목하게 하시니 감사합니다. 그리스도 안에서 "믿음과 사랑과 함께" 풍성했다고 하셨습니다. 구원에 이르도록 하는 은혜는 날마다 증가하는 풍성함을 누려야 한다고 확신합니다.
바울, 그가 누구였습니까? 주님과 교회를 훼방하는 죄인이었는데 하나님께서 그에게 은혜를 베푸셔서 구원을 얻도록 하신 줄로 믿습니다. 그래서 디모데에게도 자신의 고백을 쓴 줄로 믿습니다. 바울 자신의 죄를 용서해주신 주님의 은혜가 디모데에게도 동일하여서 주께 대한 믿음과 사랑이 함께 풍성하도록 했다고 하였지요. 우리 주의 은혜는 믿는 자들에게 동일하다는 것을 확인합니다.
오늘, 저에게도 하나님의 은혜가 부어졌음을 고백합니다.
- 지금, 제가 주님을 그리스도로 믿는 믿음은 하나님의 은혜입니다.
- 지금, 저에게 교회를 사랑하게 하는 것은 하나님의 은혜입니다.
교회가 저의 몸처럼 여겨지고, 공동체로 받아들이는 지체라는 것을 누립니다. 주님의 은혜에 감사합니다.
저에게 넘치는 주님의 은혜, 그것으로 지내기를 원합니다. 주님께서 세상에 다시 오시는 그 날까지 믿음과 사랑이 풍성하게 하시옵소서.

예수님의 이름으로 기도합니다. 아멘

2:1 그러므로 내가 첫째로 권하노니 모든 사람을 위하여 간구와 기도와 도고와 감사를 하되

하나님 아버지,
"내가 첫째로 권하노니"라고 하시니 감사합니다. 성도가 하나님 앞에서 첫째로 받아야 될 권면이 있는 줄로 믿습니다. 이 땅에서 하나님과 교제하는 형식에 대한 가르침이라고 깨닫습니다.

하나님과의 교제가 왜 중요합니까? 그 교제로 말미암아 하나님을 자신의 아버지로 인정하고, 자신은 그분의 자녀라는 사실을 스스로에게 증거하는 것이기 때문이지요. 기도할 때, 하나님의 응답에 관심을 먼저 갖지만 기도는 하나님과의 관계라는 사실에 감격합니다.

"모든 사람을 위하여", 모든 사람을 위하여 기도하라는 말씀을 주목합니다. 한 교회에 출석하는 사람들, 한 나라에 속한 국민들만이 아니고, 신자와 불신자를 포함해서 세상 모든 사람들을 위해 기도하라고 하셨습니다.

하나님께 기도를 할 때 4가지의 형식으로 기도하게 하시옵소서.

간구: 일정하게 요구하는 조건을 갖고 구하게 하시옵소서.
기도: 천국 백성이 하늘 아버지와 교통하게 하시옵소서.
도고: 남들을 위하여 자신의 심령으로 요청하게 하시옵소서.
감사: 염려하지 않고 오직 감사로 여쭙게 하시옵소서.

기도를 통해서 하늘 아버지와 관계를 풍성하게 하시옵소서.

예수님의 이름으로 기도합니다. 아멘

딤전 3:1 미쁘다 이 말이여, 곧 사람이 감독의 직분을 얻으려 함은 선한 일을 사모하는 것이라 함이로다

하나님 아버지,
"감독의 직분을 얻으려" 라고 하시니 감사합니다. 천국 백성은 우리 주님과 교회를 위하여 감독이 되기를 원해야 하는 줄로 믿습니다. 그것은 자신이 선한 일을 하겠다는 결단이라고 깨닫습니다.
주님께서 공생애에서 보여주신 모습은 세상을 위하여 선한 일을 하셨음이라고 여깁니다. 이 땅에서 교회가 주님의 모습을 보이는(빛과 소금의 역할) 몸이라면 선한 일을 열심히 하는 공동체로 세상 속으로 들어가야 한다고 깨닫습니다.
그러니, 교회의 구성원들은 감독이 되어 하나님을 영화롭게 해드리고, 교회가 세상에서 봉사하는 것에 헌신되어야 한다고 확신합니다. 감독은 성도에게 주는 최고의 감격이라고 여깁니다.
오늘, 선한 일을 사모하게 하시옵소서. 꼭 감독으로 피택이 되지 않을지라도 하나님을 영화롭게 해드리기 위해서 선한 일을 실천하게 하시옵소서. 사실, 교회 공동체에서는 직분자만이 선한 일을 한다고 생각하지 않습니다.
하늘 아버지의 자녀로서 주님의 몸이 든든하게 세워지도록 선한 일에 충성하게 하시옵소서. 세상을 향해서 주님의 몸인 교회가 빛과 소금으로서의 사명을 감당하게 하시옵소서.

예수님의 이름으로 기도합니다. 아멘

4:16 네가 네 자신과 가르침을 살펴 이 일을 계속하라 이것을 행함으로 네 자신과 네게 듣는 자를 구원하리라

하나님 아버지,

"네가 네 자신과 가르침을 살펴"라고 하시니 감사합니다. "네 자신과 네게 듣는 자를 구원하리라."고 하셨습니다. 남을 가르치는 자는 스스로 조심하고, 가르치려는 것을 살펴보아야 한다고 확신합니다. 바울의 복음전도에는 늘 자신을 살폈고, 그가 가르치는 것을 살핀 줄로 믿습니다.

- 전도자는 자신을 살핌으로써 자신을 구원에 이르게 하지요.
- 전도자는 자신이 전하는 복음으로 죄인을 구원에 이르게 하지요.

오늘, 주님의 제자로 그리고 천국 백성으로 지내야 하는 저에게 '살핌'에 대한 깨달음을 주신 줄로 확인합니다. 자기를 살피지 않을 때 경솔하여 교만하게 될까를, 자신이 전하려는 복음의 내용을 살피지 않을 때, 비진리를 전할까 두려워하게 하시옵소서.

오직 주님만 따르기를 원합니다. 제가 남을 구원에 이르도록 해야 하니, 복음에 방해가 되지 않기를 원합니다. 주님과 하나님의 나라에 성실하게 하시옵소서.

주님께 주목하여 말과 행실과 믿음에 순결하도록 이끌어 주시옵소서. 자신의 신앙적 진보를 복음과 함께 전하게 하시옵소서.

예수님의 이름으로 기도합니다. 아멘

 **5:22** 아무에게나 경솔히 안수하지 말고 다른 사람의 죄에 간섭하지 말며 네 자신을 지켜 정결하게 하라

하나님 아버지,
"경솔히 안수하지"말라는 권면을 하나님의 말씀으로 받습니다. 하나님의 교회를 위하여 일꾼을 세우는데 경솔하게 안수를 해서 교회를 어지럽히지 않도록 하라는 권고이지요. 교회공동체에서 직분을 맡김은 하나님의 일을 대행하는 것으로 신중해야 한다고 확신합니다.

교회에서 시행하게 되는 안수는 안수를 받는 자를 하나님께 구별해드리는 예식인 줄로 믿습니다. 그를 직분자로 구별해서 하나님의 뜻을 위탁하는 것이지요.

직분을 위임하는 안수는 피택자에게 축복하는 의미를 가진다고 생각합니다. 그러니 안수를 조심이 없이 하지 말아야 할 것을 배웁니다.

오늘, 바울이 디모데에게 주는 권면, "자신을 지켜 정결하게 하라."는 말씀에 방점을 두어 마음에 담습니다. 교회공동체 안에서는 다양한 사람들을 경험하게 되는데, 이때, 다른 사람의 죄에 간섭하지 말라는 주의를 깨닫게 하시옵소서.

다른 교우가 죄를 지을 때, 하나가 되어 그 죄에 빠지지 말라고 하심을 깨닫습니다. '좋은 것이 좋다.'는 생각으로 동참해서는 안 된다는 것이지요. 그러니 오직 자신을 하나님 앞에서 거룩하게 지키며, 죄를 지은 교우에게는 지체로서 권면하게 하시옵소서.

예수님의 이름으로 기도합니다. 아멘

6:14 우리 주 예수 그리스도께서 나타나실 때까지
흠도 없고 책망 받을 것도 없이 이 명령을 지키라

하나님 아버지,
"나타나실 때까지"라는 권면으로 주님의 오심에 소망을 두게 하시니 감사합니다. 흠도 없고 책망 받을 것도 없이 하라고 하셨습니다. 천국 백성의 삶은 하나님의 말씀에 순종하는 것이라고 확신합니다.

바울이 그 삶을 디모데에게 권면한바 우리 모두의 것으로 받아야 함을 믿습니다. 그것은 네 가지로,

- 돈을 사랑하고 물질적 부요를 구하는 것을 피하라고 하셨습니다.
- 의와 경건과 믿음과 사랑과 인내와 온유를 좇으라고 하셨습니다.
- 믿음의 선한 싸움을 싸우라고 하셨습니다.
- 여기에서 신앙생활의 목표인 영생을 취하라고 하셨습니다.

오늘, 디모데를 따라서 저에게도 이 명령이 주어진 줄로 믿습니다. 주님께서 세상에 다시 오시는 그날까지, 제가 지키고 살아야 될 명령이라고 깨닫습니다. 이 삶이 저를 크리스천이라고 증거해주는 것이라고 확신합니다.

"점도 없고 책망 받을 것도 없이"라는 말씀에 주목하게 하시옵소서. 온전하게 지키라는 뜻으로 받습니다. 피할 것을 피하고 좇을 것을 좇으며 싸울 것을 싸우고 취할 것을 취하게 하시옵소서.

　　　　　　　　　　　예수님의 이름으로 기도합니다. 아멘

1:13 너는 그리스도 예수 안에 있는 믿음과 사랑으로써 내게 들은 바 바른 말을 본받아 지키고

하나님 아버지,
"그리스도 예수 안에 있는 믿음과 사랑으로써"를 읊조리게 하시니 감사합니다. "내게 들은 바 바른 말을 본받아 지키"라고 하셨습니다. 신앙을 지도하는 자는 자신이 배운 것을 지켜야 한다고 확신합니다.
바울의 신앙과 삶은 주님의 것이었다고 깨닫습니다. 그가 예수님을 주님으로 삼고, 거기에서 믿음과 사랑을 실천했다고 여깁니다. 글이고 그 신앙적 삶을 디모데에게 이어주기를 소망했음에 감격합니다.
바울은 성령님께 감동이 되어 '바른 말'을 디모데에게 전했을 것이라고 깨닫습니다. 디모데는 바울 앞에서, '바른 말'을 본 받아 지켜야 했다고 봅니다. 주님께 대한 사랑으로 '바른 말'을 본 받아 지켜야 했다고 봅니다.
오늘, 디모데가 들어야 했던 권면, "내게 들은 바"에 방점을 찍습니다. 그는 자신이 디모데에게 전해주었을 뿐만 아니라 그 진리를 지키도록 권면했지요. 바울의 권면이 우리 교회 안에 있기를 원합니다.
저에게 사도들의 신앙을 본으로 삼게 하시옵소서. 이로써 저의 행실이나 말은 저 개인의 생각이나 감정으로 전해지지 않기를 원합니다.
'바른 말을 본 받아 지킴'에서 성경으로 확증을 삼게 하시옵소서.

      예수님의 이름으로 기도합니다. 아멘

2:3 너는 그리스도 예수의 좋은 병사로 나와 함께 고난을 받으라

하나님 아버지,
"그리스도 예수의 좋은 병사"라고 하시니 감사합니다. 천국 백성에게 지상에서 주신 직무로 병사라고 부르셨다고 믿습니다. 주님을 따르는 자에게는 자신이 감당해야 될 사명이 있다고 깨닫습니다.

병사라는 칭호는 누구에게 주어지나요? 전쟁터에서 적과 싸우는 사람에게 병사라고 하지요. 그러니까 하나님의 자녀는 이 땅에서 복을 얻을 타령이나 하는 한가한 사람이 아니라는 것을 배웁니다.

성도를 좋은 병사로 뽑아 사탄과 싸우도록 하셨으니 감격스럽습니다. 하나님의 편에서 사탄의 무리와 싸우도록 하셨습니다. 이 싸움의 현장에서는 성령님께서 함께 하실 것을 믿습니다.

오늘, 병사로 부름을 받은 저에게 간구하도록 하시옵소서. 제가 입술을 열 때, 성령님께서 함께 해주실 것을 확신합니다.

- 받아야 될 고난에 너끈히 이기게 하시옵소서.
- 자기의 생활에 얽매이지 않게 하시옵소서.
- 병사로 모집한 자를 기쁘게 해드리게 하시옵소서.

좋은 병사로 자신을 준비하여 언제나 사탄을 대적하게 하시옵소서. 하나님의 나라를 훼방하는 악한 무리를 쳐 이기게 하시옵소서.

예수님의 이름으로 기도합니다. 아멘

딤후 3:12 무릇 그리스도 예수 안에서 경건하게 살고자 하는 자는 박해를 받으리라

하나님 아버지,
"박해를 받으리라." 하시니 감사합니다. 하나님께 드려져서 살고자 하는 자에게는 박해가 따르는 줄로 믿습니다. 세상의 풍조에 대적하고 하나님의 말씀에 순종하려니까 박해를 받을 수밖에요.
- 세상 안에서 살아가는 삶을 거절하고, 예수 안에서 살 때에 말세의 풍조로 말미암은 박해를 피할 수 없음을 깨닫습니다.
- 세상에 자기를 내어주지 않고, 하나님께 드려진 삶을 살고자 하니 세상이 미워하게 된다고 여깁니다.
- 주님의 남은 고난을 자신의 육체에 채우기 위해서 십자가의 고난을 짊어지는 삶을 살게 된다고 확신합니다.

오늘, 박해를 받지만 낙심하지 않고, 도리어 감사합니다. 세상이 주는 박해에서 자신이 천국 백성이라는 것을 확인하게 해주시기 때문입니다. 또한 성령님께서 박해를 받는 순간마다 견디어 이기게 해주시기 때문입니다. 박해를 통해서 자신을 세워나가게 하시옵소서.

집에서 가족들로 오는 박해가 있을 때, 슬기롭게 대처하게 하시옵소서. 직장, 학교 등의 사회생활에서 오는 박해가 있을 때, 복음을 전하는 기회로 삼게 대처하게 하시옵소서. 어떤 공격에서도 자신의 경건을 잃지 않도록 성령님께서 붙들어 주시옵소서.

예수님의 이름으로 기도합니다. 아멘

4:5 그러나 너는 모든 일에 신중하여 고난을 받으며 전도자의 일을 하며 네 직무를 다하라

하나님 아버지,
"모든 일에 신중하여"라고 하시니 감사합니다. 천국 백성은 세상의 풍조에 휩쓸리거나 자신의 신분을 잃지 않도록 주의해야 할 줄로 믿습니다. 크리스천은 자신의 사명을 다해야 한다고 깨닫습니다.
세상을 살아가는 이들을 보면, 자신이 기준이 되어, 자기에게 좋은 것을 좇지만 천국 백성에게는 사명이 있음을 다시 생각합니다.
"고난을 받으며", 복음을 받아들이고 따르는 길에 고난이 있음을 생각하라고 하셨습니다.
"전도자의 일을 하며", 때를 얻든지 못 얻든지 복음을 전할 기회로 삼아야 한다고 하셨습니다.
"네 직무를 다하라", 주님께서 맡겨주신-위탁해주신 복음사역에 최선을 다하라고 하셨습니다.
오늘, '하나님의 보내심'으로 세상에서의 삶을 살게 하시옵소서. 저의 생애를 파송으로 받아들이게 하시며, 살아가는 날 동안에 신중하기를 원합니다. 저의 시간을 사용하여 하나님의 나라를 확장하시는 하나님을 생각하게 하시옵소서.
반겨줄 자가 없으며, 들을 자가 없을지라도 반겨줄 자가 있고, 들을 자를 준비시켜 주시니 저의 사명에 성실하게 하시옵소서.

예수님의 이름으로 기도합니다. 아멘

1:15(하) 더럽고 믿지 아니하는 자들에게는 아무 것도 깨끗한 것이 없고 오직 그들의 마음과 양심이 더러운지라

하나님 아버지,
"더럽고 믿지 아니하는 자들에게는"이라고 하시니 감사합니다. "그들의 마음과 양심이" 더럽다고 하셨습니다. 천국 백성은 성령님과 동행함으로써 새롭게 변화되어 마음이 깨끗해야 한다고 확신합니다.

당시에, 그레데인들에게 전한 거짓 교사들(유대인)의 오류는 '사람의 외적인 것'에 의해 그가 깨끗한가, 더러우냐의 여부를 판단하도록 하는 것이었다고 깨닫습니다. 사람의 정함과 부정은 예수님을 구주로 영접했는가 하는 것으로 판결이 되는 줄로 믿습니다.

바울은 쓰기를, 사람이 죄와 결별하고 성령과 동행함으로써(성도) 새롭게 변화된 마음의 내면적인 깨끗함을 강조했다고 여깁니다. 예수님의 피로 죄 씻음을 받은 성도는 깨끗하다고 깨닫습니다.

오늘, 예수님을 구주로 믿지 않는 사람은 더럽다고 여깁니다. 유대인들은 자신들이 아무리 정결하다 해도 이미 '죄'로 물들었기 때문이라고 생각합니다. 외모에 더러움이 있지 않고, 양심이 더러웠음을 확인합니다.

그들은 자신들의 생각과 양심이 더러워서 음식에도 더러운 것이 있다고 했지요. 음식물에는 더러운 것이 따로 없다고 확신합니다. 과연, 하나님 앞에서 저를 깨끗하게 해 주셨음에 감사하게 하시옵소서.

예수님의 이름으로 기도합니다. 아멘

2:11 모든 사람에게 구원을 주시는
하나님의 은혜가 나타나

하나님 아버지,
"구원을 주시는 하나님의 은혜가 나타나"라고 하시니 감사합니다. 구원을 주시는 은혜는 크리스천을 하나님의 사람으로 양육해주는 줄로 믿습니다. 하나님의 자녀에게 신앙자로 세워지도록 해준다고 깨닫습니다.

예수님을 믿은 사람에게 천국 백성이 되도록 구원을 주시는 은혜를 경험하게 하시니 감격스럽습니다. 그 은혜가 성도로 구별된 사람을 신앙적으로 양육하는 능력으로 나타난다고 깨닫습니다.

신자의 삶을 시작한 사람이 그 자신의 결단만으로는 성도로 세워질 수 없음을 알고 있습니다. 자신을 구원에 이르도록 해주신 하나님의 은혜에 감사하며, 그의 품에서 즐겁게 지내야 한다고 여깁니다.

이렇게 지내도록 하는 힘, 그것이 은혜의 나타남이라고 깨닫습니다.

오늘, 하나님께 감사를 드리게 하시옵소서. 예수님을 믿은 첫날부터 하나님을 아버지라 부르게 해주셨습니다. 그리고 교회의 공예배에 출석하는데 즐겁게 하셨지요.

제가 이 땅에서 지내는 동안에 하나님의 은혜를 누리게 하시옵소서. 저의 신앙생활에 하나님의 은혜가 풍성하게 하시옵소서. 그 은혜에 감격하며 감사함이 넘치게 하시옵소서. 주님께로 이르게 하시옵소서.

예수님의 이름으로 기도합니다. 아멘

3:7 우리로 그의 은혜를 힘입어 의롭다 하심을 얻어 영생의 소망을 따라 상속자가 되게 하려 하심이라

하나님 아버지,
"우리로 그의 은혜를 힘입어"라고 하시니 감사합니다. 그 은혜로 죄인이었던 인생이 구원을 얻은 줄로 믿습니다. 하나님의 사랑이나 긍휼이나 구원을 받을 만한 아무 것도 없었던 우리였다고 깨닫습니다.

죄로 말미암아 멸망에 처했던 인생에게 의롭다 하심을 얻도록 하신 은혜가 나타났으니 감격스럽습니다. 죄인에게 구원을 주셨으니 이것이 하나님의 은혜이지요. 하나님의 크신 사랑을 깨닫게 합니다.

예수님을 알기 전에, 예수님을 믿기 전에는 하나님께 긍휼히 여김을 받을 만한 것이 없었다고 깨닫습니다. 구원의 소망이 전혀 없었습니다. 그러하였었는데 "오직 그의 긍휼하심을 좇아 중생의 씻음과 성령의 새롭게 하심으로" 새롭게 해주셨습니다.

오늘, "영생의 소망을 따라 상속자가 되게 하신" 하나님 앞에서 자신에게 도전하게 하시옵소서.
- 구원이 하나님의 긍휼하심으로 말미암았으니 감격하게 하시옵소서.
- 하나님의 원수 된 처지에 있었음을 잊지 않게 하시옵소서.
- 거듭나게 하시는 씻음을 받았음을 기억하게 하시옵소서.

누가 우리에게 이러한 사랑을 베풀어 줍니까? 하나님의 은혜를 찬양하게 하시옵소서.

예수님의 이름으로 기도합니다. 아멘

1:14(하) 이는 너의 선한 일이 억지 같이
되지 아니하고 자의로 되게 하려 함이라

하나님 아버지,
"자의로 되게 하려 함이라."고 하시니 감사합니다. 주 안에서 실행으로 옮겨지는 선한 일은 자의적이어야 한다고 믿습니다. 누가 시켜서나, 또는 억지로 선을 행한다면 그것은 오래 가지 못하지요.
하나님을 경외하면서 섬기게 되는 모든 것에는 억지가 아니라 자원하는 심령에서 시도되어야 한다고 깨닫습니다. 그의 행실은 하나님을 사랑함에서 비롯되므로 자신의 신앙이 그대로 행실로 드러난다고 여깁니다. 하나님을 사랑함이 선행의 동기가 된다고 여깁니다.
크리스천에게는 선한 일이 억지 같이 되지 않는다고 확신합니다. 스스로 자신의 의지와 결정에 따른 선행은 하나님께서 받으실 만하다고 믿습니다. 주님께서 공생에서 보여주신 행실을 따르면 되지요.
오늘, 선한 일이 자의로 되기를 배우게 하시옵소서. 성령님께서 선한 일에 동기와 능력이 되어 주시고, 성령님께 순종하게 하시옵소서. 성령님께 순종하여 선행을 배워가게 하시옵소서.
선한 일을 하겠다고 떠벌리고 시작하기보다는 자원하는 심령으로 작은 것, 소홀히 여길 수 있는 것에서부터 손을 드리게 하시옵소서. 이로써 선한 행실이 습관으로 만들어지게 하시옵소서.

예수님의 이름으로 기도합니다. 아멘

1:4 그가 천사보다 훨씬 뛰어남은 그들보다 더욱 아름다운 이름을 기업으로 얻으심이니

하나님 아버지,
"그가 천사보다 훨씬 뛰어남"을 말씀해 주시니 감사합니다. "더욱 아름다운 이름을" 기업으로 얻으심이라고 하셨습니다. 주님께서 자신의 피를 드려 구속을 성취하셨음을 믿어야 한다고 확신합니다.

주님과 천사를 비교하면서 주님이 천사보다 훨씬 더 뛰어나심을 알게 하셨습니다. 천사가 모세에게 중재해 준 율법은 주님의 계시와 비교할 때 열등했다고 여깁니다. 주님은 자신의 몸을 제물로 드리셔서 죄인에 대한 구속 사역을 단번에 이루셨지요.

나아가서, 주님께서는 하나님의 아들이라는, 그래서 천사보다 더 아름다운 이름, 더 뛰어난 이름을 얻으시므로 감격스럽습니다. "네가 내 아들이라. 오늘날 내가 너를 낳았다."(시 2편)고 하셨지요. 하나님의 아들이라는 칭호는 가장 아름다운 기업이라고 확신합니다.

오늘, 하늘 아버지께서 메시야를 '내 아들'이라고 부르셨으니 그 이름에 영광을 선포하게 하시옵소서. 하나님의 아들이 저에게 주님이십니다! 아멘.

주님이 하나님의 아들이라 하심에서, 하나님의 본질과 속성들을 가지신 하나님이신 줄로 믿습니다. 저의 주님은 하나님이라고 증언하게 하시옵소서. 주님을 영화롭게 해드리게 하시옵소서.

예수님의 이름으로 기도합니다. 아멘

2:1 그러므로 우리가 들은 것에 더욱 유념함으로 우리가 흘러 떠내려가지 않도록 함이 마땅하니라

하나님 아버지,
구원의 복음을 들은 것에 유념하라 하시니 감사합니다. 죄인이었던 인생에게 베풀어주신 구원은 큰 구원인 줄로 믿습니다. 이 구원에서 자라가도록 주님에 관한 말씀을 듣게 하심을 깨닫습니다.
영생은 곧 유일하신 참 하나님과 그의 보내신 자 예수 그리스도를 아는 것이라고 하셨습니다. 이 복음을 듣고 말아야 하겠습니까? 아니지요. 그래서 이 사실을 성경에 기록해 주셨지요!
- 성경이 아닌 것에서 주님은 말씀을 하지 않으셨습니다.
- 성경이 아닌 것에서 구원의 복음을 증거 하지 않으셨습니다.
복음은 천국 백성을 믿음 안에서 자라도록 하는데, 이 복음이 흘러 떠내려가지 않도록 주의 하게 하시옵소서. 그러니 이 진리를 사모하게 하시며, 시간, 시간마다 듣기를 즐거워하게 하시옵소서. 성경에서 증거 된 복음은 심령에 간직하기를 원합니다.
오늘도 성령님께 충만하게 하시옵소서. 성령님의 인도하심에 따라 진리를 받아들여 지식에 이르게 하시옵소서. 성령님이 아니시라면 생명을 얻는 지식이 될 수 없음을 확신합니다. 성령님께서 이끌어주심으로 진리의 충만함에 이르게 하시옵소서.

예수님의 이름으로 기도합니다. 아멘.

히 3:1(하) 우리가 믿는 도리의 사도이시며
대제사장이신 예수를 깊이 생각하라

하나님 아버지,
"예수를 깊이 생각하라."하시니 감사합니다. 생각을 하는 것은 그 사람의 어떠함을 결정짓게 하는 줄로 믿습니다. 만일, 생각에 부족한 사람이라면 그의 인격이나 활동에서 경솔하다는 것을 깨닫습니다.

예수를 생각하면 그가 '예수님의 사람'으로 자신이 세워져간다고 여깁니다. 한 사람의 생애를 결정짓게 하는 것이 생각이지요. 크리스천은 예수님을 생각하는 것이 마땅하다고 여깁니다.

만일, 자신이 교회 공동체에서 중요한 역할을 하고 있다는 사람이 예수님을 생각함이 없이 지낸다면 그는 주님의 교회에 합당하지 않을 것입니다. 예수님의 사람이 아니라 '자신의 사람'으로 행동을 하고, 공동체를 그렇게 이끌어 갈 것이니까요!

크리스천은 누구입니까? 예수를 깊이 생각하는 사람인 줄로 믿습니다. 그는 자신의 마음과 행실을 예수님께서 지배하시도록 내어드린다고 깨닫습니다. 왜, 세상에서 구별되지 못하고, 자신의 결단을 지키지 못하는지요? 예수를 생각하지 않기 때문이지요.

"위엣 것을 생각하고 땅엣 것을 생각하지 말라."(골 3:2) 성령님의 이끌어 주심에 자신을 맡겨 주님의 사람이 되어 가게 하시옵소서.

예수님의 이름으로 기도합니다. 아멘.

4:14 그러므로 우리에게 큰 대제사장이 계시니 승천하신 이 곧 하나님의 아들 예수시라 우리가 믿는 도리를 굳게 잡을지어다

하나님 아버지,
"우리에게 큰 대제사장이 계시니"라는 말씀을 주시니 감사합니다. "승천하신 이 곧 하나님의 아들 예수시라."고 하셨습니다. 천국 백성은 예수님, 곧 믿는 도리를 굳게 잡아야 한다고 확신합니다.
예수님이 누구이신지에 대하여 깨닫게 하실 때, 우리에게 계신 큰 대제사장이라고 하셨습니다. 사람 대제사장보다 크시다는 것을 알려주심인 줄로 믿습니다. 그리고 하늘로 오르시어 하나님의 우편 보좌에 계신다고 하시면서 예수라고 하셨지요.
주님은 큰 대제사장, 주님은 승천하신 분, 주님은 하나님의 아들이시라는 것을 믿는 도리라고 하셨습니다. 하나님의 자녀는 이 고백을 붙잡아야 된다고 깨닫습니다.
오늘, "믿는 도리를 굳게 잡을지어다."라는 권면에 방점을 찍습니다. 신자라면 자신이 믿는다는 것에 대한 고백이 있어야 하지요. 사람 신자에게 믿는 도리는 곧 신앙고백이라고 여깁니다. 예수님을 구주로 믿는다면 믿음의 내용이 어떤 것이어야 함을 알게 해주셨습니다.
주님은 아론을 이은 대제사장들보다 위대하신 큰 대제사장, 주님은 우리의 구원을 위해서 승천하신 분, 주님은 하나님의 아들 예수시라고 확신하게 하시옵소서. 이 고백으로 지내게 하시옵소서.

                      예수님의 이름으로 기도합니다. 아멘

5:14 단단한 음식은 장성한 자의 것이니 그들은 지각을 사용함으로 연단을 받아 선악을 분별하는 자들이니라

하나님 아버지,

장성한 자에 대한 권고를 주시니 감사합니다. 천국 백성은 영적으로는 장성한 자가 되어야 하는 줄로 믿습니다. 보거나 만져지는 것에 의존하지 않고, 진리를 붙들고 살아가는 단계라고 깨닫습니다.

1. **의의 말씀을 경험**: 자신의 삶(시간)에서 하나님의 말씀을 몸으로 경험했다는 것을 의미한다고 여깁니다. 말씀에 대한 응답(반응)으로 말씀대로 이루어지는 체험을 겪음이라고 깨닫습니다.
2. **지각을 사용**: 성령님께서 주시는 감각에 순종해서 반응하는 것을 의미한다고 여깁니다. 신앙생활의 시간 속에서 성령님께서 깨닫게 하시고, 알게 하시는 느낌으로 대처하는 것이라고 깨닫습니다.

오늘 하나님께 대하여 장성하기를 결단하게 하시옵소서. 어린아이의 수준에 머물러 있으려 하지 않고, 성령님께서 이끌어 주심에 풍성해서 순종하기를 원합니다. 영적인 자람으로 지내게 하시옵소서.

이로써 하나님의 뜻이 무엇인가를 깨닫는 경험, 만일 하나님의 뜻을 거스르면 징계를 맞을 것이라고 하는 지각을 지니게 하시옵소서. 그리하여 장성한 자가 되어 하나님을 영화롭게 해드리게 하시옵소서.

예수님의 이름으로 기도합니다. 아멘.

6:15 그가 이같이 오래 참아
약속을 받았느니라

하나님 아버지,
약속을 받음에 이르게 하시니 감사합니다. 하나님께서는 그의 백성에게 주실 일에 대하여 말씀으로 약속하신 줄로 믿습니다. 하나님의 말씀(성경)은 하늘 아버지의 백성에게 약속이라고 깨닫습니다.
크리스천은 그가 하나님을 아버지로 부르기 시작한 때부터 약속을 받고, 그것이 이루어지기를 기다린다고 확신합니다. 하나님의 말씀을 믿는 자에게 그대로 성취되게 하시지요. 그러므로 하나님께서 맹세로 주신 것이라고 말씀하신다고 여깁니다.
"가라사대 내가 반드시 너를 복주고 복주며 너를 번성케 하고 번성케 하리라 하셨더니." 하나님께서 아브라함에게 주신 약속이지요. 그는 하나님께서 맹세로 약속하신 말씀을 믿고 떠났다고 생각합니다.
하나님의 부르심 이후로 아브라함의 시간은 '하나님의 약속을 기다림'이었다고 확신합니다. 그가 약속의 성취에 소망을 갖고 지내었더니 마침내 약속을 받았지요.
오늘, 돌아보니 저도 하나님의 말씀을 많이 경험했지만 약속으로 받아들이지 못했다는 것을 깨닫습니다. 책에 기록되어진 내용으로만 읽었지, 저에게 주시는 약속으로 여기지를 못했으니까요. 오늘 이후로, 하나님의 말씀을 성취될 약속으로 대하게 하시옵소서.

　　　　　　　　예수님의 이름으로 기도합니다. 아멘.

7:25(상) 그러므로 자기를 힘입어 하나님께
나아가는 자들을 온전히 구원하실 수 있으니

하나님 아버지,
"자기를 힘입어 하나님께 나아가는"이라고 하시니 감사합니다. "온전히 구원하실 수" 있다고 하셨습니다. 주님께서 죽으시고, 부활하셨고, 승천하심으로 성도는 구원을 보장받았다고 확신합니다.
사람 제사장, 곧 레위의 제사장은 속죄의 제물을 드려줄 수 있었지만 그의 속죄제사는 영원할 수 없었다는 것을 깨닫습니다. 그가 드린 제사는 오직 한 번의 속죄에 지나지 않기 때문에서지요.
그렇지만 큰 대제사장인 주님의 속죄는 "온전히 구원하실 수 있으니"라고 하셨습니다. 주님의 순종과 죽으심 그리고 승천으로 말미암은 구원을 가리킨다고 여깁니다.
오늘, 영원히 구원을 이루어주실 주님께 주목합니다. 사람 제사장의 속죄는 완전할 수 없지만, 새 제사장이신 주님으로 말미암은 속죄는 영원한 줄로 믿습니다. 주님께서 우리를 중보해 주시니까요!
주님께서 단번에 자기의 몸을 드려 구원이 영원에 이른 줄로 믿습니다. 주님은 항상 살아서 "저희를 위하여 간구하신다."고 하셨습니다. 완전히 구원에 이르게 하신 주님을 찬양하게 하시옵소서. 영원히 대제사장이 되어주신 주님을 사랑하게 하시옵소서.

       예수님의 이름으로 기도합니다. 아멘

8:1(상) 지금 우리가 하는 말의 요점은 이러한 대제사장이 우리에게 있다는 것이라

하나님 아버지,
대제사장이 우리에게 있다고 하시니 감사합니다. 하나님께서 대제사장을 우리(크리스천)에게 주신 줄로 믿습니다. 아무리 훌륭한 제사장이라 해도 그가 나와 상관이 없다면 아무것도 아니라고 여깁니다.
'우리에게 대제사장을 주시다.' 여기에 방점을 찍고, 이 말씀을 가슴에 담습니다. 우리에게 대제사장이 있으니 만일, 죄를 짓는다 해도 누가 염려하여 낙심하리요? 대제사장이 죄인을 대신해서 대속의 제물이 되어주신 다고 확신합니다.
이 세상에 완전한 의인이 없는 것처럼, 죄를 짓지 않고 살아갈 사람도 없다고 여깁니다. 천국 백성도 세상 속에서 죄를 짓게 되고, 그로 말미암아 낙심하게 되지요. 정죄의 두려움에서 낙심하게 되잖아요. 그래서 자기가 구원에서 떨어질까 염려로 밤을 새우지요.
대제사장이 자기에게 있는 사람은 다르다고 여깁니다. 그러니, 죄를 지었어도 곧장 지성소로 들어가게 하시옵소서. 속죄의 제물이 되어주신 주님이 계시는 은혜의 보좌 앞으로 나아가게 하시옵소서.
죄를 고백하고, 성령님께서 이끌어 주심에 따라 회개하기를 원합니다. 긍휼히 여김을 받게 하시옵소서. 모든 불의에서 깨끗하게 해주심을 확신하게 하시옵소서.

예수님의 이름으로 기도합니다. 아멘.

9:15(상) 이로 말미암아 그는 새 언약의 중보자시니 이는 첫 언약 때에 범한 죄에서 속량하려고 죽으사

하나님 아버지,

죄를 짓도록 유혹하는 더러운 세력이 떠나고, 저 자신을 지켜 거룩하게 지내기를 소망하게 하셨음에 감사합니다. 주님께서 십자가에 달리셨음은 바로 저 때문이었음에 감사드립니다.

예수님께서 친히 저를 위하여 희생 제물이 되시어 하나님의 공의를 이루셨음에 감사드립니다. 주님의 죽으심으로 저 또한 죄에 대하여 죽게 하셨음에 감사드립니다.

이제 저는 지금까지 살아오면서 지은 죄와 상관이 없게 되었음을 선포합니다. 그 죄를 가지고 마귀가 참소한다 하여도 끄떡 없음을 선포합니다. 저의 죄를 십자가에서 해결해 주셨기 때문입니다.

오늘 이후, 저에게 한 가지의 소원을 품게 하시옵소서. 예수님께서 죽음에서 부활하셨음으로 의에 대하여 살아가기를 소원하시옵소서.

○○ 교회를 거룩하게 해주시기를 원합니다. 이 교회가 거룩함에 이르도록 모든 악으로부터 보호하여 주시옵소서. 주님의 선하심으로 교회를 영원히 지켜 주시옵소서. 주님의 몸이 된 교회를 시온성과 같은 교회가 되게 하시옵소서. 하나님을 영화롭게 해드리기에 힘쓰게 하시옵소서. 말씀 위에서 굳게 세워져 사명을 다하는 교회로 이끌어 주시옵소서.

예수님의 이름으로 기도합니다. 아멘.

10:22(상) 우리가 마음에 뿌림을 받아 악한 양심으로부터 벗어나고 몸은 맑은 물로 씻음을 받았으니

하나님 아버지,
"마음에 뿌림을 받아" 악한 양심에서 벗어나게 하시니 감사합니다. "몸은 맑은 물로 씻음을 받았으니"라고 하셨습니다. 성도는 주님의 피로 죄를 씻어 깨끗케 되었다는 것을 믿어야 한다고 확신합니다.
구약의 제사장들은 제단 위의 피를 자기들의 옷에 뿌려서 거룩하여졌다는 것을 기억합니다. 그때의 피를 뿌림과 같이 새 언약에 참여한 성도는 주님의 피로 뿌림을 받았다고 깨닫습니다. "마음에 뿌림을 받아" 더러운 양심에서 벗어나게 된 줄로 믿습니다.
구약의 피를 뿌림은 양심을 깨끗하게 할 수 없었지만 새 언약 아래에서는 양심이 깨끗해져 하나님께로 자유롭게 나아가게 되었지요.
오늘, 구약 제사의 한계를 주님의 피로 무너뜨리셨다고 확신합니다. 주님의 피로 깨끗함의 온전함에 이르게 되었음에 감격스럽습니다. 갈보리에서 흘려주신 주님의 피가 인생을 죄로부터 깨끗하게 하였으니 성도의 "몸은 맑은 물로 씻음을 받게" 된 줄로 믿습니다.
이제, 저는 주님의 피로 뿌림을 받았다고 감격해 하게 하시옵소서. 그 피의 은총으로 말미암아 죄에서 자유로운 새 사람이 되었음에 찬송을 드리게 하시옵소서. 그 보혈을 찬송하게 하시옵소서.

예수님의 이름으로 기도합니다. 아멘

11:14 그들이 이같이 말하는 것은 자기들이 본향 찾는 자임을 나타냄이라

하나님 아버지,

본향을 찾음에 대한 격려에 감사합니다. 본향, 곧 크리스천은 하나님께서 하늘에 예비해주신 성을 바라보아야 하는 줄로 믿습니다. 본향을 사모하며, 이 땅에서 나그네로 지내야 하는 삶을 깨닫습니다.

오늘, 한 날을 지내는 것이 하늘의 예루살렘 성, 천국을 소망으로 살아가는 것임을 생각할 때, 감격스럽습니다. 육체적으로는 이 땅에서 지내지만 마음으로는 생명을 다하여 천국에서 지내고 있음이 경험되어야 한다는 것이지요. 그 삶이 바로 천국 백성이라고 여깁니다.

주님께서도 약속하시기를, 처소가 예비 되면 다시 오셔서 우리를 영접하여 있도록 하시겠다고 하셨지요. 저에게도 그리하시리라 믿습니다.

오늘, "본향 찾는 자"라는 표현에 방점을 찍습니다. 이미 알고도 있었지만 놓치고 지냈던, '본향을 찾음'에 주목하게 하시옵소서. 예비해주신 그 나라에 소망을 갖는 감격으로 지내게 하시옵소서.

그 나라에서의 삶이 저에게 목적이 되게 하시옵소서. 여기에서는 외국인과 나그네일 뿐이라는 것을 생각합니다. 이 땅에 있는 우리의 본향보다 더 나은 본향, 예비해 주신 곳을 사모하게 하시옵소서.

예수님의 이름으로 기도합니다. 아멘.

12:11 무릇 징계가 당시에는 즐거워 보이지 않고 슬퍼 보이나 후에 그로 말미암아 연단 받은 자들은 의와 평강의 열매를 맺느니라.

하나님 아버지,

성경을 대할 때마다, 은혜로우시고, 심령을 기쁨으로 채워주시며 지내온 삶에 감사합니다. 실패는 잠시일 뿐이며, 다시 시도하도록 도전의 은혜를 주시는 여호와를 바라게 하시옵소서.

하나님을 사랑함에 민감하지 못하고, 눈에 보이는 것들에 마음을 주며 지낸 것을 회개합니다. 거룩하게 지낸다고 하면서도 죄를 지은 것을 용서하시고, 사죄의 은총을 보게 하시옵소서.

이대로 주저앉을 수 없어 하늘의 하나님을 바라봅니다. 인간의 역사가 고통과 시련에 용감하게 맞선 사람들에 의해 새로 쓰여 졌다면, 저의 실패가 새로운 역사가 되게 하시옵소서.

간절히 구하기는 좌절로 인한 수렁에 빠지지 않게 해 주시옵소서. 오히려 이 실패를 지렛대로 삼아 보다 높이 오르게 하시옵소서. 하나님의 은혜로 능히 위로 오르는 역사를 보게 하시옵소서.

제가 까닭이 없이 당하는 것 같은 고난을 통해서, 우리 주님의 고난을 배우기 원합니다. 이 곤고함에서의 기도로 말미암아 하나님께서 저에게 소망이 되심을 다시 한 번 확인하게도 하시옵소서.

      예수님의 이름으로 기도합니다. 아멘.

13:13 그런즉 우리도 그의 치욕을 짊어지고 영문 밖으로 그에게 나아가자

하나님 아버지,

영문 밖으로 그에게 나아가라고 하시니 감사합니다. 주님은 죄인을 위하여 십자가에서 자신을 속죄의 제물로 드려주신 줄로 믿습니다. 그것은 주님께서 스스로 저주를 받으심이었다고 깨닫습니다.

주님의 죽으심은 자신은 죄가 없으셨지만 인류의 죄를 대신 지심이셨다고 확신합니다. 그래서 저주를 받으신 바 되어 성문 밖에서 그의 몸을 불사르시는 속죄의 제물이 되어 주셨습니다.

"그의 치욕을 짊어지고", 사도의 권면을 저의 심령에 담습니다. 속죄함을 받게 하시고, 하나님의 백성으로 삼아주신 감격에 응답하여 주님의 치욕을 짊어질 것을 결단하게 하시옵소서. 주님께서 십자가에서 당하신 고난을 저의 것으로 여기게 하시옵소서.

"영문 밖으로 그에게 나아가자." 주님께서 십자가를 지신 영문 밖으로 나아가기를 원합니다. 영문 안, 이곳은 화려할지 몰라도 멸망을 받을 도성입니다. 여기에는 속죄가 없으며, 영생도 없습니다.

주님의 십자가에 동참할 수 있는 영문 밖으로 보내 주시옵소서. 곧, 세상에서 주님으로 말미암아 치욕을 당해도 감사하는 삶으로 지내기를 원하게 하시옵소서. 십자가를 지고 따르는 삶이 되게 하시옵소서.

예수님의 이름으로 기도합니다. 아멘.

1:4 인내를 온전히 이루라 이는 너희로 온전하고 구비하여 조금도 부족함이 없게 하려 함이라

하나님 아버지,
"인내를 온전히 이루라."를 읊조리게 하시니 감사합니다. "너희로 온전하고 구비하여"라고 하셨습니다. 천국 백성은 자신의 구원을 이룸에 대하여 조금도 부족함이 없게 해야 한다고 확신합니다.

하나님의 자녀에게 세상에서 시간은 인내를 온전히 이룸으로써 온전하고 구비되도록 하는 훈련장이라고 깨닫습니다. 하나님께서는 크리스천에게 천국 백성으로서 조금도 부족함이 없도록 하심이라고 배웁니다.

하나님께서는 우리에게 시험이라는 것을 만나게 하셔서 자기 백성을 하늘에 속한 사람이 되도록 훈련을 시키시는 줄로 믿습니다. 그래서 여러 가지 시험을 만나거든 "온전히 기쁘게 여기라."고 하셨지요.

오늘, "조금도 부족함이 없게 하려 함이라."에 방점을 둡니다. 우리가 바라는 세상 속에서의 승리하는 크리스천은 부족함이 없음으로 성취된다고 깨닫습니다. 그렇다면 성도는 자원하여 시험을 만나고, 믿음의 시련에 마주해야겠지요. 시련을 견딤으로써 인내를 만들어 내는 것을 하나님께서 보고 계신다고 생각할 때, 감격스럽습니다.

인내를 온전히 이룸을 지상에서의 삶의 방정식으로 삼게 하시옵소서. 인내가 성취되어 천국 백성이 된 자신을 구비하게 하시옵소서.

예수님의 이름으로 기도합니다. 아멘

약 2:17 이와 같이 행함이 없는 믿음은 그 자체가 죽은 것이라

하나님 아버지,

믿음은 행함과 떨어질 수 없으며, 참된 믿음은 행함으로 열매를 맺는다고 하시니 감사합니다. 바울이 구원의 조건으로서 믿음을 강조했다면 야고보는 믿음의 성격(내용)에 대하여 규정한 줄로 믿습니다.

자신은 믿음이 있다고 주장해도, 그 믿음에서 나오게 되어 있는 "행함이 없다면 무슨 이익이 있으리요"라는 물음을 던진 것이라고 깨닫습니다. "그 믿음이 능히 자기를 구원하겠느냐"고 물었지요.

믿음은 그 자체가 행위를 결과로 나타낸다는 의미에 동의합니다. 사람의 행실이 구원에 이르는 조건일 수는 없으나, 행실은 구원의 결과로서 나타난다고 여깁니다.

오늘, "믿음이 그의 행함과 함께 일하고 행함으로 믿음이 온전케 되었느니라."(약 2:22)는 말씀에 주목하게 하시옵소서. 저에게 믿음이 있음을 행실로 드러내게 하시옵소서. 어려운 이웃에게 실제적으로 도움을 주지 않고 말만 한다면 유익이 없다고 했습니다.

성령님께서 저를 강권하셔서 겨자씨의 행실로라도 믿음이 있음을 나타내게 하실 줄로 믿습니다. 제가 어떤 의지와 능력으로 믿음이 있다는 행실을 나타내겠습니까? 성령님께서 저에게 행실에서 믿음의 진실함을 증거 하게 하시기를 사모하게 하시옵소서.

예수님의 이름으로 기도합니다. 아멘

3:2 우리가 다 실수가 많으니 만일 말에 실수가 없는 자라면 곧 온전한 사람이라 능히 온 몸도 굴레 씌우리라

하나님 아버지,

"우리가 다 실수가 많으니"라고 하시니 감사합니다. 자신의 말에 실수가 없다면 온전한 사람이라고 하셨습니다. 천국 백성은 죄의 행동을 가리키는 것을 저지르지 말아야 한다고 확신합니다.

사람은 모든 것에서 실수를 저지르게 되니 야고보는 교회를 향해서 많이 선생이 되지 않기를 원했다고 깨닫습니다. 아담과 하와가 죄를 지어 타락한 이후에, 사람에게는 완전성이 상실되어서 실수를 하게 된다고 여깁니다. 오늘, 실수는 예수님을 주로 믿는 이들에게도 공통적으로 나타난다고 여깁니다. 그래서 천국 백성이 말에 실수가 없다면 자신은 물론 주변의 사람들로부터 온전한 인격자로 여김을 받을 것입니다.

실수를 하지 않는다면 자신의 약함이나 허물이 드러나지 않겠지요. 그런데 죄의 본성이 주는 충동에 의해 자신의 욕심이나 교만으로 말미암아 고의적인 실수를 저지르게 된다고 깨닫습니다.

사람은 자신의 말에서 자신이 주님의 사람이라는 것을 나타낸다고 봅니다. 전에 죄 안에서 지내던 말씨를 거절하고, 세상의 풍속을 따르지 않아, 하나님의 사람이라는 것을 증언하게 하시옵소서. 말에 온전해서 자신이 하늘에 속해 있음을 나타내게 하시옵소서.

예수님의 이름으로 기도합니다. 아멘

약 4:8(하) 죄인들아 손을 깨끗이 하라 두 마음을 품은 자들아 마음을 성결케 하라

하나님 아버지,
겸손함의 신앙과 순결한 마음을 가질 것을 촉구하시니 감사합니다. 죄를 거절하겠다고 하면서도 여전히 죄를 짓는 행실을 교정해 주시는 줄로 믿습니다. 하나님을 가까이 하지 않으면서도 자신을 의롭게 하겠다는 어리석음을 깨닫게 해주시는 은혜를 묵상합니다.
하나님을 가까이 하지 않으면서 하나님께서 나를 가까이 해주실 것을 기대하고, 하나님이 자신에게 가까이 하신다고 고집을 하는 것처럼 위선이 어디에 있습니까? 스스로를 속이는 것이라고 여깁니다.
오늘, 제가 먼저 구해야 될 것을 배웁니다. 그것은 하나님께의 겸손이지요. 겸손하지 못함으로 교회 안에서 분쟁을 일으키고, 공동체의 일원으로서 섬기지를 못하고 있습니다. 하나님께 겸손하셨던 주님, 하나님께 순종하셨던 성령님을 모델로 삼아 겸손하게 하시옵소서.
- 하나님, 저를 겸손하게 하시옵소서.
- 하나님, 저의 손을 깨끗케 하시옵소서.
- 하나님, 저의 마음을 성결하게 하시옵소서.
하나님께 주신 말씀에 단 한 번이라도 순복하게 하시옵소서. 그때, 저의 삶에서 마귀를 대적함이 경험될 줄로 믿습니다. 죄의 본성이 꿈틀대는 욕망을 스스로 거절하며, 거룩함을 구하게 하시옵소서.

예수님의 이름으로 기도합니다. 아멘

5:7(상) 그러므로 형제들아 주께서
강림하시기까지 길이 참으라

하나님 아버지,
아침이면, 하늘나라의 영광을 바라보게 하시고, 천국의 소망으로 지내오게 하셨음에 감사드립니다. 지금, 실패를 했다는 쓰라림보다는 이 상황을 보게 하시는 하나님의 경륜을 묵상하게 하시옵소서.
돌이켜보니, 죄로 얼룩진 지난 시간들이었습니다. 여호와의 긍휼로 저희들을 받아 주시옵소서. 부지불식간에 죄를 짓고도 모르는 어리석음을 용서해 주시옵소서.
실패의 쓰라림에 좌절하기보다 이 기회에 깨달아야 할 것들을 배우는 은혜를 주시옵소서. 어려움에 빠지는 위기가 닥쳤더라도 하나님의 간섭하심의 은혜를 잊지 않게 하시옵소서.
실패라는 연단의 시간을 통해서 온전해지는 모습을 바라보게 하시옵소서. 이 역경이 저로 하여금 하나님의 사람이 되는데 필수적이라면 감사로 받아들이게 하시옵소서. 저의 두려움 때문에 순전한 믿음이 위협을 당하지 않게 해 주시기를 빕니다. 이 연단을 통과하여 좋은 그릇으로 빚어지기를 빕니다.
죄인을 구원하시고, 하나님의 뜻을 이루시기 위하여 우리에게 참으셨던 하나님을 생각합니다. 하나님의 참으심을 묵상하면서, 이 고난을 견디게 하시옵소서. 저에게도 참음의 은혜를 주셔서 이 역경을 인내하게 하시옵소서.

예수님의 이름으로 기도합니다. 아멘.

 **1:5** 너희는 말세에 나타내기로 예비하신 구원을 얻기 위하여 믿음으로 말미암아 하나님의 능력으로 보호하심을 받았느니라

하나님 아버지,

"말세에 나타내기로 예비하신 구원을 얻게" 하시니 감사합니다. "하나님의 능력으로 보호하심을" 받았다고 하셨습니다. 주님께서 재림하시는 날에 구원이 온전히 성취됨을 약속받았다고 확신합니다.

성도는 모두 하늘 아버지의 그 많으신 긍휼하심을 받아 구원의 은혜를 받은 줄로 믿습니다. 베드로가 말하는 말세에 나타내기로 예비 된 구원은 천국 백성에게 인류의 종말에 성취될 온전한 구원을 의미한다고 깨닫습니다.

이 구원을 얻게 하시려고, 성도 개개인마다 하나님의 능력으로 보호하심을 받고 있으니 감격스럽습니다.

오늘, 자기 백성을 위하여 하늘에 간직된 영광스러운 소망을 바라봄을 새롭게 할 것을 결단합니다. 말세라는 표현은 결코 두려운 시간이 아니라 구원이 온전하게 성취되는 때인 줄로 믿습니다.

그러니, 감격 속에서 그 날을 기다리게 하시옵소서. 저는 비록 세상 속에서 지내지만 하늘 아버지의 나라를 바라보게 하시옵소서. 저의 눈동자를 늘 하나님의 나라에 두게 하시옵소서.

하늘 아버지를 의지하고, 그 신앙을 통해서 하나님의 보호하심과 종말론적 구원의 완성을 누리게 하시옵소서.

예수님의 이름으로 기도합니다. 아멘

2:13(상) 인간의 모든 제도를 주를 위하여 순종하되

하나님 아버지,
피조물을 보호를 위하여 제도를 세워주시니 감사합니다. 성도는 천국에 속해있으나, 이 땅에서 살아가는 동안에 사회 구성원으로서 질서를 지키고 의무를 다해서 하나님을 영화롭게 해드림이 되어야 함을 깨닫습니다.
하나님은 지금도 이 사회 안에서 주권적인 섭리로 역사하고 계심을 믿습니다. 하나님의 공의를 실현하시고, 정의를 나타내신다고 여깁니다. 때때로 사람이 숨기고 싶어 하는 악인들의 행위도 폭로하신다고 깨닫습니다.
피조물인 사람이 하나님 앞에서 자기를 다스리며 서로를 위하도록 규범과 질서를 주셨다고 생각합니다. 인간의 모든 제도는 우리의 생활에 구속력을 가지지만 그것으로 하나님을 영화롭게 해드리게 하시옵소서. 제도에 순복함이 하나님을 존중해드림이 되게 하시옵소서.
오늘, "주를 위하여 순종하되"에 방점을 찍고, 마음에 담습니다. 사회생활에서 질서를 지킴은 귀찮은 것이 아니지요. 우리를 보호해 주시는 최소한의 수단이라고 깨닫습니다.
그러니, 이 땅을 하나님의 나라로 받들게 하시옵소서. 그리고 누구보다도 성설하게 제도를 준수함으로써 자신이 천국 백성임을 증거하게 하시옵소서. 하나님의 이름에 영광을 삼게 하시옵소서.

예수님의 이름으로 기도합니다. 아멘

3:17 선을 행함으로 고난 받는 것이 하나님의 뜻일진대 악을 행함으로 고난 받는 것보다 나으니라

하나님 아버지,
"선을 행함으로 고난 받는 것이"라고 말씀을 주시니 감사합니다. "악을 행함으로 고난 받는 것보다 나으니라."고 하셨습니다. 성도에게는 하나님의 뜻이 성취되기 위해서 고난이 따른다고 확신합니다.

이 땅에서 성도의 삶에는 고난이 있다는 것을 깨닫게 하셨습니다. 천국 백성으로 지내기 위하여 고난을 당하고 시련도 있음을 배웁니다.

성도가 당하는 고난은 하나님의 뜻을 따르는 것이어야 하며, 하나님께 영광이 되어야 할 줄로 믿습니다.

오늘, 고난과 관련해서 크리스천이 누구인지를 생각합니다. "선을 행함으로 고난을 받는 자"라는 것이지요. "의를 위하여 고난을 받으면 복이 있는 자"(벧전 2:14)라고 하신 말씀을 기억합니다.

사람들 중에는 자신의 죄로, 또는 자신이 악을 행함으로써 그 결과로 고난을 받는다고 봅니다. 그 고난은 자신의 행실에 대한 심판이라고 여깁니다. 그러나 성도의 고난은 다르다는 것을 확인합니다.

크리스천은 하나님의 주권적인 섭리로 말미암아 고난을 겪게 된다고 배웁니다. 이러한 고난은 하나님께서 원하시는 영광에 이른다고 하였습니다. 저에게 하나님의 뜻 안에서 고난을 당하게 하시옵소서.

예수님의 이름으로 기도합니다. 아멘

4:14 너희가 그리스도의 이름으로 치욕을 당하면 복 있는 자로다 영광의 영 곧 하나님의 영이 너희 위에 계심이라

하나님 아버지,
'그리스도의 이름으로 모욕을 당하면 받아라!' 예수님께서 팔복으로 주신 말씀, "나로 말미암아 너희를 욕하고 박해하고 거짓으로 너희를 거슬러 모든 악한 말을 할 때에는 너희에게 복이 있나니."(마 5:11)를 생각합니다.
베드로 사도가 사역을 하던 초대 교회의 시절, 당시에는 '그리스도의 이름' 때문에 받는 박해가 당연하였지요. 불신자 유대인들과 이방인들로부터 비방이 심했다고 깨닫습니다.
주님께서 공생애를 지내실 때, 세상은 그에게 욕을 받도록 하였지요. 그래서 당시에 주님을 따르는 사람에게 붙여 진 별명은 '주님의 치욕을 짊어진 사람'이라고 한 줄로 믿습니다.
성도가 주님의 이름으로 말미암아 고난을 당하고 욕을 받으면 주님을 따르는 증거가 된 것이라고 여깁니다.
오늘, 저를 돌아봅니다. 과연, 저에게 "그리스도의 이름으로 치욕을 당한" 기억이 있습니까?
이제라도 주님 때문에 모욕을 받을 준비를 하게 하시옵소서.
주님으로 말미암아 세상이 저를 모욕할 때, 비로소 그리스도인이라는 증거를 받는다고 생각하게 하시옵소서. 그 모욕은 저에게 영광일 것이라고 믿습니다!

예수님의 이름으로 기도합니다. 아멘

벧전 5:4 그리하면 목자장이 나타나실 때에 시들지 아니하는 영광의 관을 얻으리라

하나님 아버지,

천국 백성의 교회 공동체 생활에 상급을 약속해 주시니 감사합니다. 우리는 하늘로부터 복이 내리기를 기다리지 말고, 공동체에서 주님의 모습으로 자신의 역할을 감당해야 할 줄로 믿습니다.

1. **부득이함으로 하지 말라**: 억지로 하지 말라는 말씀으로 받습니다. 하나님께 부끄러운 삶이 되지 말라고 권고하심이라 여깁니다. 공동체를 섬길 때, 부르심을 받은 사명감과 사랑으로 임하게 하시옵소서.

2. **자원함으로 하라**: 선택됨에 감격하라는 말씀으로 받습니다. 주님께서는 삯꾼을 가리키며, 그는 목자도 아니요 양도 자기 양이 아니라고 하셨지요. 직분에 임하는 자세가 자원함이 되게 하시옵소서.

3. **더러운 이를 위해 하지 말라**: 이익을 구하려 하지 말라는 말씀으로 받습니다. 공동체 안에서 피택된 직분은 자신의 것이 아니고, 하나님의 소유라고 여깁니다.

4. **주장하는 자세를 취하지 말라**: 교회 안에서 지체는 서로에게 섬김을 누려야 한다고 깨닫습니다. 주님께서 보여주신 대로 지체, 각 사람을 섬기게 하시옵소서.

교회를 섬기는 삶, 이 땅에서의 천국 생활이라고 여기게 하시옵소서.

예수님의 이름으로 기도합니다. 아멘

1:10 그러므로 형제들아 더욱 힘써 너희 부르심과 택하심을 굳게 하라 너희가 이것을 행한즉 언제든지 실족하지 아니하리라

하나님 아버지,

"더욱 힘써 너희 부르심과 택하심을 굳게 하라."고 하시니 감사합니다. "이것을 행한즉 언제든지 실족하지 아니하리라."고 하셨습니다. 천국 백성의 여가에서의 삶은 부지런함이어야 한다고 확신합니다.

하나님께서는 보배롭고 큰 약속으로 우리를 부르셨다고 깨닫습니다. 그리고 이 약속으로 부르시려고, 창세전에 그리스도 안에서 우리를 택정하신 줄로 믿습니다. 이 사실을 굳게 해야 한다고 배웁니다.

성도가 만일, 부르심과 택하심을 믿지 못하면 흔들리고 말 것입니다. 아무 것도 가질 수 없으며, 아무 열매도 맺을 수 없다고 깨닫습니다.

오늘, "부르심과 택하심을 굳게 하라."는 말씀을 마음에 담습니다.

택하심이 하나님의 주권적인 섭리였다고 확신하게 하시옵소서. 부르심이 하나님의 주권적인 섭리였다고 확신하게 하시옵소서.

제가 구원을 받았음은 스스로 굳게 해야 한다고 여깁니다. 굳게 하는 작업은 누가 대신해 주겠습니까? 오, 저에게 은혜를 내려 주시옵소서. 이 확신으로 지내게 하시옵소서. 이로써 어떤 고난이 와도 그 고난으로 실족하지 않게 하시옵소서. 할렐루야!

　　　　　　　　예수님의 이름으로 기도합니다. 아멘

2:9 주께서 경건한 자는 시험에서 건지실 줄 아시고 불의한 자는 형벌 아래에 두어 심판 날까지 지키시며

하나님 아버지,

경건한 자를 시험에서 건지신다고 하시니 감사합니다. 음란하고 악한 세상에서는 의로운 자가 시련을 당하는 줄로 믿습니다. 그 시련을 당함이 자신이 의롭다는 것을 증거해 준다고 깨닫습니다.

이 땅에서 교회가 시작된 이후로 성도는 죄의 유혹에 대항해 싸웠던 것을 생각합니다. 하나님께서는 죄에 대항하여 싸우는 경건한 자를 시련 속에서 연단하시며 보존해 주셨음에 감격스럽습니다.

오늘, 신앙 선배를 따라서 하나님의 심판을 두려워하게 하시옵소서. 그들은 홍수 심판과 유황불 심판에서도 믿음으로 지냈습니다. 이 세상은 불경건과 음란으로 심판을 받고, 멸망을 당하게 될 것입니다.

그러니, 하나님의 심판을 두려워하며 모든 종류의 악에서 떠나기를 힘쓰게 하시옵소서. 하나님을 두려워하고 죄를 지음을 두려워하게 하시옵소서. 하나님 앞에서 자신을 구별하게 하시옵소서.

불의한 자들의 영혼들은 지옥에 던져져서 심판 날을 기다릴 것입니다. 그러나 세상이 악하고 음란할지라도 경건하게 해주신다고 확신합니다. 자기 백성이 거룩하도록 지켜주심에 감격하게 하시옵소서. 그 은혜를 찬양하게 하시옵소서.

예수님의 이름으로 기도합니다. 아멘

3:9(하) 오직 주께서는 너희를 대하여 오래 참으사 아무도 멸망하지 아니하고 다 회개하기에 이르기를 원하시느니라

하나님 아버지,

"주의 약속이 더딘 것이 아니라" 하시니 감사합니다. 인생에 대하여 오래 참으심이신 줄로 믿습니다. 하나님은 죄인에게 심판보다 죄인이 회개하여 멸망에 이르지 않기를 원하시는 것을 깨닫습니다.

우리가 생각하기에 하나님의 약속이 더딘 것과 같은 이유는 무엇입니까? "오래 참으사 아무도 멸망하지 아니하고 다 회개하기에 이르기를 원하시느니라."는 말씀을 축복으로 받습니다. 그러니, 하나님의 약속이 아무리 더디어도 결코 더딘 것이 아니라고 깨닫습니다.

아직 깨어있지 못하여 신부의 단장을 준비하지 못한 이들, 자기 백성을 위하시는 하나님의 긍휼을 깨닫습니다. 한 사람도 낙오됨이 없게 하시는 하나님이십니다.

하나님의 인내에 주목하면서 안일한 가운데 정욕적으로 지내다가 심판에 이르지 않게 하시옵소서. 저를 구원하시려는 하나님의 기다리심에 감격하면서 깨어 있도록 하시옵소서. 하나님의 약속은 결코 더딘 것이 아님에 감사할 뿐입니다.

우리를 구원에 이르도록 하시는 그 약속을 바람에 견디게 하시옵소서. 오직 인내하여 구원의 복을 누리게 하심을 기다리게 하시옵소서. 기다림에 하늘 아버지의 예정과 작정이 있음을 배우게 하시옵소서.

예수님의 이름으로 기도합니다. 아멘

요1 1:9 만일 우리가 우리 죄를 자백하면 그는 미쁘시고 의로우사 우리 죄를 사하시며 우리를 모든 불의에서 깨끗하게 하실 것이요

하나님 아버지,
"그는 미쁘시고 의로우사"를 읊조리게 하시니 감사합니다. 죄를 자백하면 용서해주시고, 모든 불의에서 깨끗하게 하신다고 하셨습니다. 죄의 용서가 하나님께 있으므로 죄를 뉘우쳐야 한다고 확신합니다.

자기 백성을 죄에서 용서해 주시려는 하나님의 자비를 깨닫습니다. 성도가 되었어도 그의 삶은 여전히 죄의 본성에 영향을 받아 죄를 짓게 된다고 여깁니다. 그런데 그 죄에 눌리지 않고 어둠에 속하지 않게 하시는 은혜의 비결을 확신합니다.

"우리 죄를 자백하면" 곧 어둠을 물리칠 수 있는 하나님의 방법을 주셨습니다. 그것은 죄의 자백이라고 하는 은혜인 줄로 믿습니다.

오늘, 자백과 하나님의 은혜를 묵상합니다. 자백은 자신의 죄를 회개한다는 것이지요. 자신의 행실에서 구체적으로 죄를 깊이 생각하고 뉘우치며, 진실하게 고백하여 버리는 것을 가리킨다고 깨닫습니다.

그러니, 죄를 지었을 때는 즉시 회개하여 주님께서 속죄의 제물이 되어주신 은혜로 구별되고 빛 가운데 지내도록 하시옵소서. 그 죄 사함으로 모든 불의에서 깨끗해졌음을 확신하게 하시옵소서.

예수님의 이름으로 기도합니다. 아멘

2:12 아비들아 내가 너희에게 쓰는 것은 너희 죄가 그의 이름으로 말미암아 사함을 받았음이요

하나님 아버지,
인생이 자신의 죄를 회개하여 사함 받게 하시니 감사합니다. "그의 이름으로 말미암아" 곧 주님을 구주로 믿어서 죄를 사함 받게 하셨다고 깨닫습니다. 이 죄악이 하나님과 단절되고 원수가 되어 영원한 진노와 저주와 형벌과 멸망에 이르게 하였지요.
- 죄가 사망을 가져왔지요.
- 죄로 하나님과 원수 되었지요.
- 죄로 인하여 하나님의 심판을 받게 되었지요.

하나님께서는 이 복된 소식을 선언하시려고 요한에게 이 서신을 쓰도록 하셨다고 생각합니다. 사람은 죄 중에 잉태되어 출생하였고 이 죄 중에서 살다가 이 죄 중에서 죽는다고 여깁니다. 누가 이 죽음이라는 선고를 영생으로 바꾸어 주겠습니까?

세상에서는 그 어떤 사람도 죽음을 영생으로 바꾸어줄 수 없다고 확인합니다. 죄로 말미암아 죽을 수밖에 없다는 선고가 내려졌는데, 죄를 회개하고 사함을 받아 영생을 얻게 하시니 감격스럽습니다.

하나님의 백성에게 가장 중요한 것은 사죄인 줄로 믿습니다. 사죄는 하나님과의 화목에 있어서의 첫째 과제라고 깨닫습니다. 이 죄를 그(주님)의 이름으로 사함을 얻게 하셨으니 만만 감사합니다.

예수님의 이름으로 기도합니다. 아멘

요1

3:1(상) 보라 아버지께서 어떠한 사랑을 우리에게 베푸사 하나님의 자녀라 일컬음을 받게 하셨는가

하나님 아버지,

죄인이었던 인생을 천국 백성으로 삼아주셔서 감사합니다. 이 신분은 하나님께로부터 주어진 은혜인 줄로 믿습니다. 하늘 아버지의 사랑으로 하나님의 자녀라 일컬어 주셨으니 매일, 눈을 뜰 때마다 감격하게 하시옵소서.

오늘, 죽을 수밖에 없었던 저를 알기 원합니다. 그리하여 그 사랑을 깨달아 감격하게 하시옵소서. 과연, 저는 어떤 사람이었습니까?

1. **하나님과 원수의 자리**: "전에 악한 행실로 멀리 떠나 마음으로 원수가 되었던 너희를"이라고 했습니다.(골 1:21)

2. **본질적으로 죽어있던 자**: "너희의 허물과 죄로 죽었던 너희를 살리셨다."고 했습니다.(엡 2:1) 아무런 소망도 없었지요.

3. **본질상 진노의 자녀들**: "본질상 진노의 자녀"라 했습니다.(골 3:2) 하나님의 진노를 받을 죄인들이었습니다. 하나님의 심판으로 멸망 받을 자들이라는 것이었지요.

4. **죄의 종들**: "너희가 본래 죄의 종이였다"고 했습니다.(롬 6:17) 죄의 지배를 받아 죄가 시키는 대로 따라가는 신분이었습니다. 이 죄로 결국 하나님의 심판을 받아야 하였지요.

인생을 구원에 이르게 하셨으니 감격합니다.

예수님의 이름으로 기도합니다. 아멘

4:7 사랑하는 자들아 우리가 서로 사랑하자 사랑은 하나님께 속한 것이니 사랑하는 자마다 하나님으로부터 나서 하나님을 알고

하나님 아버지,
"우리가 서로 사랑하자."라고 하시니 감사합니다. 사랑을 하면 "하나님으로부터 나서 하나님을 안"다고 하셨습니다. 사랑은 하나님께 속한 것이라고 확신합니다.
"사랑은 하나님께 속한 것이니"라는 언급에서, 하나님은 모든 사랑의 근원이 되신다는 것을 깨닫습니다. 세상에 존재하는 것들에는 시작이 있는 것처럼 사랑의 근원이 하나님이시니 감격스럽습니다.
인생은 죄로 말미암은 타락으로 구원의 은혜를 받을 만한 존재가 아니었는데, 죄인을 구원하심으로 그의 사랑을 보여주셨습니다. 그리고 그 사랑을 성취하시려고 그의 독생자를 화목 제물로 삼아 십자가를 지게 하셨습니다. 어찌 이 사랑에 감격하지 않을 수 있으리오!
오늘, 크리스천이 되었다는 것은 사랑의 사람이 되었다는 것이라고 깨닫습니다. 그러므로 "우리가 서로 사랑하자."는 권면을 받고 있다고 믿습니다. 이 땅에서 살아가는 동안에 실천되어야 하는 하나님의 뜻이라고 깨닫습니다.
그러니, 주님의 사랑이 한 번이 아니라 영원이었듯이, 주님의 사랑으로 구원을 받은 우리에게도 사랑이 영원하게 하시옵소서. 우리가 서로 사랑하여 자신이 하나님께로 난 것을 증거하게 하시옵소서.

예수님의 이름으로 기도합니다. 아멘

5:14 그를 향하여 우리가 가진 바 담대함이 이것이니 그의 뜻대로 무엇을 구하면 들으심이라

하나님 아버지,
"그의 뜻대로 무엇을 구하면 들으심이라."고 하시니 감사합니다. '사람 신자'의 욕망에서의 기도가 아니고, 하나님께서 원하시는 간구를 하면 응답하실 줄로 믿습니다.
사실, 우리는 언제 기도를 많이 합니까? 자신이 위기 앞에 놓이게 되었을 때, 그리고 자신이 성취해야 될 일이 있을 때, 하나님께 간절해지지요. 부르짖기도 하고, 눈물을 쏟으며 매달리는 심정으로 간구하지만 그것은 하나님의 의도와는 관계가 없다고 깨닫습니다.
하나님께서 원하시는 간구, 기도에 응답해주심으로써 하나님의 뜻이 성취되는 간구가 올바른 기도라고 깨닫습니다. 사람 신자에게서 시작된 부르짖음은 대개가 정욕적이며, 육신적이라 생각됩니다. 어쩌면 이러한 간구에는 하나님의 응답이 없어야 한다고 여깁니다.
이제, 저에게 기도를 시작하기 전에 한 가지를 생각하게 하시옵소서. 과연 기도의 응답이 하나님께 영광이 되겠느냐는 것입니다.
제가 간구하려고 할 때, 자신의 뜻을 이루기 위해서라면 기도를 거절하게 하시옵소서. 그러므로 하나님의 뜻대로 구하게 하시옵소서.
하나님을 영화롭게 해드림에 간구의 초점을 맞추게 하시옵소서.

                      예수님의 이름으로 기도합니다. 아멘

1:8 너희는 스스로 삼가 우리가 일한 것을 잃지 말고 오직 온전한 상을 받으라

하나님 아버지,
"우리가 일한 것을 잃지 말고"라고 하시니 감사합니다. "오직 온전한 상을 받으라."고 하셨습니다. 천국 백성은 자기를 미혹하는 자의 유혹에 넘어가서 주님을 대적하지 말아야 한다고 확신합니다.

교회는 사도들과 앞서 간 신앙선배들의 수고를 잃지 말아야 한다고 깨닫습니다. 당시에, 요한은 그들이 사도들이 행한 전도의 일과 그로 인해서 받은 구원을 잃지 말 것을 권면한 줄로 믿습니다.

그것이 교회에 주는 소극적인 표현이었다면, "오직 온전한 상을 받으라."는 권면은 적극적인 것이었던 줄로 믿습니다. 여기에서 온전한 상이란 전도자들에게 주시는 하나님의 상이라고 여깁니다.

오늘, 하나님께서 주실 상에 대한 가르침을 받습니다. "스스로 삼가"라는 권면에 주목합니다. 천국 백성이 하나님 앞에서 자기를 삼가지 않는다면 넘어지고 말겠지요. 그러니, 이단에 미혹되지 않고 믿음을 지킴에 자기를 삼가게 하시옵소서. "각각 자기의 일하는 대로 자기의 상을 받으리라."고 약속해 주셨으니 얼마나 감격스럽습니까? 오늘을 지낼 때, 그리스도의 교훈에서 떠나지 않게 하시옵소서. 이로써 자기의 상을 예비해 주신 하나님 앞에서 지내도록 하시옵소서.

예수님의 이름으로 기도합니다. 아멘

요3 **1:11(하)** 선을 행하는 자는 하나님께 속하고 악을 행하는 자는 하나님을 뵈옵지 못하였느니라

영화로우신 하나님,

저의 작은 가슴을 크게 열어 아버지의 영광을 찬양하기를 원합니다. 저의 심령을 새롭게 하시어 하나님을 사랑함에 힘쓰게 하시옵소서. 주님의 영광을 드러내며 살아가도록 새롭게 하시옵소서.

제가 재물을 드릴 때도, 하나님을 사랑하는 표현이 되게 하시옵소서. 값을 치루는 것처럼 드리는 일이 되지 않기 원합니다. 오늘의 삶이 저희 자신을 예물로 드리는 표현이 되게 하시옵소서.

하나님 앞에서 영과 진리로 살아드리게 하시옵소서. 오늘, 한 날의 삶이 하나님께 예배가 되게 하시옵소서.

죄를 지은 사실을 애통해 하기를 원합니다. 저의 죄가 죄 없으신 하나님의 아들을 죽게 했건만, 돌이켜보건대 다시 죄를 지었음에 용서해주시옵소서. 알면서도 죄를 지어온 지난 행실을 용서하시옵소서.

이스라엘 백성을 부르시면서 큰 복을 주시겠다고 하셨던 그대로 복을 누리게 하실 줄로 믿습니다. 하나님은 저에게 복이십니다!

또한, 주님께서 저희들에게 오신 것처럼, 저의 변화된 손과 발, 마음으로 불쌍한 이웃에게로 가게 하시옵소서. 저의 몸은 주께로부터 받았으니 세상을 향하여 용감하게 나아가게 하시옵소서. 나아감을 실천하도록 하시옵소서.

예수님의 이름으로 기도합니다. 아멘.

1:20 사랑하는 자들아 너희는 너희의 지극히 거룩한 믿음 위에 자신을 세우며 성령으로 기도하며

하나님 아버지,
"거룩한 믿음 위에 자신을" 세우라 하시니 감사합니다. 생활 속에서 자신의 성전(신앙)을 세워가야 한다고 깨닫습니다. 성전으로 세워져 가지 않기 때문에 무너지지요. 세상의 공중 권세를 잡은 자는 우리에게 신앙의 집을 지어가도록 후원하지 않는다는 것을 깨닫습니다. 그가 갖고 있는 세상의 권세로 꼬드기면서 넘어뜨리려고 갖은 술수를 동원합니다.

이때, 무엇으로 물리치겠습니까? 성령님의 권세와 능력이 물리쳐 주시는 줄로 믿습니다. 주님 앞에서 거룩한 집으로 세워져가는 것을 훼방하는 세력은 성령님의 능력 앞에 고꾸라질 것입니다.

성령님께 의존하게 하시옵소서. 저의 각오는 거룩함을 시작하도록 하겠지만 성령님께서 함께 하실 때, 악한 세력을 대적하여 물리치게 되겠지요.

오늘, 저의 삶이 성소로 세워져 갈 것을 다짐합니다. 저는 원하지만 유혹에 자기를 내어주어 넘어졌던 날들이 많았습니다. 세상에 물들지 않고, 세상을 향해서 유혹을 물리치게 하시옵소서.

저의 신앙을 튼튼하게 건축하고, 파수하는데 열심을 내게 하시옵소서. 유혹하는 이들이 넘어뜨리려 하는데, 자신을 지켜 지내게 하시옵소서.

                        예수님의 이름으로 기도합니다. 아멘.

1:7(상) 볼지어다 그가 구름을 타고 오시리라 각 사람의 눈이 그를 보겠고 그를 찌른 자들도 볼 것이요

하나님 아버지,
"그가 구름을 타고 오시리라."고 하시니 감사합니다. 주님을 죽인 자들, 주님을 대적한 불신자들, 세상의 모든 이들이 본다고 하셨습니다. 성도는 심판주로 오실 주님을 기다려야 한다고 확신합니다.

주님께서 다시 오시는 재림은 하나님의 주권적인 섭리인 줄로 깨닫습니다. "구름을 타고 오시리라."는 재림하시는 주님의 위엄을 나타내는 초자연적인 현상이지요.

- "각 사람의 눈이 그를 보겠고." 지금은 주님의 다시 오심을 성도들만 믿고 기다리는데, 재림은 누구나 보게 된다고 깨닫습니다.

- "그를 찌른 자들도 볼 것이요." 주님을 십자가에 못 박은 자들, 그리고 예수님을 그리스도로 인정하지 않는 자들, 예수님을 대적하는 자들도 재림을 보게 된다고 깨닫습니다.

오늘, 주님의 재림이 영광중에 오심은 세상을 심판하시려는 것이라고 확신합니다. 할렐루야! 주님을 믿는 자들과 주님을 대적하는 자들을 심판하러 오신다는 것이지요. 주님은 심판의 주이십니다!

오오, 저에게, 다시 오실 주님을 기다리며, 이 땅에 마음을 두지 않겠노라 결단하게 하시옵소서. 저를 불쌍히 여겨 주님의 재림을 대망하게 하시옵소서.

예수님의 이름으로 기도합니다. 아멘

2:23(하) 내가 너희 각 사람의
행위대로 갚아 주리라

하나님 아버지,
하나님 앞에서는 감추어 둘 수 없다고 하시니 감사합니다. "각 사람의 행위대로" 갚으신다고 하셨습니다. 심판하시는 하나님 앞에서 두려워해야 한다고 확신합니다.
하나님께서는 두아디라 교회의 죄악 된 행위에 대한 징벌을 예언하심으로써 공의를 이루신다는 것을 깨닫습니다. 사실, 그들의 죄악은 마음의 은밀한 곳에서 시작되었다고 여깁니다.
그런데 하나님께서 각 사람의 마음과 뜻을 살피시고서 징벌하신다고 하셨습니다. 사람은 하나님이 보실 수 없다고 여기는 곳에서 죄를 짓고, 그 죄악을 숨기려는데, 하나님께 그 죄를 드러나게 하시지요.
오늘, "행위대로 갚아 주리라." 선언에 방점을 찍어 심령에 담습니다. 하나님께서 죄를 들춰내신다는 사실에 두려워하게 하시옵소서. 복을 주시는 하나님께로부터 징벌을 받을까 두려워하게 하게 하시옵소서.
그 두려움은 하나님이 아니라 죄라고 깨닫습니다. 거룩하게 지내야 하는데 죄를 지을까 주의하게 하시옵소서. 그런데 자신을 유혹에 내주어서 죄를 짓습니다.
이것이 제가 두려워해야 할 것이라고 여기게 하시옵소서. 공의로운 징계의 채찍을 드실 하나님 앞에서 죄를 피하게 하시옵소서.

예수님의 이름으로 기도합니다. 아멘

> **3:11** 내가 속히 임하리니 네가 가진 것을 굳게 잡아 아무도 네 면류관을 빼앗지 못하게 하라

하나님 아버지,
주님의 다시 오심을 기다리는 성도에게 "내가 속히 임하리니"라고 하시니 감사합니다. 그의 백성에게 재림을 약속해 주셨습니다. 이에, 주님께서 오실 때까지 "가진 것을 굳게 잡아"야 한다고 확신합니다.
주님께서는 교회에 의하여 주신 신앙을 지킬 것을 말씀하셨다고 깨닫습니다. 성경에는 기록된 하나님의 말씀과 신앙선배들의 믿음이 기록되어 있는데, 그것을 붙잡아야 한다는 말씀이 감격스럽습니다.
교회공동체 안에서 물려받은 역사적 기독교 신앙, 곧 우리 주님에 의한 속죄의 신앙을 굳게 잡고 있어야 할 줄로 믿습니다. 그것이 주님께서 오셨을 때, 받을 면류관을 빼앗기지 않음이라고 여깁니다.
오늘, 저의 신앙상태를 돌아봅니다. 제가 크리스천이라고 할 때, 저는 어디에서 만들어진 것일까요? 하나님의 말씀이 저를 믿음에 이르게 하였고, 신앙선배들의 선한 영향력으로 말미암았음을 고백합니다.
이제, 주님의 다시 오심을 기다릴 때, 성경의 믿음을 붙잡게 하시옵소서. 신앙선배들이 해석했던 진리를 소홀히 하지 않게 하시옵소서. 교회로부터 받은 진리를 왜곡하지 않게 하시옵소서. 은혜를 체험했다고 해서 가르침을 받지 않은 것을 주장하지 않게 하시옵소서.

예수님의 이름으로 기도합니다. 아멘

4:5 보좌로부터 번개와 음성과 우렛소리가 나고 보좌 앞에 켠 등불 일곱이 있으니 이는 하나님의 일곱 영이라

하나님 아버지,
전능하신 하나님의 상징하는 "보좌로부터"라고 하시니 감사합니다. 번개와 음성과 우렛소리로 하나님을 나타내 보이셨다고 깨닫습니다. 그 나타내심에서 심판이 임박했음을 주목해야 한다고 확신합니다.
번개와 음성과 뇌성, 하나님의 능력과 위엄을 보이신 것인 줄로 믿습니다. 하나님께서 세상을 심판하시려 할 때, 능력과 위엄을 보이신다고 하셨습니다. 그러므로 지금은 회개해야 된다고 깨닫습니다.
"보좌 앞에 켠 등불 일곱이 있으니"라고 하셨습니다. 일곱 등불은 하나님의 충만하신 영, 불같은 성령을 가리킨다고 여깁니다. 성령님께서는 전지하신 영이시요, 소멸하시는 불이시지요.
오늘, 하나님의 나타나심에 주목하게 하시옵소서. 이제까지 저 자신에게 분주하게 지내었음을 회개합니다. 하나님의 심판이 가까워왔음을 깨닫게 하시옵소서.
- 살리시는 하나님께 찬양을 드리게 하시옵소서.
- 죽이기도 하시는 하나님을 두려워하게 하시옵소서.
저에게 소망은 이 땅에 있지 않음을 고백하게 하시옵소서. 보이는 세계를 바라보며 지내지 않고, 보이지 않는 세계를 바라보며 살기를 결단하게 하시옵소서. 새 하늘과 새 땅을 바라보게 하시옵소서.

예수님의 이름으로 기도합니다. 아멘

계 5:8(하) 향이 가득한 금 대접을 가졌으니
이 향은 성도의 기도들이라

하나님 아버지,
"향이 가득한 금 대접을"이라고 하시니 감사합니다. 피조물인 성도가 창조주 하나님께 예배함에 도전을 받게 하셨습니다. 교회는 찬송과 기도, 성경을 갖고, 하나님을 예배해야 한다고 확신합니다.
거문고로 찬송하고, 향이 가득한 금 대접, 곧 성도의 기도로 예배한다는 것을 깨닫습니다. 예배는 말씀과 기도와 찬송으로 드리는 것임을 다시 확인합니다.
교회는 위로부터 말씀을 받고, 기도와 찬송을 위로 올려드리는 줄로 믿습니다. 이것이 예배이지요.
말씀과 찬송, 기도는 하나님과 교통을 누리는 것이라고 여깁니다. 하나님께서 내려오시고, 성도는 올라가는 것이 거룩한 교제라고 여깁니다.
오늘, "이 향은 성도의 기도"라는 표현에 주목합니다. 그렇다면 기도에는 무엇이 담아져야 합니까?
하나님께서는 찬양, 감사, 혹은 죄의 고백, 그리고 거룩한 소원의 간구를 향으로 받으시는 줄로 믿습니다.
- 죄에서 구별된 자의 기도를 드리게 하시옵소서.
- 성령 충만하여 구별된 자의 기도를 드리게 하시옵소서.
그 기도로 말미암아 예배자로 살아드림에 풍성하게 하시옵소서.

　　　　　　　　　　예수님의 이름으로 기도합니다. 아멘

6:2 이에 내가 보니 흰 말이 있는데 그 탄 자가 활을 가졌고 면류관을 받고 나아가서 이기고 또 이기려고 하더라

하나님 아버지,

"내가 보니 흰 말이 있는데"를 읊조리게 하시니 감사합니다. "이기고 또 이기려고 하더라."라고 하셨습니다. 장차 승리자로서 이 땅을 심판하시는 재앙을 내리시는 주님을 묵상해야 한다고 확신합니다.

성경의 기록에서 흰색의 상징은 승리와 정복을 나타낸다고 깨닫습니다. 어린양이 하나님께로부터 일곱 인으로 봉해진 책을 받아, 첫째 인을 떼시는데, 사도 요한이 흰 말과 그 탄 자를 보았다고 했지요.

흰 말, 말을 탄 자, 활을 가졌고, 면류관을 받고 등의 묘사는 정복자에 대한 것을 보여준다고 여깁니다. 재림의 시간에, 이 땅에 심판을 위한 재앙을 내리려는 의도를 암시한다고 생각하게 됩니다.

오늘, 재림하시는 주님께서 흰 말을 타고 오실 것을 말씀하신 것을 기억합니다.(계 19:11) 하늘 군대들도 희고 깨끗한 세마포를 입고 흰 말을 타고 주님을 따른다고 했습니다.(계 19:14) 또한 하나님의 최종적 심판의 보좌도 흰 보좌라고 하셨습니다.(계 20:11)

"그 탄 자가 활을 가졌고." 심판의 왕으로서 다시 오심의 메시지라고 믿고, 주님을 기다리게 하시옵소서. "그가 면류관을 받고 이기고 또 이기려" 하셨으니 주님의 최후승리를 기다리게 하시옵소서.

예수님의 이름으로 기도합니다. 아멘

계 7:10 큰 소리로 외쳐 이르되 구원하심이 보좌에 앉으신 우리 하나님과 어린 양에게 있도다 하니

하나님 아버지,
"큰 소리로 외쳐", 곧 찬송을 드리게 하시니 감사합니다. "보좌에 앉으신 하나님과 어린양에게" 찬송을 하였습니다. 천국 백성은 구원의 은총에 감격하여 찬송을 드려야 한다고 확신합니다.

흰 옷 입은 무리들이 하나님과 어린 양에게 찬송을 드렸다고 깨닫습니다. 그들이 소리를 높여 살아 계신 하나님, 승리를 주신 하나님께 영광과 찬양을 올려드렸다는 사실이 감격스럽게 합니다. 그들의 찬송은 장차 우리가 누리게 될 모습이라고 생각합니다.

죄와 멸망으로부터 구원을 받았음이 오직 하나님과 어린 양(예수님)께 있다고 찬양하였습니다. 구원의 영광을 하나님께 돌렸지요.

오늘, "구원하심이"라는 표현을 마음에 담습니다. 사실, 저는 언제 한 번이라도 구원의 은총에 감격하여 찬송을 드려본 적이 있었는지요? 하나님의 섭리와 주님의 죽으심에 의한 구원의 은총에 감동되어.

- 가슴이 울렁거리며 목이 메었으며,
- 눈물이 쏟아질 것 같았고,
- 눈시울이 적셔지는 경험을 한 적이 언제였는지요?

구원의 기쁨과 감격에 차서 찬송을 드리게 하시옵소서.

예수님의 이름으로 기도합니다. 아멘

8:5 천사가 향로를 가지고 제단의 불을 담아다가 땅에 쏟으매 뇌성과 음성과 번개와 지진이 나더라

하나님 아버지,

제단의 불을 땅에 쏟았다고 하시니 감사합니다. 그러자 "뇌성과 음성과 번개와 지진이" 있게 되었다고 하셨습니다. 하나님의 재앙이 세상에 내려 진 줄로 믿습니다.

성도들의 기도가 하나님께 올려지고, 그 후에(기도의 결과) 하나님의 공의의 심판이 힘 있게 시행되었음을 보여준다고 깨닫습니다.

- **뇌성**: 하나님의 무서운 진노에 대한 묘사라고 깨닫습니다.
- **음성**: 이때, 하나님의 음성으로 징계를 말씀하셨지요.

불을 땅에 쏟았다는 것에서 재앙이 임하였다는 것을 알려주셨습니다.

오늘, 하나님의 음성에 주목하게 하시옵소서. 그 음성을 들어야 심판을 피할 수 있는 줄로 믿습니다. 하나님께서 재앙을 내리시면서 음성을 들려주실 때, 그 음성을 큰 소리로 듣게 하시옵소서.

이미, 저에게는 하나님의 음성이 있다고 여깁니다. 곧 성경에 기록된 하나님이 말씀이지요. 교회 밖의 사람들은 하나님의 음성에 관심도 갖지 않지만 저는 그리하지 않기를 원합니다.

혼자서 성경을 읽을 때, 공예배에서 말씀을 받을 때, 그 속에 들어있는 음성에 민감하게 하시옵소서. 천지를 진동하는 하나님의 음성 앞에서 두렵고 떨리게 하시옵소서.

예수님의 이름으로 기도합니다. 아멘

9:10 또 전갈과 같은 꼬리와 쏘는 살이 있어 그 꼬리에는 다섯 달 동안 사람들을 해하는 권세가 있더라

하나님 아버지,
"전갈과 같은 꼬리와 쏘는 살이 있어"라고 하시니 감사합니다. "사람들을 해하는 권세가 있더라."고 하셨습니다. 하나님께로부터 인을 받지 못한 자가 고통을 당하게 된다고 확신합니다.
황충의 모양에 대하여 묘사하는 바, 악인들에게 고통을 주기 위해 하나님께서 준비하신 생물체라고 깨닫습니다. 황충의 재앙은 자연 세계에 내리는 재앙이 아니고, 이마에 인을 맞지 않은 자들, 즉 주님을 믿지 않는 자들에게 내리는 것인 줄로 믿습니다.
"다섯 달 동안"이라는 재앙의 기간을 정하시므로 하나님께서 이 재앙을 주관하신다는 것을 깨닫게 하셨습니다. 하나님께서 내리시는 재앙은 정해주신 범위 안에서만 이루어진다는 것을 깨닫게 합니다.
오늘, 악인들에게 재앙이 내려짐은 의인을 보호하시는 하나님의 섭리라고 깨닫게 합니다. 재앙이 악인에게는 화이지만 의인에게는 복이라는 것을 깨닫습니다.
- 하나님의 인을 맞지 않은 자들에게는 고통을 주지요.
- 하나님의 인을 맞은 자에게는 고통을 주지 못하지요.
재앙이 임하는 날이 성도에게는 구원을 확인하는 날이라는 것을 확신하게 하시옵소서. 심판주로 오시는 주님을 기다리게 하시옵소서.

예수님의 이름으로 기도합니다. 아멘

10:7(하) 하나님이 그의 종 선지자들에게 전하신 복음과 같이 하나님의 그 비밀이 이루어지리라 하더라

하나님 아버지,
"하나님의 비밀"을 말씀하시니 감사합니다. 그 비밀은 예수님의 재림이 속히 이루어질 것이라고 하셨습니다. 천국 백성은 주님의 다시 오심이 성취되고야 만다는 것을 믿어야 한다고 확신합니다.
일곱째 천사의 나팔 소리와 더불어 하나님의 비밀이 성취된다는 것은 주님의 다시 오심이라고 깨닫습니다. 주님의 동정녀 탄생과 성육신(成肉身), 죽으심, 부활, 승천, 재림이 하나님의 비밀이지요.
하나님의 비밀에서 아직 성취되지 않은 것은 주님의 재림인 줄로 믿습니다. 언제 재림하시는지 알 수 없지만 성취될 것을 믿습니다.
오늘, "하나님의 그 비밀이 이루어지리라."는 약속에 방점을 둡니다. 주님께서 다시 오시는 시간에 대해서는 정확하게 알지 못하지만 주님을 기다리게 하시옵소서.
초림의 재림에 대해서는 기록된 성경을 읽는데서 만족하지만 재림의 주님에 대해서는 민감하기를 원합니다. 오늘이나 내일인지, 다시 오실 주님을 맞이할 마음으로 지내게 하시옵소서.
신부단장에 부지런하여 신랑이신 주님을 기다리게 하시옵소서. 주님께서 오시는 날까지 하나님의 비밀을 간직하고 지내게 하시옵소서.

예수님의 이름으로 기도합니다. 아멘

11:3 내가 나의 두 증인에게 권세를 주리니 저희가 굵은 베옷을 입고 천이백육십일을 예언하리라

하나님 아버지,

권세를 주신다고 하시니 감사합니다. "나의 두 증인에게" 권세를 주신다고 하셨습니다. 두 사람이 3년 반 동안에 증언을 한다는 것이었지요.

하나님께서 두 사람을 선택하신 것에서 주님의 전도자를 보내심을 생각해봅니다. 주님께서는 70인의 전도자들을 보내셨는데, 두 사람씩 짝을 지어주셨지요.

그들에게 굵은 베옷을 입으라고 했는데, 회개를 가리킨다고 깨닫습니다. 니느웨 백성이 요나가 선포하는 복음을 들었을 때, 금식을 선포하고 무론 대소하고 굵은 베옷을 입었던 것을 기억합니다.

오늘, "천이백육십일을 예언하리라."는 말씀에 주목합니다. 하나님의 말씀이 선포되면 회개해야 한다는 것이라고 확신합니다.

오오, 저에게 하나님께로 나아갈 때, 회개의 문을 열게 하시옵소서. 저에게 회개의 심령을 주셔서 거듭남과 구원과 기쁨과 복과 승리를 경험하게 하시옵소서. 제가 바로 두 증인입니다!

저를 복음의 증인으로 삼아주시옵소서. 저만을 위해서 살아왔던 지난 시간들이었지만 천이백육십일 드려 복음을 외치게 하시옵소서. 제가 이 땅에서 몸을 갖고 지내는 시간이 복음이 되게 하시옵소서.

예수님의 이름으로 기도합니다. 아멘

12:5 여자가 아들을 낳으니 이는 장차 철장으로 만국을 다스릴 남자라 그 아이를 하나님 앞과 그 보좌 앞으로 올려가더라

하나님 아버지,
"여자가 아들을 낳으니"라고 하시니 감사합니다. "그 아이를 하나님 앞과 그 보좌 앞으로 올려" 갔다고 하셨습니다. 다시 오실 주님께서 모든 피조물을 통치하신다고 확신합니다.

재림하시는 주님은 세상에서 모든 피조물을 통치하실 왕권을 소유하고 계심을 보여 주셨다고 깨닫습니다. "장차 철장으로 만국을 다스릴 남자라."는 묘사가 증거하지요. 그때, 주님만 왕 노릇을 하시지 않고, 주님을 따르는 그의 신실한 성도에게도 주님의 권세를 부여해 주시니 감격스럽습니다.

오늘, 주님께로부터 받은 권세에 주목합니다. 저에게 세상에서 정의와 공의로 살아가야 될 권세를 주셨음에도 그리하지 못하고, 세상의 형편에 저를 맞추며 지내오지는 않았는지를 돌아봅니다.

정의와 공의를 실현하여 주님의 다스리심을 세상에 구현해야 되었음에도 세상에 흡수되어서 '좋은 게 좋다'는 식으로 지내왔음을 회개합니다. 용서해 주시옵소서.

주님께서 주신 권세를 갖고 세상으로 들어가게 하시옵소서. 사람들로부터 외톨이가 된다 할지라도 세상에서 주님의 정의와 공의를 펴게 하시옵소서.

예수님의 이름으로 기도합니다. 아멘

13:10 사로잡힐 자는 사로잡혀 갈 것이요 칼에 죽을 자는 마땅히 칼에 죽을 것이니 성도들의 인내와 믿음이 여기 있느니라

하나님 아버지,
사로잡힐 자와 칼에 죽을 것을 말씀하시니 감사합니다. 교회를 핍박하던 적그리스도의 종말을 약속하셨습니다. 적그리스도는 마지막 날에 하나님의 심판을 받는다고 확신합니다.
적그리스도가 온 세상을 강력하게 통치하는 기간은 그리 오랜 시간이 아니라 42달이라고 깨닫습니다. 적그리스도의 핍박과 순교를 요구하는 환경에서 교회에 필요한 것은 인내와 믿음이라고 여깁니다.
이 기간에, 성령님께서 교회에게 주시는 말씀을 듣고, 적그리스도를 대적하며 끝까지 믿음을 지키며 인내해야 한다고 확인합니다.
오늘, "성도들의 인내와 믿음"이라는 말씀을 심령에 새깁니다. 종말에 가져야 될 신앙자세라고 깨닫습니다. 주님께서 재림하시면 적그리스도와 거짓 선지자는 산 채로 유황 불 못에 던짐을 받게 됨을 기억하게 하시옵소서.
42달 동안에 참고 견디게 하시옵소서. 적그리스도가 하나님께 사로잡히며, 심판의 칼에 죽임을 당하는 것을 보게 하시옵소서.
- 복음의 진리를 깨닫고, 시대를 분별하게 하시옵소서.
- 적그리스도와 거짓 선지자에게 미혹되지 않게 하시옵소서.

예수님의 이름으로 기도합니다. 아멘

14:12 성도들의 인내가 여기 있나니 그들은 하나님의 계명과 예수에 대한 믿음을 지키는 자니라

하나님 아버지,
"성도들의 인내"를 권면해 주시니 감사합니다. 지키는 자가 되라고 하셨습니다. 하나님의 계명과 예수에 대한 믿음으로 지내야 한다고 확신합니다. 이렇게 지냄이 인내라고 깨닫습니다.
하나님의 계명을 지키는 것이 의(義)라고 여깁니다. 주님을 경외하는 믿음을 지키지 못하면 죄에 이르겠지요.
은혜로 구원받은 자이지만, 의로운 행위로 그 구원을 확신해야 한다고 깨닫습니다. 사람의 의로운 행위가 구원의 조건은 아니지만 그것은 구원의 증거라고 여깁니다. 의로운 행위, 곧 죄를 버림으로써 인내를 보여드리게 하시옵소서.
오늘, "하나님의 계명과 예수에 대한 믿음"이라는 말씀을 심령에 새깁니다. 하나님의 계명을 지키고, 주님을 믿는 믿음을 지켜서 인내하기를 원합니다. 주님께서 흘려주신 속죄의 피로 구원을 받았으니, 죄를 미워하고, 죄와 싸우며, 죄에서 떠날 것을 결단합니다.
저는 죄를 지을 수 없고, 죄가 저의 몸을 더럽힐 수 없습니다. 죄를 버린 마음과 행동의 자리에 주님을 향한 믿음으로 채우게 하시옵소서. 예수를 주님으로 고백하는 신앙을 간직하게 하시옵소서.

　　　　　　　　예수님의 이름으로 기도합니다. 아멘

15:4(하) 오직 주만 거룩하시니이다 주의 의로우신 일이 나타났으매 만국이 와서 주께 경배하리이다 하더라

하나님 아버지,
"주의 의로우신 일이 나타났으매"라고 하시니 감사합니다. "만국이 와서 주께 경배한"다고 하셨습니다. 하나님은 자기를 대적하며, 하나님의 자녀를 핍박하는 자들을 멸망시키신다고 확신합니다.
짐승을 이기고 유리 바다 곁에 서 있는 자들이 찬양한 노래에 참여하게 하셨다고 깨닫습니다. 그들이 부른 노래의 셋째 내용에서는, 하나님만 거룩하시고 그의 의로우신 행위들이 나타났으니, 세상의 모든 이들이 주께 와서 경배해야 한다는 것이었지요.
그렇습니다. 하나님의 공의의 진노와 심판을 경험한 자라면 마땅한 태도라고 동의합니다. 주 하나님을 경배하게 하시옵소서.
오늘, 하나님을 경배함에 무지했거나 소홀했음에 대하여 깨닫습니다. 피조물로서 창조주이신 하나님께 드려야 했던 경배에 관심이 적었음을 고백합니다. 주님의 의로우신 일을 확인하고, 그에 맞는 경배를 드리게 하시옵소서. 하나님은 저에게 찬양과 경배이십니다!
하나님을 생각할 때, "오직 주만 거룩하시니이다."라고 찬양을 드리게 하시옵소서. 그리고 세상의 모는 사람들을 하나님께로 초청해서 창조주를 경배하게 하시옵소서.

예수님의 이름으로 기도합니다. 아멘

16:15(하) 누구든지 깨어 자기 옷을 지켜 벌거벗고 다니지 아니하며 자기의 부끄러움을 보이지 아니하는 자는 복이 있도다

하나님 아버지,
'벌거벗지 말고, 자기의 부끄러운 데를 보이지 말라!' 그리스도로 말미암아 입게 된 의의 옷에 대하여 깨닫습니다. "누구든지 그리스도와 합하여 세례를 받은 자는 그리스도로 옷입었느니라."(갈 3:27)고 하셨지요.
그런데 이 옷을 지키지 못하고 벌거벗었다니요? 주님께서 재림을 하실 때, 입고 있기를 원합니다.
옷이라고 표현된 '주님으로 말미암은 의', 주님의 구속으로 입게 된 '의의 옷'을 잃지 않아야 함을 깨닫습니다. 그리스도가 없으면 저는 아무것도 아닙니다!
주님께서 지상에 오시는 시간에, 세상에는 마지막 큰 전쟁이 일어나서 성도에게 위기의 시간이 되게 한다고 생각합니다. 사탄의 유혹으로 쓰러지게 하기 때문이지요.
- 사탄의 기만과 핍박에서 넘어지지 않아야 한다고 여깁니다.
- 주님을 향한 충성을 버리지 않아야 한다고 여깁니다.
도적 같이 오실 주님을 기다림에서 큰 위로를 누리게 하시옵소서.
주님께서 오시면 충성을 드린 대로 상급이 약속되어 있음을 기억하면서 환난을 견디게 하시옵소서. 그때, 복 되게 해주실 것을 기다립니다.
아멘, 주 예수여! 오시옵소서!

예수님의 이름으로 기도합니다. 아멘

17:14 (중) 그들이 어린 양과 더불어 싸우려니와 어린 양은 만주의 주시요 만왕의 왕이시므로 그들을 이기실 터이요

하나님 아버지,

환상에, 짐승과 열 왕들이 연합해서 어린 양을 대적한다고 하셨습니다. 그러나 그들은 패배를 당하고 만다는 것을 확신합니다. 그들이 대적한 어린 양은 만주의 주이며 만왕의 왕이시기 때문이지요.

그 전투는 그리스도의 승리로 끝을 맺는다고 여깁니다. 그때, 오직 하나님과 어린양에게만 충성을 다한 백성도 어린 양의 승리에 참여하게 된다고 깨닫습니다.

"그와 함께 있는 자들은 이기리로다." 예수님과 함께 거하는 자들에게도 승리하게 하신다는 약속을 주셔서 감격스럽습니다.

오늘, 온 세상을 지배하시고 통치하시는 어린 양, 우리 주님께 찬양으로 영광을 돌립니다. 세상에는 허다한 사람들, 그들 중에서 뽑아 어린 양과 함께 하도록 하신 하늘 아버지의 이름을 높여드립니다.

주님은 저에게 승리자이십니다. 그리고 저는 주님 안에서 승리할 것을 확신합니다. 승리자이신 주님 앞에서 결단합니다. 주님께서 세상에 다시 오시는 날까지 주님과 함께 할 것임을.

주님의 승리는 나의 승리라고 찬양 드리게 하시옵소서. 그 승리로 제가 누릴 영원한 복을 찬양하게 하시옵소서.

예수님의 이름으로 기도합니다. 아멘

18:1 이 일 후에 다른 천사가 하늘에서 내려오는 것을 보니 큰 권세를 가졌는데 그의 영광으로 땅이 환하여지더라

하나님 아버지,
"다른 천사가 하늘에서 내려오는 것을 보니"라고 하시니 감사합니다. "큰 권세를 가졌는데 그의 영광으로" 땅이 환해졌다고 하셨습니다. 하나님께로부터 권세를 받은 천사가 내려온다고 확신합니다.

그 천사는 큰 권세와 영광을 가졌는데, 그것은 하나님께서 그에게 주신 것이었다고 깨닫습니다.

하나님께서 바벨론의 완전한 멸망을 선포하시려고 천사를 내려 보내신 줄로 믿습니다. 그에게 하나님의 영광이 있으니까 천사가 하늘에서 내려오니 땅이 환하여졌다고 깨닫습니다.

오늘, 저는 어떠한지요? 제가 살아가면서 세상 속에서 하나님께로부터 들은 말씀을 선포하고 있는지를 생각해 봅니다. 하나님께로부터 받은 말씀을 세상에 전해야 하는 저의 사명에 주목하게 하시옵소서.

이 시간에 깨달음을 통해서 결단합니다. 제가 하나님 앞에서 지내는 것은 하늘 아버지께로부터 복을 받으며, 보호하심을 받기를 원하지만 세상에서 하나님의 사람으로 지내야 한다는 것이지요.

저에게 보내심으로 세상 속으로 들어가게 하시옵소서. 세상으로 온 천사와 같이, 하나님의 뜻을 선포하게 하시옵소서.

예수님의 이름으로 기도합니다. 아멘

19:1(하) 할렐루야 구원과 영광과 능력이 우리 하나님께 있도다

하나님 아버지,
"할렐루야"라고 하시니 감사합니다. 여호와를 찬양하라! 천국 백성은 입을 열어 큰 소리로, "구원과 영광과 능력이 우리 하나님께 있도다."라고 찬송을 드려야 한다고 확신합니다.

하늘에 많은 무리가 큰 음성으로 하나님을 찬송하는 소리를 들었다고 깨닫습니다. 그 무리는 천국에 있는 천사들과 성도들인 줄로 믿습니다.

사탄을 비롯한 악의 무리를 공의로 심판하심을 찬양하였지요. 교회와 성도를 그 세력에서 온전히 구원해주신 것을 찬양하였지요.

오늘, 하나님의 위엄과 능력과 거룩하심과 영광에 주목합니다. 허다한 무리들이 하나님께 찬양을 드린 이 주제는 저에게도 찬송을 드릴 내용이라고 깨닫습니다.

주님께서 대신 죽어 주셨고, 하나님의 주권적인 섭리로 구원에 이르게 하셨음을 찬송하게 하시옵소서. 하나님은 능력으로 자기 백성을 모든 고난에서 건지실 것입니다! 하나님은 자기 백성에게 세상에서의 육신의 정욕과 음란의 유혹을 물리치게 하십니다. 능력과 권세로 고난과 핍박과 순교를 견디게 하십니다. 그러하시니 저에게 찬양을 드리게 하시옵소서.

예수님의 이름으로 기도합니다. 아멘

20:15 누구든지 생명책에 기록되지 못한 자는 불 못에 던지우더라

하나님 아버지,
"생명책에 기록되지 못한 자"에 대한 말씀을 받게 하시니 감사합니다. 그가 불 못에 던져진다고 하셨습니다. 구원의 완성은 자신 이름이 생명책에 기록되어야 한다고 확신합니다.
어린 양의 생명책에 기록되어서 첫째 부활에 참여한 하나님의 백성은 둘째 사망인 불 못이 전혀 주관할 수 없다고 깨닫습니다. 불 못에 던져질 사람은 짐승을 경배하고 하나님을 대적한 이들 뿐이지요.
누구를 생명책에 기록하십니까? 주 예수 그리스도를 믿는 사람이, 감격스럽습니다. 그를 구원해 주시려고 예수님을 믿게 하셨으니까요!
오늘, 생명책에 이름이 기록됨을 주목하게 하시옵소서. 저의 이름이 생명책에 기록되어 있도록 예수님을 구주로 믿는 신앙을 간직하게 하시옵소서. 하나님의 아들이 구주이심을 붙잡게 하시옵소서.
- 성경 말씀을 가까이 하여 읽어, 약속에 견고해지게 하시옵소서.
- 하나님의 약속이 성취되기를 고대하게 하시옵소서.
지금, 성령님께서 감동을 주시니 감격스럽습니다. 저의 이름이 생명책에서 흐려지지 않고, 진한 글씨로 기록되어 있게 하시옵소서.

예수님의 이름으로 기도합니다. 아멘

21:5 보좌에 앉으신 이가 이르시되 보라 내가 만물을 새롭게 하노라 하시고 또 이르시되 이 말은 신실하고 참되니 기록하라 하시고

하나님 아버지,
"보라 내가 만물을 새롭게 하노라."고 말씀을 주시니 감사합니다. 이 말은 신실하고 참되니 기록하라고, 하셨습니다. 하나님께서 그의 권능으로 만물을 새롭게 하신다고 선포하셨음을 확신합니다.

이 땅, 곧 만물을 회복시킬 자는 바로 주님이시며 하나님 자신이시라고 깨닫습니다. 만물을 새롭게 하신다고 주님께서 말씀하신 줄로 믿습니다. 인간의 범죄로 부패하였고, 하나님의 저주 아래 놓여 진 세상은 소망이 없었다고 여깁니다.

죄로 말미암아 저주 아래 처해진 세상, 이 땅을 회복시키시겠다는 주님의 말씀을 지상 최대의 사건처럼 받습니다. 새롭게 하시겠다는 선포는 인생에 대한 약속이라고 여깁니다.

오늘, 주님께서 새롭게 하신다는 약속에 산 소망을 갖습니다. 옛 하늘과 옛 땅을 지나가게 하시고, 새 하늘과 새 땅을 오게 하신다는 약속에 감격스러워 합니다.

주님께서는 자기의 택한 백성을 위해 이 모든 것을 예비하시는 줄로 믿습니다. 그러니 지금, 만물을 새롭게 하심을 기다리게 하시옵소서. 만물의 회복은 하나님의 섭리의 목적이라는 것을 깨닫게 하시옵소서. 하나님의 뜻이 온전히 성취될 것을 기다리게 하시옵소서.

예수님의 이름으로 기도합니다. 아멘

22:12 보라 내가 속히 오리니 내가 줄 상이 내게 있어 각 사람에게 그가 행한 대로 갚아 주리라

하나님 아버지,
"내가 속히 오리니"라는 선언에 감사합니다. 주님의 재림은 악한 자와 의로운 자를 구별하여 심판이라고 하셨습니다. "각 사람에게 그가 행한 대로 갚아 주리라"하신 약속을 기다려야 한다고 확신합니다.

주님께서 선언하시기를 "내가 줄 상이 내게 있어"라고 하셨습니다. 많은 사람들이 주님을 배반하고 세상으로 휩쓸렸으나 끝까지 오직 예수님께 대한 신앙의 정절을 지킨 자들에게 줄 상급이 있다고 하셨지요.

오늘, 주님께서 주실 상이 있으시니 그 상을 바라보게 하시옵소서. 각 사람에게 그가 행한 대로, 곧 일한 밂은 대로, 행한 대로 받을 상급을 기다려야 하는 줄로 믿습니다. 저에게 주실 상급을 생각할 때, 감격스럽습니다. "그가 행한 대로 갚아 주리라." 주님을 만날 때까지 이 약속을 기억하게 하시옵소서.

아울러 교회와 신앙을 핍박했던 이들이 받게 될 심판을 기다리게 하시옵소서. 악을 행하던 자들이 지옥으로 떨어지는 것을 볼 것입니다.

주님의 재림은 많은 핍박과 고통 가운데서도 오직 그리스도에게만 충성을 다하고 믿음을 인내로 지킨 자들에게 주어지는 보상이라고 확신하게 하시옵소서. 의로운 자에게 주어지는 상에 기뻐하게 하시옵소서.

예수님의 이름으로 기도합니다. 아멘

강형완 | 매일 보내 주시는 묵상을 통해서 날마다 하나님의 사랑 안에서 살게 하시며, 늘 주님과 동행하는 삶으로 인도하여 주심에 감사합니다~^^

고삼규 | 기도 외에 다른 것으로는 이런 류가 나갈 수 없느니라. 살이 있는 기도는 회개이다. 진정한 회개는 행함 있는 삶이다. 날마다 보내주시는 하나님 말씀과 기도내용으로 날마다 실족하지 않게 하시니 주님의 은혜에 감사드립니다.

권영우 | 모세가 이스라엘 백성을 인도해서 광야를 지날 때, 매일 아침마다 만나를 내려주셔서 하나님께서 자기 백성에게 양식을 주셨듯이 목사님께서 매일 이른 아침 시간에, 하루도 거르지 않으시고 영의 양식을 내려주셔서 은혜의 삶을 누리게 해주셔서 감사합니다.

권종옥 | 범사에 그를 인정하라고 하신 주님, 내 마음대로 하고서 일이 생기면 그때서야 주님 앞에 엎드리는 제 자신을 보면서 행동하기 전에 주님께 여쭤보기를 지금도 훈련합니다. 넘어지고 또 실수하지만 조금씩 주님을 주인으로 모시는 내 모습을 보며 감격하고 감사합니다.

김남희 | 목사님께서 날마다 하루도 빠짐없이 보내주시는 성경요절을 읽으며 매일매일 하나님의 은혜 속에 시작합니다. 말씀기도를 통하여 미처 알지 못했던 하나님의 마음을 더욱 알게 되는 귀한 시간들이 되는 것 같습니다. 목사님, 항상 존경하고 응원합니다. 사역을 잘 감당하실 수 있도록 기도하겠습니다.

김숙자 | 아멘. 죄성의 사람으로 태어난 인간의 본능을 거절할 수 있는 힘인 성령 충만으로 채워주옵소서. 세상 허무한 것에 속지 않는 믿는 자의 본이 되어 어떤 사람을 만나도 전도할 수 있는 지혜를 주옵소서. 복음의 방해되는 요소들이 제거되어 전도자의 명칭으로 이름이 바뀌게 하옵소서. 감사합니다.

김연화 | 하루의 시작을 회개와 감사로 나갈 수 있게 힘을 주신 기도문, 복음의 씨앗으로 퍼져 열매 맺음을 보게 하심은 하나님의 계획이었습니다.

김정민 | 요절묵상 말씀기도를 필그림으로 쓰고 그리며, 친밀하게 만나주시는 주님과 함께 하는 시간. 주님을 더 기대하게 되었습니다.

김종보 | 매일 첫 시간을 주옥같은 하나님의 말씀을 알람으로 깨워주셔서 은혜가 됩니다. 요절 말씀마다 구구절절 아주 쉽게 풀어주셔서 하루일과에 도

움이 되고, 도전이 됩니다. 말씀을 읽고 '복 주시는 주 여호와' 책으로 아침 예배를 드릴 수 있어서 하루 생활의 지침서의 역할이 되어 기분 좋은 출발점이 되고 가벼운 마음으로 외출을 합니다. 고맙고 감사합니다.~아멘

김종일 | 항상 기뻐하라, 쉬지 말고 기도하라, 범사에 감사하라 이것이 그리스도 예수 안에서 너희를 향하신 하나님의 뜻이니라.(살전 5:16-18) 오늘, 지금 그리 살아야 한다. 문서 선교는 복음을 전하는 방법 중에 가장 중요한 수단이라고 생각한다. 매일 글을 쓰시고, 책을 만드시고, 미디어를 통하여 전파하시고, 때를 얻든지 못 얻든지 충성하시는, 한치호 목사님의 열정은 남다르시다.

김창실 | 매일, 아프고 힘들어 하는 분들을 만나면서 가장 필요로 하는 것이 무엇인지를 생각해봅니다. 하나님의 말씀을 매일 가까이 할 수 있는 메시지와 책은 하루를 살아갈 수 있도록 힘을 더해 줍니다. 누군가를 만나면 내게 채운 말씀이 실처럼 풀어지며, 추운 마음을 녹여주는 다양한 작품이 되어 줍니다. '종려가지'의 문서선교가 많은 사람들의 삶 속으로 스며드는 가랑비처럼 매일, 읽는 말씀으로 위로를 받고, 사랑을 받는 사람이라는 것을 깨닫게 해줍니다. 종려가지의 사역이 더 많은 지역으로, 더 많은 사람들에게 가까이 다가가서 생명을 살려주는 역할로 섬기기를 기도합니다.

노승칠 | 말씀기도로 나의 신앙생활을 뒤돌아보는 시간! 어려운 생활 신앙에서 희망과 꿈을 이루어갔다고 확신합니다. 지금 어려운 것보다 미래를 향하여 항상 기도로 이기고 승리할 수 있는 힘이 되었다는 사실을 알 수 있었습니다

신미정 | 나를 사랑하시는 하나님, 내가 사랑하는 하나님을 늘 한 결같이 바라보고 쫓는다하지만 혼자만의 생각으로 가다보면 차선이 없는 차도를 질주하는 느낌을 받을 때가 있습니다. 차선을 밟아도 모르고, 매우 중요한 신호등도 못 보고, 개인적인 판단만으로 위험천만한 주행을 하기도 합니다. 새벽마다 주시는 요절묵상은 하나님을 바르게 알게 해주시고 하나님 뜻대로 바르게 가도록 나침판이 되고 큰 힘이 되어 주십니다. 목사님을 통하여 전해주시는 하나님의 깊은 마음이 거룩한 하루를 살게 하는 원동력이 됩니다. 한치호 목사님, 감사합니다.

신수균 | 목사님과 함께 하는 기도의 시간을 누리면서, 일하는 곳에 아이들이 들어오는 응답을 받았어요. 후원도 많이 들어오는 하나님 역사가 있습니다.

할렐루야! 아멘

우지은 | 요즘 시간이 어떻게 가는지 월요일이다 싶으면 벌써 주일이구요! 바쁘게 삽니다! 매일 생명의 양식을 보내주셔서 힘을 내고 위로도 받고 도전도 받고 또 회개와 새로운 다짐으로 살고 있습니다. 우리의 삶이 잠깐인 것을 뭘 그리 욕심을 내며 살고 있는지 모르겠네요. 말씀 속에 세미한 주님음성 듣기를 원하며 날마다 말씀으로 은혜와 소망 속에 살게 해 주셔서 감사합니다.

윤민자 | 매일매일 아침을 열어주시는 목사님께 감사드립니다. 아직은 모든 것이 서툴고 어려운데 잘 이끌어주셔서 항상 은혜가 넘치는 하루하루를 보낼 수 있음에 감사한 마음을 전합니다. 아멘

이경자 | 분주한 성도와 사역자들에게 읽기만 해도 기도가 체험이 되는데, 말씀이 기도가 되고 약속이 주장되는 것을 누려왔습니다. '요절묵상 말씀기도'를 통해서 영혼이 살아나고 은혜와 삶에 풍성하게 적용되기를 기도합니다.

이경호 | 목사님의 성경말씀 요절의 말씀이 성경의 핵심구절을 짚어 주시니 항상 감사함으로 받고 있습니다. 목사님의 정성과 애쓰심이 묻어 있어 더욱 애틋함이 느껴집니다. 항상 감사하게 생각 합니다. 목사님, 늘 영육 간에 강건하시고 항상 하나님의 은혜와 은총이 충만하시기를 기도합니다.

이영란 | 말씀 한 구절에 기도문은 기도의 중심을 잡아주어서 좋다. 기도를 막상 하려면 막연한데 말씀을 근거삼아 시작할 수 있으니 중언부언하거나 뒤죽박죽 잡다하게 나열하는 것을 막을 수 있다. 평소에 이해하지 못한 문장이나 단어도 쉽게 풀어서 말씀이 더 가까이 다가온다. 매일 보내 주시는 기도문 덕분에 매일 새로운 말씀의 맛을 음미하는 즐거움을 누릴 수 있어서 감사하다.

이준범 | 마음을 슬프게 하는 의심과 마음을 즐겁게 하는 확실함 사이에 때로는 갈등할 때, 성령님의 존재하심을 다시 깨닫게 해주심을 감사드립니다!

이환 | 말씀 내에서의 설교와, 말씀에 근거한 기도가 짧지만 진실이기에 묵상과 기도에 은혜가 됩니다.

장백희 | 여기에서 누구나 하나님의 자녀로 살아가는 시대에, 누구나 '하나님 아버지' 하면서 살아가시는 분들, 예수님의 생명으로 살아감을 머리로만 아는 생활에서 누가 가르치기는 하죠, 바로 목사님들. 그런데 무늬만 크리

스천으로 알고도 모른 척, 몰라서 일수도 있는 자들, 한치호 목사님은 이 시대에 멍하게 있는 자들에게 예수님의 말씀을 양날의 검으로 선포하신다는 것을 저는 말할 수 있어요.

주금식 | 성경말씀으로 매일 읽고 묵상합니다. 더욱더 깊이 깨달음을 믿습니다. 주님의 종으로 함께 하신 목사님의 성령께서 지켜주시고 보호하여 주실 줄로 믿습니다. 아멘! 감사합니다.

천성옥 | 매일 아침, 가장 이른 시간에 배달되는 말씀과 기도로 하루를 시작할 수 있음에 감사합니다. 나의 상황과 마음속까지도 꿰뚫어 보시고 해결해 주시는 하나님의 은혜와 사랑에 감사 찬송을 드립니다.

최성윤 | 말씀묵상으로 아침을 시작할 수 있어서 너무 은혜 되고 감사드립니다. 목사님의 노고에 하나님의 귀한 축복이 임하시기를 축복합니다.

하정민 | 복음을 위한 사명 안에서 목사님의 강건하심과 가정 위에 주님의 돌보심이 늘 함께하시길 기도합니다.

한명순 | 할렐루야. 문서선교 구독회원이 되어 은혜를 나누며 지내온 올 한해를 주님께 감사드립니다. 너무나 바쁘게 살아가는 현실에서 눈을 뜨자마자 만나게 되는 요절묵상 말씀기도를 통해 하루를 시작 할 수 있어서 늘 감사했습니다. 때로는 지치고 때로는 낙망되어 있을 때, 말씀이 나를 세우고 위로해 주심을 경험하게 되고 주님의 은혜 아니면 살아갈 수 없음에 주님이 나를 사랑하고 계심은, 주님의 자녀인 내가 오늘 하루 어떻게 살아야 하는지 요절묵상으로 깨닫게 하셨습니다. 늘 주님의 말씀과 동행하는 사람이 되고 싶습니다.

한영 | 아침에 눈을 뜨자마자 보게 되는 하나님께서 주신 말씀! 하나님의 자녀만이 누릴 수 있는 이 특권이 감사이고 은혜입니다. 한번뿐인 인생에 내 마음과 눈을 온전히 하나님께 고정시키고, 주님의 향기를 풍기며 살아가는 삶을 기대해 봅니다.

홍사안 | 요절묵상 말씀기도는 구약의 순서별로 기도를 드릴 수 있어 우선 성경 말씀을 기억하게 하고 하나님께서 주시는 메시지를. 가슴에 담을 수 있고 하나님 뜻을 알게 하여 매우 은혜롭습니다. 창세기부터 계시록까지 지속적으로 하신다면 독자에게 성경공부와 기도에 많은 도움을 줄 것입니다. 대단히 어려운 작업일 것입니다. 끝까지 분투 승리하시기를 기원합니다.

〈요절묵상 말씀기도〉를 함께 해왔던
지체를 기록해 둡니다.

황홍혜래순조정희림은자한무서석김김경혜김우상김김김
홍현사성동안인조용순재종정훈두동면자녹김김김희해경진복미김김김
허한남태길근조조명용채정재호선민유정기녹주주김김창진주명미권권권
한한연영순옥조조광현재재문충원무충주주김김김진종화동권권권
한한성명원락민은조정현영응준은영유우후헤혜인력김김김종정일혜곽곽고
한하창정옥윤순미소승성영은배영수오오현성애해주김정정오보석강강강
하하수정성병석애미전영병영면수성오예신태은주김용옥현영영삼강강
최최성미정윤규근애하배내미성보명성예안춘주일김김옥연영석문강강
최최미동규지경현연범철유병명연경돈심신종은애김정연인연현경강
최최동도규성옥윤철만유영번무경경강신송영신혜김김수화화재강
최최도금성정윤지경정연범준종영가혜여성심수남구성혜김김성화자
최천성금식옥규여경경임임임임임이이윤서성상구태열원김숙
최주식옥식이이이이이이이백옥승혜칠김 김성옥(권)
김김곤노도김 김성옥(전)
KJM우노라김
김성국